아프더라도 알아야만 하는 진실, 그리고 국민의 알 권리를 위해...

당신은, 진실과 마음의 평안 중

어느 쪽을 원하는가?

만약 당신이 철천지 원수라 여기며 증오하던 사람과

생명의 은인이라고 알던 사람이 뒤바뀌는 게 진실이라면?

마음의 평안은

크게 흔들릴 수도 있다.

그러나 올바른 미래를 찾기 위해서는

진짜 기억을 찾아야 할 것이다.

아프더라도 알아야만 하는 진실...
그리고 국민의 알 권리를 위해 이 책은 쓰여졌다.

한국의 역사조작 이념사기극

한국은 거대한 대국민사기판,
한국사 교과서의 80%는 거짓이다.
일본 관련 한국사의 99%는 소설이다.

새미래북스

우리 국민들에게는

교과서에 나오는 이야기들은

당연히 진실일 거라는 고정관념이 있다.

하지만 그게 바로 함정이었다.

우리 국민들이 분열된 이유는

가짜 국사와 사기 이념에 속아왔기 때문이며,

그 뒤에는 거대한 배후 세력이 있었다.

프롤로그

"한국사 교과서의 80%가 소설이라니? 국가와 학교의 공신력이 있는데 말도 안돼" 라는 반응을 하실 분이 많을 것이다. 그러나 필자가 이 분야를 17년간 연구하면서, '내가 이렇게까지 속아왔나?' 라는 배신감과 참담함은 이루 말할 수 없다. 한국사 교과서의 거짓말은 그보다 더 많기 때문이다.

한국처럼 극단적으로 분열된 나라도, 이토록 과거사에 집착하는 나라도 찾기 힘든데, 그 원인도 정치적 목적의 가짜국사 세뇌교육 때문이며, 누구라도 가짜 기억을 주입당하면 정상인일 수 없을 것이다. 예를 들어보자.

조선이 굶어 죽은 시체들이 널려있던 나라임을 국사 교과서는 **철저히 감춘다**. 조선 말까지 해마다 수만~수십만 명씩 굶어 죽어 총 6천만 명이 굶어죽은 '아사(餓死)의 나라', 북한을 우러러 볼 지상 최빈국의 실상을 교과서는 속인다. 조선은 동족을 자자손손 노예로 부리던 지상 유일한 노예제 나라였고, 돈을 벌어봤자 지배층이 빼앗아 가버리니 백성들은 끝없이 굶어죽던 나라다. 하지만 그 사실은 물론 그 고통에서 어떻게 벗어났는지를 국사 교육은 감춘다.

심지어 을사조약 후에 그런 굶어 죽음과 노예제의 참상이 사라지는 것을 본 조선 백성 100만 명이 뭉쳐서, 반봉건 한일합방 운동을 통해, 봉건 지배층을 굴복시켰던 역사의 기본 줄기조차 확 뒤집어서, 찬란한 나라를 강점 당했고 수탈 당했고 학살 당했다는 거짓말 역사만 가르친다.

가짜 국사를 주입 당하고 증오심만 배운 국민이 과연 정상일 수 있을까?

한국인 수십만 명은 대륙 진출 한다며 대륙에서 온갖 못된 짓을 자행했다. 그런데도 한국사 교과서는 한국이 마치 미국과 연합국 편에서 일본과 싸우기라도 한 것인 양, 피해자 행세까지 하며 자신들을 고난 당한 성자로 둔갑 시킨다. 조선인 일본군 지원자가 80만 명이 넘고 임시정부 광복군은 최대 339명

조선 말기의 서울

미만이라는 사실도 국민들에게 **철저히 속인다**. 조선인 일본군 입대 경쟁률이 평균 30:1을 넘고, 경쟁률이 62:1까지 치솟아서 일본군 자원입대에 낙방하여 자살한 사람들까지 있으며, 거의 전 국민이 대륙침략에 열광 동조했고, 태평양전쟁의 조선인 전범만 148명이라고 말하면 대부분 믿지 않을 것이다. **가짜 국사만 주입 세뇌 당하니 국민들은 자신들이 피해자인지 침략자인지마저 모르는 '기억 상실된 장님 국민'이 되어버렸다.** 한국사 교과서와 미디어를 사실이라 믿는 순간 국민은 바보가 되는 것이다. 사죄하는 침략자와 피해자 행세하는 침략의 공범 중 누가 더 나쁠까?

하나만 알고 넘어가자. 구소련의 공개된 기밀문서 등에 의하면, 김일성은 소련군 대위였다가 스탈린 앞 면접＋필기 시험에서 박헌영을 누르고 합격된 사실이 드러났는데, 만약 북한 주민들이 이를 알았다면 김성주(김일성)를 지도자로 여겼을까? **"소련군 대위가 왜 우리의 지도자가 되지?" 라고 국민들이 인식하게 되면 권력은 오래갈 수 없고, 권력을 위해 이미 수만 명을 죽였기 때문에 권력을 절대 내려 놓아선 안된다. 때문에 권력을 지키려면 반드시 '영웅'이 되어야 하는데, 그 수단이 바로 역사 조작이다.**

1930년대의 서울

국사는 승자 멋대로 쓰는 거라서, 독립된 나라는 독립파가 영웅이고 합병된 나라는 합병파가 영웅이며 패자는 무조건 악당이 되는데, 영웅은 '구원자' 여야만 하고 **승자를 구원자로 만들기 위해 패자는 필히 악당으로 교육된다.** 그가 짠 하고 나타나기 전에는 끔찍한 생지옥 시대라고 주입 시켜야 하고, 그 악당에 의해 우리 민족은 굶주린 늑대에게 뜯어먹히듯 끔찍한 악몽의 암흑 시대를 살았다고 믿게 해야만 한다. 그러나 뒤에서 밝히겠지만,
일제시대는 현재의 북한보다 훨씬 더 자유와 풍요를 누리던 시대다.
일제시대에 끔찍한 수탈 당했다는 교육만 받아온 한국인은 믿기 힘들겠지만, 그 끔찍한 굶어 죽음과 노예에서 해방시킨 세력이 일본과 친일파였고, 한국의 굶주림을 해결하기 위해 일본이 투입한 돈은 천문학적이었다.
하지만 남북한의 교육은 이를 철저히 감추어야 한다.

만약 '북한이 일제시대보다 훨씬 빈곤하고 훨씬 끔찍한 인권 말살을 당하는 나라'임을 북한 주민들이 알게 되면 김씨 왕조가 지속될 수 있을까?
북한 주민들이 '괜히 독립해서 망했다'고 여기면 권력이 지속될 수 있을까?
북한이 망할수록 일제 시대는 북한보다 훨씬 나쁜 시대가 되어야만 한다.

프롤로그

조선 말기의 서울

'일제시대=악몽시대' 명제가 깨지면 김씨 왕조는 붕괴 위험에 처하며, 북한 정권을 추종해 온 남한의 김일성주체사상파 진보 진영도 뿌리채 흔들리게 되어있다. 그들도 대부분 사기 당하는 부류니까…

황장엽 전 노동당 비서가 남한 내 간첩이 5만 명임을 폭로했는데, 만약 당신이 김일성·김정일이었다면 간첩들에게 무슨 일을 먼저 시키겠는가? 남한에 거대 간첩망이 없다고? 북한이 간첩을 심을 능력이 없다고?

동독의 간첩이 2만 명이었고, 월맹이 자유월남에 심은 간첩도 3만 명이며, 자유월남의 유력 대통령 후보도 간첩이었는데 북한이 바보일까?

만약 필자가 김씨 왕이라면 남한 역사계와 사상계부터 장악했을 것이다.

내 사람을 학계에 심고, 학문의 자유를 악용하여 국사를 조작하며 내 사람을

1930년대의 서울

키웠을 것이다. 국민의 기억을 조작해야 적을 분열시키며 권력을 이어가고 적화통일 가능성도 커지니까. 그런데 권력을 이어가려면 그것만 가지고 될까? **하나가 더 필요한데 바로 이념·사상으로 대중을 세뇌시켜 정신적 노예로 키우는 것이다. 물리적인 간첩 투입 작전에는 한계가 있으므로, 가짜 과거와 가짜 미래를 주입해서, 적진 속 내 추종 세력을 만드는 수법인데, 쉽게 말해서 "나는 너희들을 끔찍한 악몽에서 구해 준 영웅이고, 미래에도 유토피아로 인도할 초인이니 나를 잘 따르고 받들어 모셔" 이 컨셉이어야 한다.**

역사·정치·이념은 사실 한 세트이며, 그 곳은 존경받는 극소수의 사기꾼과 사기 당하는 대다수의 용감한 바보들로 넘치는데, 그들 중 가장 쓸모 있는 바보는 자신을 정의롭다고 믿는 용맹한 바보다. 기억을 조작해서 증오심과 복수심을 유발하고 이념으로 세뇌시켜서 용맹스런 졸개를 만드는 것이다. 북한 정권이 깊이 개입할 수 밖에 없는 한국사 조작과 이념 사기극, 그 전체의 큰 판을 이해하지 못하고 교과서가 가르쳐주는 국사만 믿는다면 국민은

기아와 부황에 시달리는 조선 백성들

사기 당하기 쉽기 때문에, 이 책은 국사·정치·이념 사기극을 함께 언급할 것이다.

북한 정권 입장에서는 유사시 한국을 도와줄 나라는 미국·일본 밖에 없으니, 자유 우방인 미국·일본을 한국과 이간질 시켜서 한국을 외톨이로 만들어야만 중국과 함께 남한 적화 통일이 가능해진다. 중국정권 입장에서도 한·미·일이 뭉치는 것을 막고, 북한 정권을 지키기 위해서는 한·미·일 이간질 공작을 할 수 밖에 없다. **누가 북한과 중국 정권이어도 그리 할 수 밖에 없다.**

북한 권력의 유지를 위해 외부의 적을 필요로 하고, 한국인들이 누가 적인지

1930년대의 부산 송도 해수욕장

러일전쟁기의 일본군과 조선인들

분별하지 못하도록 분단의 원흉을 만들어 분열 시켜야만 한다. 때문에 간첩과 종북 인사들의 첫째 임무도 대한민국을 미국·일본과 이간질 시키는 임무일 수 밖에 없고, 누가 북한의 봉건 왕이어도 그 전략을 쓸 수밖에 없다.

그런데 한국에는 북한·중국 등 공산 진영의 어떠한 현재진행형 만행에도 일체 침묵하고 오로지 자유민주주의 진영인 미국과 일본의 과거완료형 잘못만 부풀려서 헐뜯고 이간질시키는 거대 세력이 분명히 존재한다.

최근의 한일 갈등도 국사조작이 원인이며, 그 본질은 좌우 대립·남북전쟁이다. 한국의 모든 문제는 북한 간첩 5만명의 공작을 빼고서는 퍼즐이 맞지 않으며, 북한이 대형 간첩망 조성을 하지 않았다면 바보·멍청이다.

황장엽 등의 폭로처럼, 그들은 침투·김일성장학금·포섭 등으로 학계·정치계·교육·법조·언론·문화계 등에 침투시킨 세력을 동원하여 국사조작과 반미·반일 선동 및 한일 이간질을 할 수밖에 없다. 자유 월남처럼...

조작을 누가 했는지는 둘째 치고 적어도 한국사 교과서의 80~90%는 거짓이며, 일본과 관련된 한국사의 99%는 정치적 목적의 소설이다.

1941년 중국전선 연전연승에 환호하던 조선인들의 일장기 물결

임진왜란·늑약·밀사·강점·수탈·학살·위안부·징용·명성황후 등의 모든 국사 중 사기 아닌 게 없고, 정치 사기꾼들의 주요 수법이 가짜 역사 세뇌로 증오심과 정의감을 유발시켜 악용하는 것이며, 달콤한 술수의 '이념사기'까지 동원하는데, 극단적인 국민 분열의 이유도 통일이 안되는 진짜 이유도 바로 이거였다.

미국·일본이 한국에게 준 돈은 경부고속도로 200개를 만들 액수이며, 일본은 자국 총 외환 보유고의 35%를 떼어서 한국에 주기도 했다.

그런 우주학적 지원을 받았다면 미국·일본 수준의 경제가 되어 있어야 맞지만, 그렇지 못한 것은 가짜 국사와 이념 사기에 속아 분열형 손실이 많았기 때문이다. 가짜 국사에 세뇌 당해서 누가 적이고 누가 우군인지조차 분별 못하는 국민이 어떻게 통일을 할 수 있으며, 그런 국민은 나라의 주인인가, 누군가의 노예인가?

**교과서와 미디어가 가르쳐주는 국사만 배워서는
국민은 영원토록 정치 사기꾼들의 노리개에서 벗어날 수 없다.
정치판은 사기판이며, 국사·이념·사상은 그 사기꾼들의 권력을 위한 도구다.**

한일합방 시대의 노예 해방과 굶어 죽음에서의 해방 및
박정희 시대를 능가하는 초비약 발전과 함께,
일본의 대륙 침략에 철저히 동조했던 침략의 공범 한국....
그러나 갑작스런 패전 후,
미·소 점령군에게 임명되어 권력을 쥔 남북한 집권 세력이,
점령군에게 아부하고 자신들이 영웅 되어 권력을 지킬 목적으로
대대적으로 조작하여 국민들에게 세뇌시킨,
강점·수탈·학살 등 일본 악당화 목적의, 승자가 쓴 역사조작 농간...

그 역사 조작을 바로잡기는 커녕, 확대 재생산한 한국인의 무개념과,
미국·일본을 이간질시켜 한국을 외톨이로 만들려는 북한의
간첩단 공작과 함께 이념·사상 사기극조차 분별하지 못하여
북한을 추종하는 김일성 주체사상파 진보 진영이 생겨났고,
그들로 인해 국민들은 분열되어, 악마의 인민납치범 왕조는
3대째 호화향락을 누리고 동포들은 죽어가고 있다.
한국사의 80%가 거짓이고
일본 관련 한국사의 99%가 소설인 나라...
영웅과 악당이 뒤집히고, 은인과 원수가 뒤집힌 나라,
정의로 가장하여 국민을 망치는 국사·정치·이념 사기꾼들의 나라....
북한 왕조와 정치사기꾼들을 위해 존재하는 한국사 교과서, 이념사기극
우리 국민들이 분열된 이유는 가짜 국사 세뇌교육 때문이고,
통일이 안되는 이유도 국사조작 세뇌교육 때문인데,
이것이 대체 누구를 위한 가짜 국사인지를,
도대체 언제까지 이어갈 것인지를,
17년간 한국사와 이념 사상을 파고든 필자가
한국사 교과서 사기꾼들과 우리 국민들에게 묻고자 한다.

목 차 (1권)

00 프롤로그···05

제1장 한국은 거대한 대국민사기판
01 반드시 감추어야 하는 한국의 중대 국가기밀·····················20
02 정치 사기판 타짜들의 자기 지지층 뒤통수치기 술수············35
03 거대한 사기판 한국, 전체를 이해하기 위해 먼저 알아야 할 이야기···61

제2장 외국인의 눈에 비친 찬란한 나라
04 외국인의 눈에 비친 조선의 사회상·································110
05 외국인의 눈에 비친 조선의 정치계·································141
06 외국인이 바라본 조선의 모습들·····································152
07 역사의 전환기를 바라보는 외국인들의 눈························176

제3장 국민을 손쉽게 속여 넘기는 역사 타짜들의 기초 술수
08 국민을 손쉽게 바보 만드는 역사사기 타짜들의 기초 술수·····192
09 폭군 세종대왕, 세종에 비하면 김정일은 천사다················202
10 가짜성웅 이순신과 한국사 교과서의 임진왜란 조작 사기극···241
11 역사 조작의 나라 한국의 명성황후 사기극······················274
12 후진국형 지배 술수 민족주의 사기극·····························299

제4장 한국사 교과서의 일제강점기 사기극

13 반봉건 한일합방 운동을 한 100만 명의 조선인들···············**312**
14 남북한의 사악한 역사조작 세뇌교육, 과연 무엇이 정의인가?···**335**
15 안중근과 동학, 그리고 악당화 된 국민영웅 이토오 히로부미···**350**
16 한 줌의 독립파를 위해 전 조상을 바보로 만든 한국사 교과서···**369**
17 매국노와 매민노(賣民奴)·····································**379**
18 그냥 한번 웃고 넘어갈 을사늑약 코미디극······················**386**
19 또 하나의 코미디 헤이그밀사 조작극·····························**396**
20 한국과 일본, 고대에는 언어가 같았다······························**399**
21 한국사 교과서가 감추는 진실, 백제와 일본은 사실상 같은 나라···**401**
22 일제가 이 땅에 처음 발 디뎠을 때·····································**409**

목 차 (2권)

00 프롤로그···**05**

제1장 실컷 얻어먹고 나서 수탈 당했다고 사기교육 하는 나라

01 한국사 교과서의 일제 쌀수탈 거짓말, 토지수탈 거짓말··········**20**
02 실컷 얻어먹고 나서 수탈 당했다고 사기교육 하는 나라··········**33**
03 너무 쉽게 속는 사람들, 한국인이 모르는 정치 구조적 심리학···**47**
04 한국인이 알면 곤란해지는 한글의 비밀···························**59**
05 진실 기반이 아닌 목적의식 기반의 역사만 가르치는 나라·······**71**
06 한국인이 알아선 안되는 일제 시대의 진실························**89**
07 쓰레기통 속에서 장미 꽃이 피어난 이유···························**126**

제2장 피해자 행세하는 침략자, 이제는 한국이 사죄할 차례다

08 한반도 전역을 휩쓴 한국인들의 광적인 전쟁참여 열풍········150
09 피해자 행세하는 침략의 공범, 부도덕한 한국··············167
10 숨겨진 진실, 한국이 발전한 또 하나의 이유·············179
11 참 허접한 역사조작, 난징대학살 사기극··················192
12 허접해도 통해 먹히는 역사조작, 관동대학살 사기극·········204

제3장 독립투쟁, 한국인이 알아선 안되는 진실들

13 독립 영웅들 염장 지른 어느 친일파의 팩트폭격············216
14 어느 친일파의 일기를 통해 보는 우리가 몰랐던 진실········228
15 일기장에 적힌 생생한 3.1운동·······················267
16 3.1운동, 유관순열사 조작극과 역사 사기판의 비밀··········281
17 뒤바뀐 영웅, 뒤바뀐 악당, 한국의 역사조작 사기극·········302
18 3.1운동과 함께 가르쳐야 할 조선인들의 중국인 학살 폭동···309

제4장 알고나면 멘붕, 그래도 알아야 할 우리의 진짜 역사

19 8천만이 속아온 한국 독립의 충격적 비밀················322
20 태평양전쟁의 진짜 도발자, 마침내 드러난 진실···········342
21 가짜 국사 제작의 공범이었던 우파, 그 감추고 싶은 비밀····370
22 시작은 어리석었지만 끝은 좋았던 한일 국교정상화 반대투쟁···396
23 '숭배족'들의 나라, 박정희의 중대 실착·················400
24 한국인이 알아선 안되는 독도의 진실···················409

목 차 (3권)

00 프롤로그··05

제1장 종북·친중 좌파와 '위안부 사기극'

01 달을 볼 것인가 손가락을 볼 것인가?·······················20
02 위안부 할머니들의 절규, 우리를 팔아 사익을 취하는 악당들···34
03 쉿 비밀, 조선인들의 호황 산업이었던 위안소업과 마약 밀매업···47
04 쉿 절대 비밀, 한국군 위안부와 중국군 성노예··············54
05 한국인이 알아선 안되는 위안부의 진실······················60
06 자기 얼굴에 똥칠하는 위안부 소녀상························94
07 진짜 위안부와 가짜 위안부, 그리고 수입된 위안부··········106
08 무한반복 일본의 사과, 도대체 몇 번이나 더 사과 해야 돼?···135

제2장 친일파 청산 코미디극과 바보들의 합창

09 징용 피해자의 후손이 쓰는 강제 징용 사기극···············144
10 역사 조작의 나라 한국의 군함도 사기극·····················157
11 친일파가 한 일 30가지와 반일파가 한 일 30가지············167
12 청산하지 못한 일제 잔재 50가지·····························169
13 조작된 영웅, 조작된 악당, 친일파 청산 코미디극과 바보들의 합창···174
14 과거사 문제에 대한 일본 정부의 잘못된 대응················188

제3장 손에 손 잡고 함께 새미래로

15 권력 목적의 이념사기, 마르크스·레닌주의 사기극···········196
16 권력 목적의 이념·철학 사기, 주체사상 사기극·유교사기극···206
17 멸망과 도약의 기로에 선 인류, 지상낙원으로 가는 진짜 진보의 길···224
18 외계인 우주선의 관점에서 본 한반도의 역학적 지형·········250
19 한국어의 소멸, 일본어의 소멸································254
20 미래혁명, 한·일 연합국(U·S·K·J)과 한·미·일 연합국가(U·S·W·E)···270

80년 전 조선의 전국적인 진풍경

무려 20만명, 미혼여성 140만 명 중 1/7이 위안부로 강제연행 당했다고 가르치는데....

제1장 실컷 얻어먹고 나서 수탈 당했다고 사기교육 하는 나라

01 한국사 교과서의 일제 쌀수탈 거짓말, 토지수탈 거짓말…20
02 실컷 얻어먹고 나서 수탈 당했다고 사기교육 하는 나라…33
03 너무 쉽게 속는 사람들, 한국인이 모르는 정치 구조적 심리학…47
04 한국인이 알면 곤란해지는 한글의 비밀………59
05 진실 기반이 아닌 목적의식 기반의 국사만 가르치는 나라…71
06 한국인이 알면 곤란한 일제시대의 진실…………89
07 쓰레기통 속에서 장미 꽃이 피어난 이유………125

01. 한국사 교과서의 일제 쌀수탈 거짓말, 토지수탈 거짓말

⊙국사 사기의 나라, 북한과 동급인 한국사 거짓말 교과서

한국은 '악당 일제에게 잔혹한 수탈을 당했다'라고 외워야만 하는 나라다. '한국사 교과서'의 거짓말은 거의 북한 급이며, 진실 따위는 전혀 중요하지 않다.

"일제는 세계사에 유례를 찾아 볼 수 없을 만큼 철저하고 악랄한 방법으로 우리 민족을 억압, 수탈 하였다. 일제는 무자비하게 우리 민족의 토지와 식량을 수탈 하였고, 그래서 우리 민족은 초근목피로 겨우 목숨을 부지 하거나 해외로 유랑할 수 밖에 없었다" 라고 우리는 배워 왔다. 그리고

"1940년대의 전시기에 약 650만명의 조선인을 강제 연행하여, 임금을 주지 않고 노예 같이 부려먹었고, 정신대 명목으로 수십만 명의 조선 처녀들을 동원하여 일본군의 위안부로 삼았다" 라고 배웠다.

지금까지 국사 교과서가 그렇게 가르쳤고, 모두가 당한 게 원통해서 이를 갈고 증오심 불태우며 눈물도 흘려왔다. 그런데,

그게 다 그 증오심을 유발시켜 정치적 사익을 얻는 세력을 위해 조작한 '거짓말'이다.

한국은 세계사에 유례를 찾아 볼 수 없을 만큼 철저하고 악랄한 방법으로 국사 교과서를 조작하여 국민을 세뇌시켰다 라고 써야 정확하다. 만약 수탈 했다면 매년 굶어죽던 수만~수십만 명보다 더 굶어 죽었어야 하지만, 일본 통치 시대에 반만년의 굶어 죽음에

서 해방 되었고, 조선 후기의 200년 동안 인구 증가가 미미하거나 줄어들다가 일제시대 35년간 인구가 2배로 늘었고, 평균수명도 2배로 늘었으며 굶어죽음도 사라졌다.

필자와 한국사교과서 중 어느 쪽이 거짓말인지 확인하는 것은 쉽다. 실록을 펼쳐서 필자가 제시한 수천만 명이 굶어 죽은 실상들을 확인하고, 굶어 죽은 시체들의 참상이 일본 통치 시대에도 이어졌는지를 확인해 보면 된다.

만약 1906년 이후에도 굶어 죽었다면, 초근목피 등의 막연한 단어가 아닌 굶어 죽은 자료 하나라도 기재했을 것이다.

'반일 세뇌교육'이 목적인 한국사교과서 사기꾼들에게는 그 이상의 먹잇감이 없기 때문이다.

⊙한국사 교과서의 '일제 쌀수탈 거짓말'

한국사 교과서가 토지 수탈과 쌀 수탈만 말하는 이유는 생산물이라는 게 쌀 외에는 별로 없었기 때문인데, '일제 쌀수탈 거짓말'부터 살펴보자.

"악랄한 일제는 잔혹하게 쌀을 수탈해서 빼앗아갔다. 산미증산 계획으로 증산된 양보다 훨씬 많이 수탈해서 우리는 굶주림에 허덕였다." ☞라고 가르치는데,

결론부터 말하면 일제는 조선의 쌀을 10배 증산시켜서 돈주고 사갔고, 수탈이 아니라 '수출'이다.

같은 나라이니 이출(移出)이라 불렀고, 굶주리게 만든 게 아니라, 굶어 죽던 사람들을 굶주림에서 해방시켰다.

*병작료와 세금을 빼면 농부의 몫은 1/5도 되지 않습니다.[1727 홍주유생 이일의 상소]

*병작인의 1년 농사는 6-7말에 불과합니다. 병작료와 환곡을 내고 나면 그 해가 가기도 전에 굶주림에 떨게 되니...[정약용,여유당전서]

*작년에 큰 풍년이었는데도 수조(收租)는 12만 석에 불과합니다 [영조 6년 7월 17]

*우리는 천하에 가난한 나라입니다. 1년의 조세 수입을 풍년의 것으로 헤아리더라도 10만여 석을 넘지 않는데[정조2(1778)-6-24]

*한재·수재로 인한 기근은 하늘의 재앙이라 면할 수 없으니[실록, 순조9(1809)-12-9]

*굶어 죽는 이가 잇따르고 있습니다.[고종실록, 고종2년(1865)-6-10]

*소민들은...토지를 빌려 일년 내내 경작을 하지만 얻는 바는 조그만 항아리 하나 채우지 못합니다.[일성록, 고종6(1869)-9-30]

*도로와 운수기관이 없어서 대규모 경작은 어떤 것도 할 수가 없다. 각기 자기 집 둘레와 근처에 있는 땅을 경작할 뿐이다. 수확이 너무 적어서 조선에는 일년에 두 번의 기근이 오는데, 가난한 사람들이 먹을 것이라고는 오직 소금물에 삶은 풀이 있을 뿐이다.[한국천주교회사, 샤를르 달레]

*조선에는 수차(水車)가 없어 물통으로 물을 퍼 올리므로...[조선잡기]

*조선은 경작 가능한 토지중 20%도 경작하지 않는다.[윌리엄 길모어]

*조선의 하천은 평소에는 물이 적거나 말라 있지만 비가 조금만 많이 오면 홍수가 난다. 그래서 좋은 경지도 버려둘 수밖에 없다.

조선시대의 다리

예를 들어 부산에서 구포를 거쳐 김해에 도달하는 땅, 낙동강 삼각지 같은 곳이 그렇다. **만약 제방을 쌓아 범람을 막는다면 수확이 막대해질 것이다. 그러나 조선인들은 지형만을 탓한다. 아! 조선사람은 천연적인 좋은 지세에서 경작하는 것은 알아도 천연의 나쁜 지세를 변하게 할줄은 모른다.**[혼마 규스케.조선잡기]

*조선의 병작 농민 비율은 80-90% [1906년 한국토지농산조사보고]

☞이랬는데...

*__1878년 쌀수출 14,416석__(50,600엔) [한국독립운동의역사,독립기념관]

☞당시 일본의 쌀값은 조선의 3배였지만, 굶어죽는 상황이라 팔 게 없었다.

*__1883년 쌀수출 9,427석__(45,625엔) [한국독립운동의역사,독립기념관]

*__1894년 쌀수출 150,429석__(979,292엔) [한국독립운동의역사,독립기념관]

*__1909년 쌀생산 7,457,916석__(경지:711,918정보) [국가통계포털]

*__1911년 쌀수출 984,718석__(4,402,012원) [국가통계포털]

☞1883년의 100배 수출

*1914년 쌀생산 12,159,167석(경지:1,079,341정보)[국가통계포털]

*1918년 쌀생산 15,318,259석(경지:1,548,170정보)[국가통계포털]

*2~3백만 섬씩이라도 수출될 여지가 있는 곳은 오직 일본뿐이니 일본도...자급자족 계획을 실현하려 하니 일본을 유일의 시장으로 하는 조선미의 수출도 그 장래가 위태하게 보인다.[동아일보 1924-10-6]☞**팔았음을 알수 있다.**

*1930년 쌀생산 19,180,677석(경지:1,662,020정보)[국가통계포털]

*유사이래의 대풍작, 산미시세 대폭락, 볏금에 큰 타격.[동아일보 1930-10-05]

*산미증식계획을 중지하고 산미감축정책을 수립하라.[동아일보 1932-8-03] ☞조선처럼 굶어죽고 있다면 산미 감축하라는 논설을 썼다가는 맞아 죽는다.

*1937년 쌀생산 26,796,950석[국가통계포털]

*금년쌀수출(이출) 10,702,986석[동아일보 1938-11-03]

☞생산이 기하급수적으로 늘어서, **수출은1878년의 740배로 늘고, 조선시대 생산량의 10배를 팔고 있으며, 경지면적도 1909년 대비 2.3배 늘어났다.** 이때 이후 공장과 도시가 급증 하면서 농지를 잠식했고, 쌀 생산은 줄어든다. 이 때부터 전쟁 망치기 직전까지의 5년간이 일제시대의 최전성기다.

현재의 북한보다 몇 배 잘살고, 1980대 정도로 잘 살았던 시기다.

*몇몇 조선 사람들은 선교사들에게 처참한 국내 상태를 묘사하면서 길마다 시체들이 널려 있다고 말하였다. 그러나 조선 정부는 중국이나 일본에서 식량 수입을 허락하기 보다는 백성의 절

반이 죽게 내버려 둘 것이다.[한국천주교회사 샤를르 달레 1874]

☞북한을 천국이라며 우러러볼 만한 나라를 강제개항 시킨 것이고, 그 이후의 증산은 그 때문이다. 사회 모든 분야가 이랬다.

⊙한국사 교과서의 거짓말과 식민지근대화론의 오류

조선 후기의 풍년시 세수가 12만 석이니, 모두 쌀이라 치고, 해마다 풍년이라 치고, 세율을 10~20%라 보면 조선의 쌀 생산은 60~120만 석이다.

그런데 1937년의 쌀 생산이 2680만 석이고, 이는 조선 시대의 30배이니, 이것만으로도 일본이 조선을 살린 사실이 드러나기 시작하는데, 역사학자들은 조선의 쌀 생산량을 결당 몇 석 식으로 곱해서 수백만 석 생산을 멋대로 만든다.

조선시대 결수는 큰 변동이 없었는데, 그런 계산법이면 가뭄으로 전 농토가 다 말라 붙어도 생산량은 일정하고, 아무도 굶어 죽지 말았어야 하지만, 실제는 수천만 명이 굶어 죽은 점을 어찌 설명할 것인가? 병작농의 몫이 20% 안팎인데 세금을 1~2%만 걷었다는 게 말이 되는가?

게다가 한국사 교과서는 0을 두개 빼고 일본이 조선의 쌀을 30%쯤 증산 시켜서 80% 쯤 강탈 하기라도 한 것인 양 교육 시킨다.

일본이 증산시킨 쌀 생산은 1909년과 1937년만 비교하면 3.6배일 뿐이지만 강제 개항부터 합방시까지의 엄청난 발전을 빼 놓을 수 없다. 식민지근대화론의 학자들은 이 부분을 제대로 못보고 한일합방 이후만 봤다.

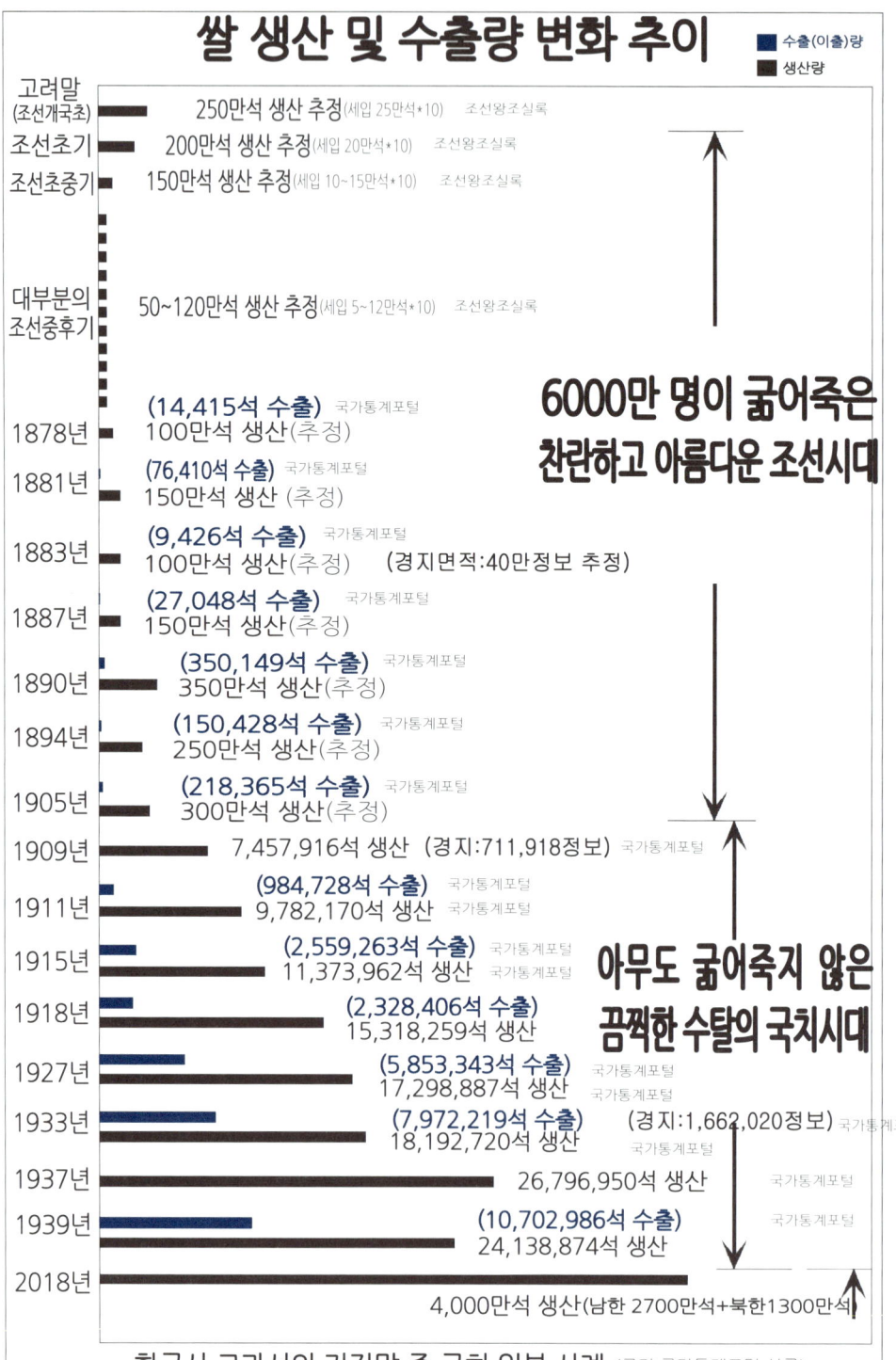

만약 일본이 조선을 강제개항 시켜서 생산을 1/30로 추락 시켰다면 그 책임은 일본에 있다. 그러나, 그와 반대의 경우이므로 증산된 30배가 대부분 일본의 공이지만, 최소한으로 쳐도 일본의 공로는 '쌀 10배 증산' 이상이고, 증산시킨 쌀 일부를 일본이 시세보다 약 30% 정도 높은 가격에 사갔다.

쌀 증산에는 도로·제방·철도·전기·수도·상업·공업·교육·기술 등 관련 산업이 필수지만, 조선은 그런 게 전혀 없으니 농업마저 엉망이 된 것이다. 게다가 조선은 아무리 벌어봤자 지배층이 강탈했었고, 노예(노비)가 절반이 넘었던 적도 있는 나라여서, 그런 국민은 죽지 못해 사는 것일 뿐, 열심히 일하려고 하지 않는다.

조선이 북한과 거의 동일한 시스템의 나라였기 때문에 국가적 생산 총량이 고려시대에 비해서 상상 못할 정도로 몰락한 것인데, 일본에 의한 노예해방으로 그 원인이 사라진 것이다.

사회 전반이 이러해서, 공장 생산은 29년간 83배 급증했고.(1911년 1964만원에서 1940년 16억1,994만원으로) **무역량은 45배 급증한다.**(1909년에 5289만원에서 1939년도에 23억9500만원으로) **개항 직후에 비하면 수백 배 급증이다. 이런 생산물을 일본에 팔아 공장도 지으면서 경제가 성장하고, 굶주림에서도 해방 된 것이다.**

또 수출의 90% 이상을 일본에 판 것이며, 삼성그룹이나 김성수의 경성방직 등도 일본에 쌀 수출로 번 돈을 기반으로 발전한 것이다. 일본은 당시 런던 국제 쌀시장에 쌀을 팔아 차익을 남기기도 했는데, 일본의 대서방 교역마저도 조선의 발전에 간접 도움이 되었다.

1926년 전북 전주에 있던 수리조합의 저수지

일본에 의한 쌀 증산만 없었어도, 박정희도 학교도 못다니고 굶어 죽었을 수 있고, 이건희,정주영,이병철이 100트럭씩 있었어도 오늘의 한국은 어려웠다. 반일 선동꾼 김일성주사파 진보진영도 대부분 굶어 죽었을 것이고…

6.25로 폐허 되었어도 굶어 죽지 않은 것은 증산시켰던 쌀 영향이 컸고, 쌀 증산 없이 그런 전쟁이 났다면 최소 수백만 명 이상 굶어 죽었을 것이다. **일본이 우리를 살렸는데도 불구하고 우리를 수탈했다고 사기교육 하는 '한국사 거짓말 교과서'로 우리 학생들이 세뇌 당하고 있는 것이다. 북한 중국 정권과 좌파 세력의 정치적 사익을 위해서다.**

무엇보다도 수탈은 지주와 소작인 간에나 가능한 일일 뿐, 수입 국가의 무역상이 산지의 농민에게서 빼앗는 것은 불가능하고, 때문에 일본이 조선 농민을 수탈했다는 주장이 애초부터 있을 수 없지만,

한국사 사기꾼들은 그 정도 상식 쯤은 가볍게 무시하고 거짓말 교과서를 만든다. 의심하는 능력을 상실한 사람들이 많기 때문이다.

⦿ 일본이 토지를 수탈 했다는 거짓말

* "총독부는 토지조사 사업(1910~1918)을 통해 전국 농지의 40%나 되는 많은 토지를 국유지로 수탈 하였으며, 이 토지를 일본에서 이주한 일본 농민이나 동척(동양척식주식회사)과 같은 국책회사에 헐값으로 불하 하였다." ☞라고 교육 시키는데

이 또한 새빨간 거짓말이다. **토지조사 사업이 끝나고 27년 후 독립이 되었는데, 당시의 사람들 중에 일본에게 땅 빼앗겼다며 내 땅 내놓으라고 말한 사람은 한 명도 없었다.**

"우리 민족이 끔찍하게 땅 빼앗겼어" 라고 떠드는 사기꾼들만 많을 뿐, 자기가 땅을 빼앗겼다는 사람은 없는 것이다.

지적도와 등기부 등 사유재산 개념이 확립되어 있다면, 관리들이 빼앗고 싶더라도 그게 어려워진다.

토지조사 사업은 사유 재산권을 지켜 주는 수단이었는데, 한국사 사기 교과서는 이를 싹 뒤집어서 수탈 목적이라고 가르친다.

조선이 잔혹한 쌀 수탈 토지 수탈에, 초근목피로 허덕이던 나라였던 것은 맞지만, 그 주범은 조선 지배층이었고,

한국사 교과서는 국민들이 조선 지배층과 중국에게 당한 것을 고스란히 일본에게 뒤집어 씌운 것이다.

일제가 한국인의 토지를 40%나 수탈했다고 가르치는 역사 사기꾼

들의 주장과 달리, 1900만여 필 중 분쟁이 발생된 건 0.5%도 되지 않았다. 또한 전국의 땅 484만 정보 중 471.3만 ha가 사유지로 인정되었다.

 97.4%가 사유지로 인정된 것이고 남은 12.7만 ha마저도 대부분 1924년까지 일본 이민자가 아닌 조선 소작농에게 유리한 조건으로 불하 했고 일본인 이주민들은 총독부가 아닌 조선인들에게서 땅을 구입 했다.

*쌀 가격이 50%나 떨어졌다. 일부 지역의 농경지와 임야 가격이 갈수록 떨어지고 있다. 농경지는 평당 5-6전에 매물로 나오고 있고, 임야는 평당 5리에 매매 되고 있다. 하늘마저도 일본인들이 조선을 굉장히 싸게 사들일 수 있도록 공모하는 것 같다. [친일파 윤치호일기 1920년 9월16일(당시 반일독립파였던 윤치호)]

선진사회라면 학술 세계의 심판자 그룹이 있어서 옳고 그름에 대하여 거역할 수 없는 판정을 내린다.
그러나 한국 같은 후진국은 그런 그룹이 없어서, 양심 팔아먹은 학자들이 멋대로 조작 하거나, '학문의 자유'라는 빌미 하에, 학계에 잠입한 북한 간첩단의 대대적인 공작도 가능한 구조여서, 불순 세력이 멋대로 교과서를 조작할 수 있다.
한국은 국민의 뇌에 악성 바이러스가 침투해서 기억과 사고를 조작하는 구조다. 이는 학계와 그 주변을 움직이는 거대한 배후 세력 없이는 불가능할 것이다.

조정래의 장편 역사소설 '아리랑'에 보면,

조선의 친일파와 일본인 순사가 결탁하여 농민들의 토지를 수탈하는 중에, 저항하는 조선의 농민을 일본 순사가 나무에 묶어 놓고 즉결처분으로 총살하는 장면이 나온다.

*'네 명의 순사가 일제히 총을 겨누었다. "발사아" 총소리가 진동했다. 차서방의 몸이 불쑥 솟기는가 싶더니 이내 축 늘어졌고 왼쪽 가슴에서 시뻘건 피가 쏟아지기 시작했다....누군가가 중얼거리며 이를 뿌드득 갈았다'

*'기관총은 30분 이상 난사 되었다. 피는 도랑물처럼 흘러 나오고 있었다....그런 식으로 4000명 이상이 죽어갔던 것이다'[조정래의 아리랑 중]

350만 부가 판매된 소설이 '소설'임을 방패삼아 이런 짓을 하니 대다수의 국민들은 이를 마치 사실인 양 믿는다.

일개 순사가 초법적 살인을 마음대로 한다고 여기다니, 지적 빈곤과 낮은 정신세계가 이런 무식한 상상을 낳는다.

***인민에게 구타 당한 순사가 인민을 고소**...[동아일보 1921.4.4.]
***일본 순사를 구타하여 범인을 도망치게 하고 도주한 사람들**...[동아일보 1921.2.26.]
***면 직원을 구타한 순사 고소당해** [동아일보 1922-10-05]
***포승으로 목을 매고 패검으로 구타 하였다며 일본 순사를 고소** [동아일보 1923-09-24]
***폭행으로 고소 당한 순사, 함부로 때리고 피해자에게 고소 당해** [동아일보 1925-11-11]

한일합방시대가 법치주의 시대였다는 기본 지식조차 모르면서 소설을 쓰는 작가의 무식함도 문제지만, 일개 순사의 인명 살상을 방치하는 체제나 세력은 대제국의 꿈도 꿀 수 없음을 한국인들이 이해 못하는 게 더 문제다.

좁은 반도에서만 살아온 이유도 있지만 교육만 제대로 되었어도, 조정래 작가가 저런 수준 낮은 상상은 펼치지 않았을 것이다.

사실 조 작가는 잘못 없다.

질 낮은 작가를 양산하는 이 나라 교육이 문제다.

이것이 조 작가가 반일 세뇌 교육을 당했기 때문일까, 아니면 반일 세뇌 교육을 목적으로 한 것일까?

좌파의 공통점이 미국과 일본만 헐뜯고 북한 중국 정권은 일체 비호한다는 것인데...

*토착왜구라고 부르는 일본유학파, 일본 유학 다녀오면 친일파가 되어버린다[소설가 조정래, 태백산맥의 저자]

*(김일성 동상의 꽃을 보며)저 꽃송이에 담긴 인민의 순결한 마음은 왜곡할 건덕지가 없다.[소설가 조정래, 동국대 석좌교수, 태백산맥의 저자]-데일리엔케이 2007-10-10

02.실컷 얻어먹고 나서 수탈 당했다고 사기교육 하는 나라

◉일본에 의한 조선의 1인당 GDP 성장은 약 40배 이상

이 나라는 '식민지근대화론'의 학자들마저도 일본 통치기의 중간 기간만을 보면서 연평균 성장률을 4% 이하로 판단하는 오류를 범한다. (일제시대는 세계경제 공황기로서 일본은 0.89% 성장이니 그것도 초고성장이지만…)

그런데, 그들이 계산을 시작한 1910년대는 조선에 경제가 이미 존재하던 시기다. 그 이전의 굶어 죽던 조선 시대와 비교할 줄 몰랐던 점은 중대 오류다.

굶어 죽은 시체들이 널려 있다는 기록들은 세종 시대부터 조선 말까지 계속 이어지다가, 개항과 갑오개혁을 거치며 줄어들고, 을사조약 후의 조선통감부 시대 때 급속히 사라졌다.

그게 조선백성 100만 명이 반봉건 한일합방운동을 한 이유다.

조선왕조 통치 시대와 일본 통치 시대를 모두 살아보니 과거로 돌아가는 것은 상상조차 하기 싫었던 것이다.

그 후 한일합방시대 때 굶어 죽음은 물론, 굶주림도 거의 사라지고, 연간 2천만 명이 극장 관람하는 시대로 바뀌었다.

*극장 관람객 작년 중에 900만명 경기도가 제일 많아 [동아일보 1932-11-03]

*구경은 날로 는다 작년 중 극장 관람객 1,670만 [동아일보 1938-07-23]

*평양축구명절, 수만 관중의 환호 속 대평,함흥,고려팀 勝 [동아일보 1938-05-13]

*송도해수욕장 3배로 확장 [동아일보 1940-06-21]

	조 선			일 본			국 내 순 생 산		국민소득(억엔)		1인당 GNP	
	국세	지방세	합계	국세	지방세	합계	조선	일본	조선	일본	조선	일본
1910	0.68	합계	0.81				487,639				11	
1919	2.25	0.13	2.92				1,636,010				38	
1920	2.02	0.81	3.55	12.4	10	22.4	1,842,732				43	
1936	3.42	0.67	5.74				2,247,273				52	
1937	3.87	2.92	6.41				2,509,585				58	
1941		1.53	13.4	63.8	7.3	71.1	5,246,247		30	369	121	498
1942		3.55	17.1	92.4	10.6	103.0	5,738,893		35	469	133	624
1943	19.0	2.32	24.1	113	13.0	126.0	6,482,183		40	612	150	800
1944		5.74	34.1			174.0	9,174,450		55	809	212	1107
1945		2.56	68.2			261.0	11,684,441		70	900	270	1232

-일제식민지시대의조세정책변천에관한연구,[원광대경영대학원,여환용].
(청색 글씨는 자료미비 부분을 유관 수치로 비율산 추정한 것이므로 편차가 있음)

위의 표는 식민지수탈론 논문에서 발췌한 내용이다.

1인당 GNP는 35년간 수십 배의 비약이 있었고, 굶어 죽던 조선 말과 비교하거나 특히 개항 전과 비교하면 상상을 초월할 것이다.

위 논문은 일제말 조세부담률이 크게 높아졌다면서,

"가렴주구가 극에 달한 일제의 참모습을 볼 수 있다"라고 결론 내는데, 조세 인상은 일제시대 초·중기의 세금감면 때문이고, 자료에는 1인당 GNP가 일본의 22%로 나오며, 그래도 조선인 부담률이 일본인보다 적었다.

일제가 민가를 뒤져서 돈을 빼앗았다는 말은 들어본 적 없겠지만, 조선시대는 그게 상식이었다. 그런게 진짜 가렴주구다.

논문은 합방 초기 조선인에 대한 파격적인 조세 감면을 고려하지 않았고, 진짜 가렴주구를 겪어본 적 없으니 학자들마저 분별을 못하는 것이다. (알면서 속이는 것일 수도 있고...)

일제 시대의 다목적 수력발전소

*1인당 조세부담률은 1944년 조선인:18.55%, 일본인:23.33%
　　　　　　　　　　　1945년 조선인:17.29%, 일본인:20.56%
*1945년의 1인당 국민소득은 일본인의 22%(해당 식민지수탈론 논문에서 발췌)

☞우리 국민들은 1인당 GNP가 일본의 22%가 된 게 얼마나 대단한 것인지를 모르고 일본과 비슷했던 나라가 수탈 당해서 그리 낮아진줄 안다.

18세기 말 일본의 영주들이 수취한 조세는 3천만 석이다.

그러나 조선 세수는 10만석이다.

단순 수치만으로 300배 차이라고는 못하지만, 상상 못할 만한 경제적 격차가 있었음은 쉽게 추정된다.

일본이 비약 성장하던 수백년간 조선은 굶어 죽어서 널린 시체들이 점점 늘어났고, 명치유신 등 급성장까지 고려하면 일본과 조선의 격차는 현재의 대한민국과 북한과의 차이(1인당GNP 30배 차이)**보다 훨씬 컸다는 것이다.**

그 엄청났던 격차가 일본의 22%까지 폭발적으로 좁혀진 것이다.

⦿또 다른 기준으로 본 일본에 의한 조선의 GNP 증가

필자의 어릴 적 어르신들의 말씀에 의하면, 일제시대에도 쌀밥은 부자나 먹는 음식이고, 조선시대는 귀족이나 먹는 음식이었다고 한다. 최고 부자인 '재벌'의 의미로 쓰이던 말이 조선시대는 '만석지기'다. 여기서 만 석은 20kg짜리 72,000포대이며, 요즘 시세로 환산하면 약 40억원 어치다. 연 매출 40억 원이면 재벌이었다.

그랬던 나라가 선진국 일본의 1인당 국민소득의 22%까지, 미국의 1인당 국민소득의 8%까지 치솟았던 시대가 일제 시대다.

일제시대는 현재의 북한보다 훨씬 잘 살았으며, 일본에 의해 증가된 조선의 1인당 GNP는 다음 기준으로도 100배 이상이다.

*조선시대의 소득=월 4300원(10만석*144/20kg*6만*12/12=432억/1000만)
(국세의 12배를 개항 전의 소득이라 보고, 쌀20kg 1포대를 6만원으로 가정시의 현재가치)

*1939년의 소득=월45만원(조선의100배,OECD자료기준 1939년 일본의 1인당 GDP는 미국의 1/3임을 고려한 현재가치) →**전쟁 망치고 15만원**(조선의 40배)

→**6.25로 재차 말아먹고 3~5만원(그래도 조선보다 10배 부자)**

일제시대 실질 성장률은 1970년대 이상이며, 그 폭풍 성장이 있었기에, 6.25 폭망 후에도 조선보다 10배 이상 부자였던 것이다.

(참고로 '괜히 독립했다가 쫄딱 망한 나라' 북한의 전기사용 주민은 34.6%이고, 수돗물을 마시는 주민은 61%다.

2019년 북한의 1인당 국내 총생산(GDP)은 1300달러로서 한국의 1/30 정도이지만, 그것은 숫자일 뿐, 실제는 쌀 1kg에 3000원인데, 교수 월급은 1만원 내외다. 소득이 사실상 없는 거의 조선시대다.

그런 직장에 왜 나가냐고? 정해 준 직장에서 일하지 않으면 '노동교화형'

1920년대 배제학당의 화학수업 장면

을 당하니까... 공산주의 국가는 혼나지 않기 위해서 일하는 사회니까.

북한의 1인당 실질 소득은 1939년의 1/10 이하이며, 대한민국 1인당 실질소득의 1/100 이하다. 이 점을 안다면 북한이 괜히 독립해서 쫄딱 망했다는 데 이의를 제기할 사람 없을 것이며, 이 점이 북한이 '일제시대=악몽시대' 조작을 하는 주 이유일 것이다.)

물론 화폐가치 비교상 오차를 고려하더라도, 굶어 죽은 시체들이 널려 있던 나라가 세계 패권국에 도전하는 선진국 1인당 GNP의 22%까지 폭등 한 것만 보아도 일본에 의해 '초대박발전'을 한 점은 너무나 명백하며, '식민지 수탈론' 거짓말은 논할 가치가 없다.
우리를 굶주림에서 해방시킨 주역은 박정희가 아니라 일본과 친일파이고, 박정희는 자기들끼리 싸워서 자폭해버린 한반도를 재건한 것이다. 물론 거기에 쓴 돈도 미국과 일본이 준 돈이고...
개항-일청전쟁-독립-갑오개혁-일러전쟁-을사조약에 이르는 30년과, 을사조약 후의 40년은 굶어 죽음과 굶주림에서 해방된 대혁명의 시대다. 한반도 역사상 최고의 비약발전 시대다.

*백성 가운데 살아갈 재산이나 생업이 있는 자가 지극히 적은데, 지금은 그런 백성도 끼니를 잇기 힘들어 부황에 시달립니다. 이러니 재산이나 생업이 없는 백성은....길바닥에는 시체가 잇따르고, 떠도는 걸인이...[순조21(1821)-8-22]

*800만 노동자 수요, 금년 강원도 각종 토목 공사비 2,100만원 [동아1938-04-06]

*1942년 조선인 실업자는 인구의 2%[국가통계포털]

☞조선 지배층은 유교 외에는 아무것도 몰랐다.

궁궐,관청,분묘 외에는 토목공사 개념조차 없었다.

즉 유교와 조상신만 숭배하면 뭐든지 저절도 다 되는 줄 알았다.

◉악랄하게 피 빨리고 수탈 당한 쪽은 조선인이 아니라 일본인

우측 표에서 총세입과 총세출의 엄청난 차이가 눈에 띨 것이다.

조선에서 걷은 세입보다 조선에 지출한 돈이 5배나 되었다.
조선에 퍼부은 돈이 세금의 5배나 된다니? 왜 그럴까?

다른 나라를 합병하면 당연히 수탈할거라는 생각은 한국인들만의 상식이지 세계인의 상식과는 거리가 멀다.

이것은 우리가 북한을 통일한 상황이라 생각하면 이해 될 것이다.

통일 후 북한에서 걷은 세입이 10조 원이라면, 북한에 50조원을 쓰는 것은 전혀 이상한 게 아니다.

요즘에는 강점이니 나라 빼앗았느니 하는 가짜 국사를 가르치지만, 당시의 기준으로는 민족 통일이었기 때문이다.

남북통일과 같은 것이었다. 통일이 되면 많은 돈을 우리가 당연히 부담해야 하는 것처럼, 당시에는 일본인들이 부담했던 것이다.

	토지세	관세	소득세	총세입	총세출	공채차입	회계보충	관업등	시설비	인구
1910	6,001	2,026	0	9,062	27,145	7,310	2,890	420	1,049	13,129
1911	6,245	3,122	0	10,872	48,741	12,320	12,350	10,880	17,608	13,832
1912	6,273	3,540	0	12,159	52,892	12,600	12,350	13,040	20,350	14,567
1913	6,474	4,325	0	12,485	59,413	12,630	12,350	14,830	20,238	15,170
1914	9,535	4,636	0	16,507	59,421	9,440		17,520	19,761	15,621
1915	9,534	4,636	0	16,537	62,444	9,440		18,190	19,329	15,958
1916	**9,899**	3,721	**161**	**16,685**	59,849	10,590		20,100	19,938	16,309
1917	9,916	4,372	163	18,089	62,642	13,070		21,750	14,866	16,617
1918	11,502	5,055	286	21,714	65,141	13,890		16,110	17,068	16,697
1919	11,469	6,442	393	24,781	77,560	15,090		21,220	22,916	16,784
1920	11,485	8,977	435	32,166	114,316	23,212		27,037	28,488	16,916
1921	11,678	9,399	419	33,033	162,474	39,069		51,724	33,384	17,059
1922	15,261	10,675	917	37,051	158,993	29,992		52,128	41,302	17,208
1923	15,227	7,060	917	34,735	146,007	20,000		52,489	34,473	17,447
1924	15,149	7,766	1,135	36,160	140,823	10,000		53,425	27,447	17,619
1925	15,209	7,771	963	35,622	173,392	10,000		96,710	53,991	18,543
1926	15,255	9,186	981	37,487	194,487	15,000		104,444	59,677	18,615
1927	15,247	11,894	944	40,805	210,910	19,000		122,113	69,367	18,631
1928	15,261	12,376	990	43,630	222,747	19,000		122,613	68,472	18,667
1929	15,342	11,934	1,059	45,056	246,853	24,800		136,793	68,281	18,784
1930	15,085	13,203	1,111	43,734	239,730	12,500		144,710	61,535	19,685
1931	15,243	7,837	1,066	40,392	238,923	13,500		149,127	62,091	19,710
1932	15,325	8,389	906	41,166	219,132	33,000		124,670	69,771	20,037
1933	14,736	13,624	801	47,625	232,026	29,478		127,413	71,329	20,205
1934	14,738	15,339	5,114	56,129	290,267			160,606	79,598	20,513
1935	13,768	16,241	9,202	64,800	329,003			175,927	85,475	21,248
1936	13,313	20,098	12,239	75,391	422,837			198,141	103,164	21,374
1937	13,827	16,990	16,590	86,415	518,915			235,939	153,173	21,682
1938	13,892	21,473	23,776	114,492	500,526			285,694	200,402	21,950
1939	9,950	22,456	35,599	150,230	680,066			375,491		22,098
1940	**13,943**	26,480	50,358	**205,003**	813,516			442,123		22,954
1941	14,105	13,541	65,147	242,388	931,810			434,367		23,913
1942	13,086	13,501	82,327	338,331	1,155,791			577,576		25,525
1943	**21,594**	13,437	**78,763**	368,683	1,531,983			735,850		**25,827**

세목별 조세 수입 지출 구조의 추이(1910-1943) (단위:천)
조선총독부통계연보 각년판에 의해 작성.(국가통계포털, 확인 어려운 부분은 공란으로 남김)

1916년의 소득세가 세출의 0.27% 이니 조선 시대에 경제라는 게 있었는지 정도는 짐작이 될 것이다. 조선을 건설하고 운영하는 데 쓴 돈 중 **세입은 20% 밖에 안되며 나머지는 일본의 지원금과, 총독이 일본 내 자금을 유치하고 벌어서 채워 넣는 등, 여러 수단으로 벌어서 때운 것들이다.** 예를 들면 일본 자금으로 철도를 건설해서 거기에서 나온 수익을 조선총독부 예산에 보태 쓰는 식 등이다.

그런데 조선에서 걷힌 20%의 돈마저도 토지세만 조선인의 순수 세금일 뿐 조선인이 낸 세금은 적었고, 조선 내에 있는 일본인들이 낸 돈이 많았다.

세수의 대부분이었던 농지세 세율도 일본인은 3%, 조선인은 1.3%였다. 1916년부터 일제 말기 까지의 토지세 증가는 1.5배 인데, 동 기간 소득세는 500배 증가했다.

악질적으로 세금을 약탈했다고 쳐도 소득세가 500배 증가한 것은 실질 소득이 최소 수십 배라도 증가했다는 것이다.

도로,철도,상하수도,전기,통신,항만 등의 시설비 대부분이 일본의 지원금이었고, 공채차입금과 회계보충금도 대부분 일본 정부에게 받아 온 돈이며, 관업등도 일본이 투자한 철도 등에서 창출되어 회계에 보충한 돈이다. 일본에서 한반도에 들어온 돈은 약 70억 달러다. **조선을 건설 및 근대화한 자금의 90% 이상이 일본의 돈이다.**
문맹률을 99.5%에서 27%로 폭감시킨 자금도 거의 일본의 돈 이며, 사회간접자본으로 퍼부은 장기 투자금은 성장률이나 G·D·P 에 제대로 잡히지 않는데, 이것도 훗날 한강변 기적의 토대다.

1870년의 1인당 GDP와 1940년의 1인당 GDP는 약 100배 차이인데, 일본의 도움만 얻었던 시기는 경제가 2~3배 성장

했지만 일본과 완전 하나 된 후에는 30~40배가 성장했다. 이는 굶어 죽던 옆집 사람을 돕기만 했을 때보다 집안을 합쳤을 때가 옆집 사람에게 더 도움이 되는 이치와 비슷하다. 일본이 내지인(일본인)에게 역차별을 하면서까지 조선인을 살린 것이다.

그래서 한일합방시대에 굶주림마저 사라진 것이다.

게다가 값싼 조선 쌀이 일본 시장에 유입되자 일본 쌀값은 폭락하기 시작했고, 일본 농민들이 들고 일어났다. 그러나 아무것도 바뀌지 않았고, 농사를 포기하고 도시로 몰려가는 일본 농민들이 많이 생겨났다. 내지 일본인들이 조선인을 살리는 희생양이 된 것이다.

일본은 조선을 수탈한 게 아니라 돈 퍼주면서 조선 백성들을 살렸고, 오히려 조선인들이 일본인의 피를 빨아 먹었다는 게 진실이다.

일본은 오랜 세월을 떨어져 살던 동족과 다시 하나 되어 함께 강대국을 만들어 사는 먼 미래를 위해 많은 투자를 했지만, 패전하면서 옆집 땅에다 지어놓은 새 건물을 빼앗긴 신세가 된 것이다.

그런데도 한국은 일본의 도움으로 굶어 죽음에서 벗어난데다 남의 재산 공짜로 얻어 놓고서, 수탈 당했다는 사기 교육을 통한 정치적 사익만 추구한다.

한국사 교과서가 가르치는 "철저하고 악랄하고 무자비한 방법으로 억압 수탈 하고 초근목피로 연명하게 만든 자는 조선 지배층이고, 그보다 더 나쁜 놈들이 은인과 원수를 뒤집어버리는 '역사 사기꾼'들이다. 문제는 이들이 몰라서 그러는 게 아니라는 점이다.

이들이 설마 필자가 앞서 제시한 총독부 예산조차 본 적 없겠는가?

조　선 ▌ 3~5만원, (북한의 1/10)
일제시대 ▰▰▰▰▰ 500만원, (조선의 100배) ☞ **최소 40배**)
북　한 ▰ 30~50만원 **(일제시대의 1/10)**
　　　　　　　　　　　　　　　4000만원, (조선시대의 1000배 이상)
대한민국 ▰▰▰▰▰▰▰▰▰▰▰▰▰▰▰▰▰▰▰▰▰▰

<조선,일제시대,북한,대한민국의 1인당 실질소득 비교>

세상에서 제일 못된 인간이 배은망덕한 인간이다.
물에 빠진 놈 구해 줬더니 밀었다고 고소해서 돈 뜯어내는 나라. 이게 나라인가?

⦿조선,북한,일제시대,대한민국의 1인당 GDP 비교
조선<북한<일제시대<대한민국 = 1 : 10 : 100 : 1000 정도다
북한의 1인당 GDP는 조선의 약 10배,
일제시대는 북한의 10배, 조선의 100배
대한민국은 조선의 1000배 이상이라 정리할 수 있다.
우리는 조선-한일합방시대-대한민국으로 비약 발전을 해 왔지만, 북한은 한일합방 시대보다 훨씬 못사는 시대로 폭망했다는 사실...

나쁜 체제와 나쁜 지배층이 그리 망쳐 놓았다는 핵심 사실...
이것을 북한과 북한 간첩단과 종북좌파 학자들이 숨겨야 하는 것이다. 이 사실이 알려지면 북한 정권과 종북 좌파가 위험해지기 때문일 것이다. 북한과 종북좌파가 일제시대를 북한보다도 못사는 끔찍한 시대인 것처럼 조작하는 핵심 이유도 그것이라 여겨진다.
바로 남남분열 지속을 통한 북한 정권과 좌파의 생존 목적이다.

⊙ 재일 교포의 범죄율 변화

지적 경제적으로 낮은 단계의 국민들이 범죄율이 높은 것은 법칙인데, 1920년 재일 교포의 범죄율(형법범)은 10만 명당 559명으로 일본인 39명의 11배, 1930년에 9.2배, 일제 말기에는 4~5배 수준으로 급감한다. 범죄율이 낮아진 것도 경제 비약 발전의 간접 증거다.

⊙ 수탈론에서 말 바꾼 주장은 어디까지가 진실일까?

수탈론의 사기꾼들은 "일제가 끔찍하게 수탈 했다"고 거짓말 해 오다가 최근에 그게 거짓이었음이 자꾸만 드러나니 논리를 바꾸었다.

*일제가 우리 산업을 발전시킨 부분이 있다 해도 발전시킨 목적이 무엇이냐가 중요하다. 도로와 철도는 러일전쟁과 수탈을 위해 건설했다. 교육기관을 설립한 것은 우리나라 사람들을 황국신민으로 길러 부려먹기 위한 것이었다. 한마디로 일제에 의한 근대화는 식민 지배를 강화하고 수탈을 극대화하기 위한 것이다. 철도, 도로 등의 기간산업은 쌀, 광물 등 우리나라의 자원을 수탈하기 위한 것이었다." 라고 주장한다.

☞ 이런 상상력을 발휘한 교수도 악당 일본이 황국신민으로 부려먹기 위해 만든 그 나쁜 학교가 없었다면 초졸 이하여서 교수도 못했을 것이고, 그 나쁜 도로 철도가 없었다면 그 교수가 학교에 다니지 못하는 것은 물론, 그 부모는 굶어 죽었을 수도 있다.
조선이 망하지 않았다면 노비였을 수 있고…
사람 사는 세상 만들려면 학교와 도로는 필수다. 설령 수탈했다고

미 항공우주국(NASA)이 촬영한 한반도 사진.

쳐도, 학교·도로 만들고서 굶어죽지 않고 문맹에서 해방되는 게 낫다. 조선시대는 지방에서 서울 가려면 쌀과 짚신과 비품들을 지고 보름 동안 걸어 올라가다가 호랑이에게 잡아먹히는 일도 많았는데, 도로를 만들지 않으면 그 교수나 부모가 걸어서 이동 하다가 호랑이에게 잡아먹힐 수도 있었다.

조선 시대의 해안가 사람들은 생선이 썩어서 밭에 거름으로 뿌릴 정도였지만, 내륙 사람들은 비싸서 먹을 수가 없었다.

하지만 일본이 뚫어 놓은 그 나쁜 도로 때문에 그 교수도 밥과 생선을 먹을 수 있게 된 것이고, 그 부모도 그 나쁜 도로를 이용해서 일을 하며 애 길러서 교수 만들 수 있었던 것이다.

*강원도의 처녀지, 힘찬 철마의 함성에 寶庫강원의 심장은 울린다[동아일보1939-04-19]
*환호성 치는 철마! 여객사태, 열차마다 초만원[동아일보1938-04-06]
*환희의 拾栗열차! 부녀200명 신비의 청평으로[동아일보1939-10-02]

☞옛날엔 가보지 못함

1930년대의 서울

도로도, 철도도, 러일전쟁과 무관하고, 조선시대처럼 도로도 철도도 전혀 없었다면 산업 혁명도, 경제 기적도 불가능했다.

*영흥군내 학령아 1만여명, 배우려 하여도 수용은 불과 2천여명[동아일보1932-03-13]
*경성공보교 3학급 만을 증설, 지원자의 4할은 허송세월[동아일보1932-03-13]
*조선인 교원 쓰고 수업료 인하하고, 학급도 증설하라[동아일보1932-03-13]
*17학급 증설로 수용난, 지망자의 3할이나 수용될까[동아일보1933-01-23]
*밀양공보교(공립보통학교) 학급증설운동[동아일보1933-02-09]
*거창공보교 학급증설운동, 지원자 전부를 수용키로 결의[동아일보1933-02-15]
*영주공보교 학급증설운동, 9학급으로 수용할 수 없다[동아일보1933-11-25]
*대야면보교 학급증설운동(군산)[동아일보1935-11-26]
*초등교 확충계획 5개년으로 단축 17년까지 1600학급 증설(경남)[동아일보1937-12-04]
*충남 미취학아동 59,200명 450학급 증설로도 태부족.[동아일보1938-03-06]

☞ 우리를 노예로 부려먹기 위해 학교를 지었다?

위대하신 조상님들이 그 나쁜 학교를 안지어 줘서 국민의

99.5%가 까막눈이니, 악당 일제가 그 나쁜 학교를 수천 개 지어 준 것이다. 그리고 그 나쁜 학교를 만들면서 일자리라는 게 생기니 우리 국민들이 굶어 죽지 않게 되었다.

일본과 친일파를 욕하는 좌파와 그 부모들도 그 나쁜 학교의 수혜자다.

⦿조선의 공장 수 변화

*1908년 공장수: 43개(국가통계포털)
*1909년 공장수: 59개(국가통계포털) ☞합병 직후부터 공장 수가 급증했다.
*1911년 공장수: 252개(조선인66개, 일본인185개) 생산품:19,639,655엔
　　　　　　　　　　(조선인:1,969,623엔 일본인:16,920,392엔) (국가통계포털)
*1919년 공장수: 1900개(생산품:225,404,275엔(조선인:30,494,196 일본인:191,672,320)
*1928년 공장수: 5432개(조선인2751, 일본인2425개) (국가통계포털)
*1940년 공장수: 7,142개(종업자:294,971명) (국가통계포털)

☞민족자본이 열악해졌다고?

조선인 공장 수가 수백배 늘어났고, 조선인 공장 근로자도 수천배 늘어나면 민족자본이 열악해지는가?

수탈 당해서 민족자본이 열악해졌는데
조선인 회사 수는 저렇게 급증한 이유가 무엇인지를,
진보 간판의 좌파 역사 사기꾼들은 설명할 수 있는가?

진보 간판의 좌파 역사 사기꾼들은,
곡학아세의 부정한 가면을 벗을 생각이 정녕 없는가?
그대들이 이토록 조직적인 대국민 사기를 치는 목적은 무엇이며,
그 배후는 누구인가?

03.너무 쉽게 속는 사람들, 한국인이 모르는 정치 구조적 심리학

⊙숫자 놀음보다 중요한 구조적 심리

사실 중요한 것은 이런 숫자가 아니다. 숫자놀음은 던져버리자. 정치세력 간의 '구조적 심리'를 이해하면, 숫자 따위 안봐도 눈 감고서도 알 수 있는 문제다.

다음 ①~⑥과 ⑦~⑩의 차이를 생각해보자.

①중국 사신이 당도하자, 임금(세종)은...네 번 절하고 향을 피우며, 또 네 번 절하고 만세를 부르며 춤추고 발구르며 네 번 절하고...[세종1(1419)-1-19]

②황엄(중국사신,내관)이 화자(고자)40명과 종이 2만 장을 청구하다[세종1(1419)-1-19]

③소 1만 마리를 바치라는 명 황제의 칙서에 대해...[세종14(1432)-5-28]

④사은사 이염이 황제에게 매질을 당하여 초죽음이 되어 돌아오다[태조2(1393)-8-15]

⑤임금이 중국에 진헌할 처녀를...[세종 8년 12월 9일]

⑥중국에 진헌할 금이 모자라 권서국사의 보를 녹여 쓰게 하다[세종 즉위년 12월 14]

⑦일본 천황이 임오년 강화조약에 규정된 배상금 40만원을 취소하였음을 일본 공사가 아뢰다..."우리 황제가 유시하기를, '조선국 대군주가 제도를 개혁하고...개명한 정치를 하고 있다. 이제 임오년(1882) 강화조약의 보상금 50만원 가운데 40만 원을 되돌려 주어 개명한 정치를 실시하는 데 보태 쓰게 하라.'고 하였습니다." 하니, 상이 "호의가 지극하므로 감사하기 그지없다..."[고종21(1884)-9-15]

⑧황태자가 시좌(侍座)한 상태에서 이토 히로부미를 접견하였다. 통감 이토 히로부미는 해군 중장 이노우에 요시토모등 16인과

함께 폐하를 알현하고 태황제폐하, 황태자전하, 황귀비 및 영친왕에게 예물을 봉정(奉呈)하였다.[고종43(1906)-3-9]

⑨**자작 소네 아라스케**[曾禰荒助]**가 황제와 황후 두 폐하에게 자기 나라에서 생산한 직물을 진헌하였다.**[순종 3년(1909) 6월 8일]

⑩**총독 사이토 마코토 등이 물품을 헌상하다**[순종17(1924)-3-25]

중국은 조선의 금·은·말을 싹쓸이 하고, 소도 대부분 빼앗고, 병자호란 때 포로 수십만 명을 끌고 가서 노예 매매를 했지만, 일본은 정반대다. 힘으로 정복해서 중국처럼 노예 매매를 하거나 "꿇어"를 강요하여 큰절 하게 만들 수도 있고, 조선 왕의 하는 짓들을 보면 한대 쥐어박고 싶은 충동도 들었을 법 한데, 되려 예물을 진헌하고 있다. 이유가 뭘까?

⊙조선을 바라보는 중국과 일본의 구조적 심리

중국은 조선을 맘껏 피 빨아서 백성들을 수천만 명 굶어 죽는 원인을 제공하고, 사신을 두둘겨 패고, 조선 왕을 사신에게 큰절하게 만들면서도 조선인들의 눈치를 볼 필요가 없었다.

덩치로 상대가 안되니 조선인들이 반발해 봤자 힘으로 눌러버리면 그만이기 때문이다. 다만 그것은 미국과 일본이라는 외부 변수가 약했을 때까지만 그렇다.

그러나 일본은 강성해진 후에도 조선을 그리 막 대할 수 없는 구조다. 영토와 인구 차가 크지 않고, 옆 나라 백성들에게 악감정 품게 만들면 두고두고 원한을 사고 훗날 우환이 될 수도 있어서 괴롭히긴 어렵다.

또 500년간 중국에 예속되어 있던 나라를 독립시킨 것이니, 조선 내에 친중파가 많을 수 밖에 없고, 수탈은 곧 그들에게 힘을 실어주는 결과가 되어, 수탈 한다는 것은 미치지 않고서는 있을 수 없다.
중국 고위층이 "미국만 없었다면 한국은 진작에 손 봤을 나라"라고 떠들고, 사드 보복을 하고, 티벳과 신장 위구르에서 수십만을 학살하는 것만 보아도 중국은 한국의 우방인 미국과 일본이 없다면 언제든지 한국을 침략해서 피 빨 수 있는 나라다.
단지 미국·일본이 있어서 한국의 눈치를 보는 것이다.
그러나 일본은 한국에 대한 군사적 위협을 단 한번도 한 적이 없다. 이것은 구조적 심리가 중국과 다르기 때문이다.

당시 일본은, 미래에 대륙 진출의 욕구를 가질 만한 구도였고, 대륙의 침략을 당할 위험도 동시에 고려해야 하는 구도였는데,
만약 당신이 일본이라면, 그 요충지의 조선인들을 수탈해서 못살게 굴겠는가, 조선 백성들을 회유해서 당신 편으로 만들겠는가?
굶주린 거지를 수탈해서 뜯어낼 게 뭐 있다고 그런 바보짓을 하는가?

조선은 설령 외부의 적이 뭘 빼앗으려고 침략했어도 너무 불쌍해보여서 뭔가를 보태주고 나올 만한 나라다.
그래서 침략을 당하지 않은 면도 있다.(괜히 보태주기 싫으니까)
그러니 일본은 조선 백성들의 민심을 얻으려고 '뭔가 보여주기 노력'을 힐 수밖에 없었다.
구조적으로 일본은 조선인들의 민심을 얻기 위해 노력할 수 밖에 없는 상태였음을 알아야만 진실에의 접근을 시작 할 수 있다.

일본은 조선 백성들의 민심을 얻지 못하면 대륙으로 진출할 수 없고, 최악의 경우 조선이 중국이나 러시아와 합쳐져 버리면 일본 본토마저 위험해지므로, 일본은 더더욱 조선 백성들을 자기 편으로 만들어야만 했다.

지정학적 요충 한국을 절대 적으로 만들 수 없는 구도였고, 민심을 얻어서 양국이 하나로 뭉치면 양국민 모두에게 유리하다고 보았기 때문에, 이를 위해 많은 손해를 감수했던 것이다.

물론 일본이 개인이 아니므로, 내부적으로 조선을 합병하느냐 마느냐로 분분했었다. 만약 조선을 합병하면 문맹률 99.5%의 굶어죽는 조선 백성들을 다 떠맡아야 하니 자금 부담이 너무 크고,

그런 부담을 떠안기보다는 조선을 스스로 서도록 부흥시켜서 조선과 함께 북방 세력에 대응하자는 쪽으로 기울기는 했지만,

조선 왕조가 워낙 가망이 없는 정부여서, 장기적으로 조선을 합병하는 게 낫다고 보는 지도층도 있을 수 밖에 없었다.

때문에 그 중 어느 쪽을 선택 하더라도 우선 조선 백성들로 하여금,

"와, 일본이 들어오니 세상이 이렇게 좋아지네?"하게 만들어야만 했다. 조선 백성들을 자기 편으로 만들려면 어떻게 해야 할까? 바로 먹여 줘야 하는 것이다.

먹여주고 살펴주려면 비용과 노력이 많이 소요 되지만 장기적으로는 양국민 모두에게 큰 이득이라고 본 것이다.

굶어 죽는 노예제의 조선 백성들을 불쌍히 여기는 원인도 5%쯤 있었겠지만 근본 이유는 양국민 모두의 '미래이익'이었다.

한국의 교육은 '합병=국권상실'이라고 가르치지만, 그건 백성을 노예로 부리던 봉건 지배층 관점이고, 굶어 죽던 대다수 노예들에게 있어 '국권상실'은 오히려 해방이 된다.
북한은 빼앗겼다는 '그놈의 나라'를 되찾아버렸기 때문에 인민들이 도로 노예가 되었지 않았는가?
합병을 하건 손만 잡건, 그 기본은 민심을 얻는다는 전제였고, 그래서 조선에다 퍼주기 작전을 해서, 거의 온 백성들의 민심을 얻었고, 100만 백성들의 한일합방 운동까지 일어나니 무혈 국가 합병을 이룬 것이다. 일본 측의 이런 역학적 심리구도는 합병 후의 한일합방 시대 내내 동일했다.
영국의 인도와 일본의 한반도는 이해구조가 완전히 다르다.
인도는 먹고 버려도 그만이지만, 한반도는 반드시 자기 편으로 만들어야만 했고, 합병 후에는 같은 나라이니 자국의 가장 낙후된 곳을 지원할 수밖에 없었다.
북한과 통일했을 시 굶어 죽는 북한을 우선 살릴 수 밖에 없는 것처럼...부자가 거지 집과 사돈 되어 합가하면, 사돈 식구들의 굶어 죽음은 자신의 문제가 되므로 방치할 수 없는 것이다.

수탈론자들은 이 기본적인 구조적 심리를 이해 못한 바보들이거나 알면서도 속이는 사기꾼 중 하나다.
개인사나 국가사나 이런 기본 심리구조에서부터 시작된다.
이런 구조적 심리를 이해하면, 자료를 들추지 않아도 그 때의 일들을 대략 알 수 있고, 역사서를 보면서도 '이것은 거짓이야' 라고 거의 정확히 짚어내서 속지 않게 되며, 훗날 어떤 사건 이후에 벌어질 일들도 대략 알 수 있게 되는데, 한국의 교육이 이를 가르쳐주지 않고 거짓 답안만 달달 외우는 성적 경쟁 세상만 만드니, 세상의 기본을 이해 못하는 자들이 학자도 되고 진성바보 정치인도 되면서 배가 산으로 낭떠러지로 '진보' 당하는 것이다.

자기 나라와 관련된 외세는 우군이 될 수도 있고 적군이 될 수도 있는데, 이런 구조적 심리를 이해하여 그 외세가 우군인지 적군인지를 분별하는 게 변혁기의 국민이 할 일이다.
그러나 한국사 교육은 국민들로 하여금 그런 분별력을 상실한 진성바보로 전락시킨다.

상식적으로 한집 건너의 집안과 싸우거나 거래하려면, 중간의 거지 집안이 내 편에 서느냐 상대의 편에 서느냐는 중요한 문제임을 초딩도 안다.
그러나 '진보 간판'의 좌파들만 모른다.
좌파에게 아무도 이런 구조적 심리를 공부 시켜주지 않은 것이다.

물론 미국·일본이 없더라도 중국이 우리를 침략하거나 위협하지 않을 가능성도 없진 않다.
그러나 기본 구조적 심리상 미국 일본은 구조적으로 우리의 우군일 수 밖에 없고, 중국은 그 반대 쪽이라는 것이다.

위에서 이토가 바친 예물은, '예물'이라 쓰고 '뇌물'이라 읽으면 될 것이다. 뇌물 받는 게 취미였던 고종과 지배층은 뇌물로 충분했고, 일반 백성들에게는 혜택을 체감시켰다.

*고종은 금광, 전차 등 열강에게 이권을 줄 때도 자기에게 돌아올 보상금을 중시했다. 일본이 이를 이용, 1차 한일의정서 조인 후 고종이 과거에 향유했던 모든 특전을 거의 허용함으로써 그를 안심시켰으며[조던 주한 영국 총영사]

일본은 한국이 하는 멍청한 짓들을 보면 한 대 쥐어박고 싶은 충동도 들 순 있겠지만, 그래도 한국이 망하게 내버려 둘 수는 없는 구도다.
분별력은 엉망이지만 위치 탓에 우방의 도움을 받는 나라…
그게 우리다. 우리가 잘나서 발전한 게 아니다.
믿고 싶지 않더라도 자신의 처지는 객관적으로 알아야 한다.

⦿한국인이 속고 사는 이유는, 좁은 시야에만 머무르는 편협함 때문

한국인들이 수탈론의 거짓말을 의심 없이 믿는 이유는, 약소국 경험만 있을 뿐, 제국의 경험이 없기 때문이다.
덩치 큰 조폭에게 500년간 뜯기면서 살아온 경험만 있어서, '강자는 약자를 수탈 하나보다' 식으로, 자기 수준에 딱 맞게 수탈론을 믿는 것이다. 그러나 그런 눈높이 말고 '제국의 구조적 심리' 관점으로 볼 수 있어야 한다.

만약 당신이 '아시아대제국 건설'의 꿈을 가졌다면 당신은 약자를 수탈 하겠는가? 그 수단이 침략이 될지라도 그마저도 인류 사회를 위한다는 나름의 책임 의식도 조금은 가지게 된다.
그런데 '대제국은 혜택을 주어야만 지속 될 수 있고, 수탈하는 제국은 오래 가기 어렵다. 설령 수탈하더라도 혜택을 더 크게 인식 시켜야만 제국은 지속될 수 있다. 강자라고 다 약자를 수탈하는 것은 아니다.

우리가 미국에게 아부 떠는 이유가 무언가?

미국을 존경하기 때문인가? 솔까말 얻어먹기 때문 아닌가?

얻어 먹는 거 없으면 미쳤다고 그러나? 적당히 아부 떠는 쪽팔림에 비해 얻어내는 이득이 너무 크니까 그러지.

아부가 쪽팔린 거라고? 당신도 어디에선가 아부 떨고 있을 것이다. 실리보다 명분밖에 모르는 좌파가 아무리 반미를 조장해도 민심이 미국을 지지하는 이유는 폼보다 실리가 중요함에 공감하기 때문이다. 하지만 미국도 덮어놓고 남을 위해주는 천사도 아니고 바보도 아니다.

그들도 자기들의 이익이 있기 때문에 우리에게 잘해주는 것이다.

상호 이익되는 윈윈 구도가 되어야만 대제국은 지속될 수 있다.

심지어 '어버이 수령님'과 '미군철수'를 외치던 김일성주사파 진보 진영도 집권 후에는 미군 철수와 반미를 함부로 외치지 못하는 이유가 뭔가? 미군 철수시키고 싶어 미치겠어도 민심이 미국을 지지하고, 미국 시장 없으면 우리는 부도나며, 그러면 자기들도 쪽박 차기 때문이 아니던가?

미국이 한국을 굽신거리게 만드는 비결은 '멕여주는 힘' 때문이다. 개인이건 국가건 타인이 자신을 따르게 하려면 먹여주는 게 기본인데, 아시아 대제국을 꿈꾸는 사람들이 바로 옆 굶어죽는 사람들을 수탈이나 하며 민심을 잃는다면, 그런 한국식 사고로는 대제국은 꿈도 못꾼다. 일본은 아시아 통일과 아시아 대제국의 꿈을 꾸며, 아시아 최초로 세계 패권국에 도전하던 나라로서, 더 큰 그림을 보았던 것이다. 일본은 꿈에 비해 인구도 땅도 작아서, 조선인의

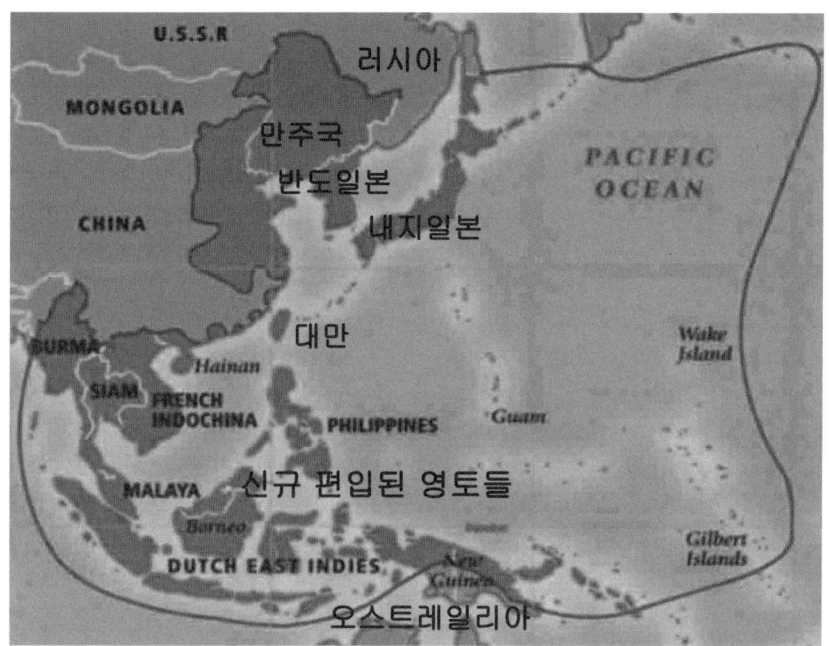

1940년대 초 한국인들이 '우리나라 땅'이라 부르던 영역

민심을 얻어야만 함께 큰 나라를 이루어 웅대한 미래 건설이 가능하기에, 당장은 지출과 출혈이 많더라도 더 큰 미래를 보면서 조선을 도왔던 것이다.

지도를 보면 대제국 건설의 시작은 일본이지만 지리적 요충은 한반도이며, 큰 그림을 그리려면 한국인의 협조가 필수다.

또한 아시아 통일의 초강대국이 되면, 인천 정도에 '뉴욕' 같은 세계 중심도시를 만들고 싶어 할 만한 구도이고, 제2~제3 수도 부산과 열도를 잇는 초대형 연결로를 만들고 싶어 할 만한 구도다.

그런 요충지 사람들의 민심을 잃어서는 대제국 건설의 꿈은 이룰 수 없다. 아시아 지도만 펼쳐 보아도, "이런 구도에서 일본이 조선을 수탈했다고? 말도 안돼, 잘못 아는 거 아냐?" 라는 의심

을 해 볼 줄 알아야 정상이다.

그걸 의심해 볼 줄 모른다는 것은, 한국인의 분별력과 지적 스케일에 심각한 결함이 있다는 것이다.

북한 간첩단과 좌파 사기꾼들이야 국민을 속여야 할 이유가 있지만, 국사 사기 교육에 너무 쉽게 속는 국민 의식이 문제다.

⦿구미 열강의 식민지와 일본의 식민지가 근본적으로 다른 이유

'괜히 독립했다가 쫄딱 망한 나라' 북한만 제외하면, 아시아는 일본에 가까울수록 잘산다. 또 일본이 장기 통치하던 나라는 모두가 잘 살지만, 구미열강이 지배하던 나라는 대부분 못산다.

여기에는 이유가 있다.

서양의 식민지는 단물 빨아먹는 게 목적이었기 때문에, 굳이 학교를 많이 지어서 교육시킬 필요가 없었고, 때문에 아직도 가난에서 벗어나지 못하고 있다. 그러나 한국과 대만은 교육을 시켜줬다.

같은 국민으로 받아들이려 했느냐 안했느냐가 일본과 구미 열강의 차이다. 동업자는 열심히 일해 주지만 노예는 열심히 일해 주지 않는다. 조선이 그토록 가난하고 굶주렸던 첫째 이유도, 국민의 대다수였던 노예들이 열심히 일해주지 않았기 때문이고, 북한이 굶주리는 이유도 그와 비슷하다.

한국인을 노예로 부려서는 저 넓은 영토의 관리가 불가능하고, 대제국 건설도 불가능함을 일본은 알았던 것이다.

일본은 한국인에게 아시아 통일국의 지분을 두둑히 챙겨주면서 동업자로 만들어 협조를 얻고 싶어 했던 것이다.

조선 지배층이 백성들을 문맹률 99.5%의 막장 문맹으로 만든 이유는, 무식해야 지배하기 쉬웠기 때문이고,

일본이 조선인에게 교육을 시켜 준 이유는 함께 웅대한 나라를 경영하려면 무식해선 안되기 때문이다.

이런 구조적 심리를 이해한 친일파는 조선 왕조를 적으로, 일본을 우군으로 인식했고, 그런 분별을 못한 사람들은 반일을 한 것이며, 김일성주체사상파 진보 진영의 우상 김일성은 일본이 만든 진보된 시스템을 x판으로 퇴보 시켰기 때문에, 일제시대의 발바닥만도 못한 저 꼬라지가 된 것이다.

단지 일본이 패했기 때문에 승자에 의해 친일파가 악당화 된 것일 뿐이고, 반일파는 '민족'이라는 지배자중심주의 가치에 집착하지만, 친일파는 자유,인권,공동번영 등의 인민 중심주의 집단으로서, 명분보다 실리를 택하는, 그게 진정 민족을 위하는 '진짜 진보의 길'이라 여겼던 것이다.

◉상식적인 모순조차 알아채지 못하는 사람들

지구별에서 가장 초라한 궁궐...경복궁을 새로 짓는 데 드는 돈은, 많아 봐야 요즘 돈으로 1천억 미만일 것이다.

그런데 그 정도의 돈도 없어서 300년간 방치한 게 조선이다.

그런데, 우리 국민들은

①그 경복궁의 무리한 재건으로 경제가 거덜났던 사실을 안다.

②또 '임오군란'의 이유가 '수도방위군'에게 줄 쌀을 1년 넘게 못주어서 병졸들의 가족을 굶주리게 만들었기 때문임을 대부분 안다.

또 어느 좌파 언론은, ③'일제 말기에 친일파 놈들이 '애국기 헌납 운동'을 벌여서 전국 곳곳에서 방위성금을 내게 만들어 애국기(전투기)를 1700대나 바치는 '친일'을 했다고 비난한다. 그런데…

수도방위군이 굶주릴 정도의 나라였고, 그런 백성들이 수탈을 당했다면, 백성들 대부분은 굶어 죽었어야 맞는데,
오히려 일제 말 애국 전투기를 1700대나 만들어 바칠 만큼
'능력 있는 국민'으로 바뀐 이유는 무엇인지,

그리고 인민들이 그 나쁜 친일파들을 응징하지 않은 이유는 무엇인지, 악당 일제에게 그런 거액을 모아 바친 이유는 무엇인지를,

그런 보도를 하는 좌파 언론조차도 의심할 줄 모른다.

사기 교과서와 거짓말 드라마가 가르쳐주는 대로만 받아먹고 용감하게 촛불이나 들 줄 안다.

자신의 상태를 깨닫지 못하고, 자신을 '정의의 용사'라 믿는 진성바보들로 길러진 것이다.

한국인의 독서율은 미국인 일본인의 1/6도 되지 않는다.

성인의 52%가 1년 동안 종이책 한 권도 읽지 않는 나라…

선동에 쉽게 속는 '용감한 독서맹' 상태의 국민들…
독서율이 미국 일본의 절반만 되었어도 국민 의식이 이 지경까지는 되지 않았을 것이다.

04.한국인이 알면 곤란해지는 한글의 비밀

⦿세종대왕이 훈민정음을 만든 진짜 이유

우리 국민들은 세종대왕이 훈민정음을 창제한 것은 백성들을 위한 애민정신 때문이라고 배워 왔다.

그러나 훈민정음의 창제도 진짜 목적은 다른 데 있었다.

첫째, 한글은 중국식 한자 발음을 배우기 위한 '보조문자'였다.

훈민정음(訓民正音)의 뜻은 '백성을 가르치는 바른 소리'다.

여기서 바른소리, 즉 정음은 중국 발음을 '바른 소리'라 여기고 우리식 발음을 사투리라 보는 관점이다.

훈독은 우리말 고유소리이고 음독은 중국어 발음인데, '훈민정음'은 훈독을 없애고 음독으로 바꾸기 위한 수단으로 만든 것이다. 즉, 한자 옆에 토를 달아서, 한자를 중국식 발음으로 읽게 할 목적이었다.

*신년 하례의 표·전문을 지은 신하를 명나라로 압송 당하며 보낸 자문…비직(卑職)이 놀랍고 황공해서 몸둘 바가 없습니다. 소방은…성음과 언어가 중화와 같지 않아….문자의 사용이 비루하고 표·전문의 체제를 다 알지 못하여 언사가 경박하게 되었사오니, 어찌 감히 고의로 그러겠나이까?[태조5(1396)- 2-15]

*'언문을 시행하여 임시 방편을 하는 것 보다는 차라리 더디고 느릴지라도 중국에서 통용하는 문자를 습득하여 길고 오랜 계책을 삼는 것만 못하다.'고 할 것입니다…**네가 운서(韻書)를 아느**

냐. 사성 칠음에 자모가 몇이나 있느냐. 내가 그 운서를 바로잡지 아니하면 누가 바로잡을 것이냐" [세종 26년(1444) 2월 20일] ☞운서(韻書):한자 발음사전

☞중국에 보낸 신년하례 글 표현의 오류(오해) 때문에 글을 쓴 신하가 중국으로 압송 당하고 있다.
한자를 제대로 몰라서 생긴 이런 문제점이 많았고, 세종이 운서(韻書), 즉 한자의 발음을 바로 잡겠다고 말하고 있다.
훈민정음에 순수 한글을 표기하는 수단 외에 중국어에나 있는 성조체계들까지 다 표현하도록 만든 것은 그런 이유다.

★한인(漢人)들의 말은 곧 중화의 정음(正音)입니다…우리 나라의 어음(語音)은 가장 중국의 것에 가까웠었는데…번해(翻解)하는 방법이 없었기에 통습(通習)하는 어려움이 걱정거리였습니다. 오직 세종대왕께서…창조하신 훈민정음은 화인(華人)들에게 물어 보더라도 곡진하고 미묘하게 된 것이었습니다…이를 가지고 한음(漢音)을 번해해 나가면 칼을 만난 올이 풀리듯 하여…당시의 사대부들은 대부분 화어를 통달하게 되어. [홍양호의 상소문, 정조7년(1783)-7-18]

☞훈민정음은 사대주의 소중화사상의 발로이자 중국화 프로젝트 였고, 중국의 속국인 이상 불가피한 점도 있었다.
조선 사신이 중국 발음을 실수해서 곤장 두둘겨 맞고 팅팅 부어서 오는 건 별로 좋은 게 아니니까…

둘째 이유는 하층민 지배를 편리하게 하기 위한 '천한문자'였다.
조선은 지배층만 문자와 지식을 독점하는 지식권력사회지만, 하층민에게 왕에게 충성하라고 가르쳐야하고, 간단한 '공고문' 쯤은 읽게 만들어야 지배에 편리하다.

중국이 유교를 퍼뜨린 이유는 '아랫 놈은 윗분을 잘 모셔라'로 요약되는 사상을 만들어 '따라서 중국황제 잘 받들어 모셔'로 이어지게 만드는 권력 목적의 술수였고 북한의 주체사상도 같은데,(유교 사기극, 주체사상 사기극은 뒤에서 설명) 천한 백성들에게 '유교식 충효사상'을 주입할 천한 문자가 필요했다.

'유교쟁이' 충효사상을 주입 시키면 지배층에 복종을 잘하기 때문이다. 왕이 창제 했다면서 '천한 문자'라는 뜻의 '언문(諺文)'이라 부른 것도 같은 이유이고, 과거 시험에 한글을 쓰지 않은 것도 같은 이유다. **세종은 유식한 백성이 아닌, 복종 잘하는 백성과 중국화를 원한 것이다.**

*'훈민정음'이 이루어지다. "나랏말이 중국과 달라 문자와 서로 통하지 아니하므로...방언과 이어(俚語)만이 같지 않으므로.[세종 28(1446) -9-29]

천민을 재산으로 밖에 안보던 인간이 '애민정신'의 글을 만든다는 것은 애시당초 말도 되지 않는다.
'한글'은 '애민정신'과는 저언혀 무관한 글자다.

⊙한글은 누가 개선,보급 시켰을까? 한국사 교과서의 한글사기극

1%의 지배층만을 위한 '지식권력사회' 조선은, 나라 망할 때까지 지배층 외의 백성들을 위한 학교 하나 지어주지 않았고, 국민들에게 ㄱ,ㄴ은 물론 +,-도 가르쳐 주지 않았다.

한글은 일주일만 배워도 깨칠 수 있는 우수한 글자인데, 그런 한글을 가지고서도 절대문맹 상태를 지속시켰다.

*조선만의 글자인 언문은 지식층에서 완전 무시되고 있다. [비숍]
*조선의 학문은, 읽는 책도 중국 책이요, 공부하는 말도 조선어가 아닌 중국어요, 연구하는 역사도 조선 역사가 아닌 중국 역사요, 신봉자를 얻게 되는 철학 체계도 중국 철학이다. 필연적인 결과로 사본은 원본보다 못하므로 조선 학자들이 중국 학자와 견주기에는 무리다. [샤를르 달레]
*언문의 구조는 일본글과 같고 교묘함은 서양의 알파벳을 능가한다. 그런데 왜 조선인들은 일상의 서간문에까지 어려운 한문을 사용하는가. 겨우 중류 이하에서만 사용되는 편리한 문자, 사대 근성의 표상인가? [혼마 규스케 조선잡기]

조선 왕조 시대에 백성들을 위한 학교를 만들었다는 말은 누구도 들어 본 적 없을 것이다. 절대문맹 상태로는 발전이 불가능한데, 왜 문맹 상태를 끝끝내 이어갔을까?

백성들이 글을 알게 되면 지배층의 권력이 흔들리기 때문이었다.
자기들만 문자를 공부해서 아는척 해야 하는데, 백성들까지 글을 알아서 머리가 커져버리면 국민들이 스스로 자신이 '노예'임을 깨닫게 되어 지배층의 권력이 흔들리기 때문이다.

그래서 모든 독재자는 국민을 무식하고 가난하게 만드는 것이다. 북한도 국민을 일부러 가난하고 무식하게 만드는 경향이 강한데, 국민이 부유하고 유식해지면 권력은 끝장임을 독재자가 알기 때문이다.

한글과 인쇄술을 가지고 백성들에게 글과 지식을 가르쳐 주고 백성들이 노력한 것을 강제로 빼앗아가지 않도록 보장해 주어서, 백성들 스스로 노력해서 살아갈 수 있는 세상을 만들었다면 세종도 '성군'이었을텐데, 안타깝게도 '무늬만 성군' 시대를 포함한 500년 동안 그게 없었다.

그런데 이상하지 않은가? 독립 후 한국인들은 한글을 쓰고 있었다. **원래의 한글은 우리가 이해하기 힘든 구조였고 조선 말까지도 한글을 거의 쓰지 않고 천대 했는데, 한글은 누가 발전 보급 시켰을까? 믿기 싫은 사람 많겠지만, 한글의 우수함을 알고 개선 보완 및 교과서로 만들어 보급시키면서 '문맹해결'에 발벗고 나선 것은 '조선총독부'였다.**

일반 국민들 대다수가 '학교'에 다니게 된 시대가 한일합방 시대인데, 조선 말까지만 해도 지배층만 '서당'에서 천자문 정도 익힐 수 있었고, 한일합방 시대가 되어서야 학교에서 여러 가지 과목을 배울 수 있었다.

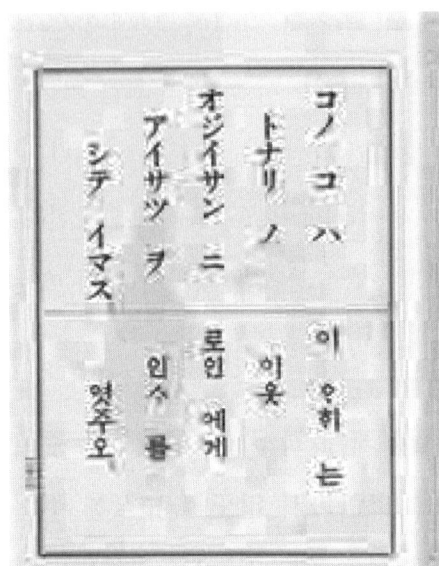 

조선총독부의 한글 교과서

한글은 한자를 대체할 문자로 만든 게 아니어서 '암글'이니 '뒷간 글'이니 하며 천대 받았다. 그러나 일본의 학자들이 조선에 한글이라는 우수한 문자가 있음을 발견하고 조선총독부와 함께 개선 보완해서 일본의 문법을 토대로 문법을 향상시키고 교과서로 만들어 보급 시키면서, 한글을 널리 사용하게 된 것이다.

일본어는 한국어와 어순과 구조가 같으므로, 일본의 문법을 참고하여 한글을 발전 시키는 게 쉬웠던 것이다.

조선총독부는 한일합방 이듬해인 1911년부터 '조선 교육령'을 시행하여 조선인 일본인 학생의 구분 없이 한글을 필수 과목으로 결정했고, 1912년 4월에는 '보통학교용 언문철자법'이라는 책을 발간했다.

보통학교에 쓰이는 '조선어독본'의 언문철자법을 평이하게 할 목적으로 8명의 조사촉탁원에게 지시하여 철자법을 결정하게 한 것이며, 조사원 중 절반이 한국인이었는데, 그들도 대부분 일본유학파 출신이다.

그 결과 조선 말에는 문맹률이 99%가 넘었지만 한글이라는 혁명적인 문자를 통해 다수의 한국인들이 글을 읽을 수 있는 사회로 탈바꿈한 것이고, 오늘날의 한글이 탄생된 것이다. 우리는 한글을 발전시킨 한글의 아버지를 주시경으로 알고, 한글 발전과 보급을 우리 스스로 한 것처럼 알지만, 합방 직후(1914년)에 사망한 학자가 그것을 하는 것은 불가능하고, 조선어연구회와 주시경도 조선총독부의 지원을 받았다.

우리는 한글의 발전이라 하면 보통 1933년 조선어학회의 한글 맞춤법통일안을 떠올리지만 정부 기관도 아닌 하나의 학회에서 만든 맞춤법안이 그런 절대적인 공신력을 갖도록 전파 되었다는 생각 자체가 난센스다.

조선총독부가 국가 정책적으로 한글을 연구하고 각급 학교를 만들어 보급했기 때문에 한글이 발전하고, 널리 보급된 것이다. 한글은 '500년간 먼지 쌓인 원석'이었고, 그 원석을 갈고 닦고 제대로 세공해서 진짜 보석으로 만든 것은 일본이라는 것이 한국사 교과서가 감추는 진실이다.

조선총독부가 한글을 연구개선 보급하는 정책을 펴지 않았다면, 문맹 해결이 안되어 오늘의 경제 발전은 불가능했다.

조선총독부의 한글 교과서

그런데도 한국의 교육은 '일본이 조선의 언어와 문자를 빼앗고 성명 변경을 강요하고 많은 사람을 고문하고 죽였다'라는 거짓말을 교과서에 버젓이 써 놓고 '반일 세뇌교육'을 시키고 있다.

그런데, 500년간 한글을 버려 둔 한글을 국문으로 인정하여 한글을 잠에서 깨운 것은 누구일까?

그 또한 1894년에 일본이 주도한 갑오개혁 때부터다. 이 때부터 한글이 공식 문서에 쓰이게 된 것이다.

⊙조선 지배층이 한글을 없앤 이유

당초 세종이 언문(한글)을 만든 이유는 친중 사대의 목적과 지배 권력에 편하게 활용할 목적이었는데, 언문을 퍼뜨리니 부작용이 나타났다.

당초 절대 문맹의 무지몽매한 백성들에게 유교의 **충효** 사상을 언문으로 주입 시키면 백성들이 지배층에게 더 열심히 **충성**할 줄 알았는데, 되려 지배층을 욕하는 글이 언문을 통해 퍼지는 부작용이 생긴 것이다.

언문 금지령과 언문청 폐지도 조선 지배층의 이해와 맞물려 있었다. 즉 권력에 방해가 되니 국민을 도로 무식해지게 만든 것이다.
학교를 만들지 않고, 한글을 탄압한 이유도 그거였다.
모든 정책과 행위의 기준은 국민의 행복과 발전이 아닌 지배층의 권력이었다. 만약 세종이 초장수 했다면 '아차' 하면서 한글을 스스로 폐지시켰을 것이다. 권력에 방해가 되니까....

⊙일본이 한글을 보급시킨 이유

하지만 일본의 사정은 달랐다. 한국은 대륙과 일본의 중간 지점인 만큼 미래의 대륙 진출까지 고려한다면 한국을 빨리 발전 시켜서 자신들과 동화 시키고 한 덩어리가 되도록 만드는 게 필요했다.

한국인이 같은 국민이 된 이상, 한국의 막장 문맹 상태를 방치해서는 아무것도 할 수 없다.

농사만 짓더라도 글을 알아야 제대로 할 수 있고, 장차 대륙 진출까지 고려하면 그 요충지인 조선의 문맹 퇴치가 중요 과제였는데, 일본어를 가르치는 데는 너무 긴 시간이 필요했다.

때문에 속전속결식 문맹 퇴치에 가장 유용했던 게 한글이었다.

만약 한국이 소말리아를 합병하였다면, 이미 같은 국민이 된 이상 그들의 문맹을 방치해서는 국민 간의 위화감도 커져서 국가가 제대로 안정되기 어렵다.

합병 안하고 식민지로 통치만 한다면 모르나 같은 국민이 된 상태에서는 좋건 싫건 그들을 문맹에서 탈출 시켜야만 하는 것이다.

물론 궁극적으로는 한글을 가르쳐서 같은 글자를 쓰는 국민이 되어야 국가의 미래전략에도 나을 것이다.

그런데 한글보다 더 편리한 그들의 글자가 있다면 우선 그들의 문자를 개선해서 문맹 해결부터 한 후 우리와 동화 시키려고 한글을 보급 시켰을 수 있는데, 그런 이치이다.

한글은 원래 사생아다.

조선은 낳자마자 버린 부모이고, 일본은 길러준 부모다. 한글을 짓밟았던 조선 지배층과 달리 일본이 한글을 개선 보급하는 문자 대혁명을 주도했기 때문에 오늘의 한글이 있는 것이다.

우리 국민들이 누구나 학교를 다닐 수 있게 되고 한글을 배울 수 있게 된 것은 조선총독부의 문맹퇴치 정책이 시작 되면서 부터였고, 국민들이 덧셈 뺄셈을 배울 수 있게 된 것도 한일합방시대 부터다.

⊙한글을 보급시킨 일본의 중대 실수

조선은 중국에 정복 당한 나라로서 수백 년간 중국의 속국이었으니, 중국에 의한 정신적 예속에서 벗어나게 하려면 문자부터 독립시켜야 하는 목적도 있었다.

이런 정치적 이해관계를 떠나 한국인의 문맹해결과 문자 문화를 가장 합리적이고 편리한 방향으로 바꾼다는 차원에서 볼 때,

전통적인 한자에서 벗어나 배우기 쉬운 한글 위주로 바꾸어 보급시킨 조선총독부의 방향은 나름 옳았지만 그게 바로 최악의 중대 실착이었다.

왜냐하면 앞서 밝혔듯이 조선 말까지도 민족이라는 단어조차 없었는데, 한국인에게 '민족의식'이라는 게 생겨나는 것을 촉진해 버렸기 때문이다.

민족이라는 것은 같은 언어 문자를 쓰는 사람들 속에서 생겨나는 공동체 의식인데, 만약 우리가 터키어를 쓰고 있다면 터기와 공동체 의식을 느끼고 있을 것이다.

결국 한글 보급으로 인해, 일본과 다른 언어와 문자를 쓰는 다른 그룹임이 더 명확해지면서 '민족'이라는 의식이 생겨나버렸다.

만약 한국이 소말리아를 합병했다고 쳤을 시, 같은 언어와 문자를 쓰도록 지속적으로 교육 시킨다면, 결국 같은 나라 사람이라고 인식하겠지만, 그 나라의 언어와 문자를 계속 지속 시켜서 다른 언어와 문자를 쓴다면 하나로 동화되기가 힘들어지는데, 일본은 그런 실착을 한 것이다.

'민족'이라는 단어가 쓰이기 시작한 '기미독립선언문'이 무슨 글자인가?

만약 필자가 일본 지도층이었다면 한글을 보급시키지 않았을 것이다. 일본 입장에서는 시일이 걸리더라도 한글을 개선 보급 시키지 말고 일본어와 히라카나 교육을 시켰어야 했고, 그에 따른 인센티브를 주었다면 한국인들도 더 열심히 일본어를 배웠을 것이다.

같은 언어와 문자를 쓰는 국민으로 만들었다면, 한국인은 삼국시대의 동족이었던 일본과 동족 간 통일을 한 상태임을 인식했을 것이고, 훗날 독립을 했어도 공동체의식과 함께 교류가 더 활발했을 것이다.

훗날 일제 말기에 들어서야 한글 교육을 공교육에서 제외시켰는데, 이미 늦어버린 상태였다.

작은 실수가 중대한 문제를 만들었지만, 결과적으로 일본이 있었기 때문에 지금의 우리가 한글을 쓸 수 있게 된 것이다.

만약 이씨왕조였다면 우리가 한글을 배울 수 있었을까?

한글을 '암글','뒷간글'이라 부르던 조선 지배층이?

500년간 안해주던 조선 지배층이 갑자기 개과천선 모드로?

백성들이 무식해야 지배층이 유식한 척 하면서 지배할 수 있었는데?

국공립 학교 5750개를 만들 의지는? 능력은?

국민이 유식해져버리면 자기들의 권력이 흔들리는데?

조선은 도로도 다리도 없었고, 먹고 죽을래도 학교 지을 돈 없던 나라였고, 설령 돈이 남아돌더라도 그것을 절대 해줄 수 없는 나라였다.

한글은 일제 잔재다.

일제 잔재를 청산하려면 한글부터 청산해야 할 것이다.

일본 욕하는 좌파는 한글 말고 한자로 욕해라.

일본이 만들어준 옷을 입고서 일본을 욕하지 말고.

05.진실 기반이 아닌 목적의식 기반의 국사만 가르치는 나라

⊙악당 일제가 태형이라는 끔찍한 형벌로 조선인들을 차별 했다?

한국사 교과서는 능지처참, 압슬, 주리, 참수 등 조선의 잔학무도한 고문과 형벌들이 일본에 의해 폐지되어 법치 질서에 의한 인권 향상과 법 앞에 평등한 시대가 되었던 사실은 일체 감추고,

그 중에 가장 낮은 처벌인 '태형'을 일정 기간 남겨 두었던 점만을 부풀려서 민족 차별이니 끔찍한 형벌이니 왜곡한다. 그러나....

태형 제도를 일시적으로 남긴 것은 가난한 조선인을 배려한 제도였다. 가난한 작은 범죄자는 벌금형으로 전 재산을 잃거나, 감옥에 있는 동안 가족이 굶어 죽을 수 있으므로, 전통 형벌 중 가장 강도가 낮은 태형만을 임시 유지한 것이며, 집행 전에 의사가 건강을 진단했고, 몽둥이도 조선보다 작고 가늘었다.

만약 당신이 죄인이라면, 가족이 굶어 죽는 것과, 당신이 가는 몽둥이로 두들겨 맞고 끝내는 것 중 어느 쪽을 택하겠는가?

조선의 압슬형: 사기 조각이나 돌조각 위에 죄인을 꿇려 앉힌 후 널판지나 돌판을 허벅지에 올려서, 그 위에 사람들이 올라가서 누르는 형벌.
처음에 2명이 올라가고 나중에는 6명까지 올라가는데,
대부분은 하반신 불구가 되거나 사망했다.

조선은 때려죽이고, 거꾸로 매달아 죽이고, 살 발라 죽이고, 불로 지지고, 뼈 으깨어 죽이고, 찢어 죽이고, 조각난 시체를 개들이 뜯어먹게 하고, 돈 안바치면 좀도둑도 참수했고, 간통죄의 여성은 하체까지 벗겨서 때려 죽이기도 했는데, 그런 건 모두 감춘다.

⊙민족자본의 성장을 억압하기 위해 회사령을 만들었다?

*일제가 한국의 기업을 억제하고 민족자본의 성장을 억압하기 위해 회사령을 만들었다?

☞회사 설립의 통제와 관리의 필요성 때문이었고, 일본인 기업까지 일률적으로 규제해 공업 전반을 통제하려는 것이었다.

또 1916년 부터 느슨하게 적용되다가, 1920년에는 폐지됐다.

그런데도 한국사 교과서는 회사령의 뒷 부분은 빼고 앞 부분만 말한다. 과연 실수일까?

*일제는 도로, 철도, 항만, 통신 등을 독점하였다. 일제가 우리나라를 근대화하면 할수록 민족 자본은 위축되고 민중의 삶은 열악해졌다?

☞**사회간접자본을 확충하면 민족자본은 감소하고 민중의 삶도 추락하나? 미국이 한국에 공장 지어서 일자리 만들면 민족자본이 감소하는가?**

경제의 기본도 모르는 좌파의 무식함, 또는 알면서도 사기 치는 좌파도 문제지만 믿는 사람도 문제다. 파업이나 일삼다가 기업 쫓아내고 노동해방 된 지역의 꼬라지가 어떤가?

*경제 성장은 컸지만 발전 성과의 대부분이 일본인과 일본 기업에 수탈되고 조선인 노동자는 식민지 사람으로 취급, 열악한 환경에 놓였다?

☞ 좌파 교수들이여, 고용과 피고용에는 수탈이라는 게 없다. 노동 상품을 상호 합의 하에 사고 파는 행위일 뿐이다.

노동도 상품이며, 근로관계는 노동상품을 가격 흥정하며 거래하는 것일 뿐이다. 싫으면 안하는 것이고, 그 수탈과 일자리가 없을 때는 끝 없이 굶어 죽었고, 그 기업이 없었다면, 당신들의 부모가 굶어 죽었을 수도 있다.

뒤에서 밝히겠지만 그대들의 '마르크스·레닌주의'가 사기다.

조선인 의사 수는 거의 제로였다가, 1912년 70명으로, 1943년 2600명으로 늘어났다. 그들이 없었다면 좌파 교수의 부모도 24살 되기 전에 죽었을 공산이 크다.

이런 게 자연스런 성과들인데, 대체 누가 열악해졌는가?

⦿일제시대 중 가장 비참한 모습

물론 일제시대라고 다 굶주림에서 벗어난 것은 아니고, 일제시대 중 백성들의 가장 처참한 모습은 조선총독부 우가키 총독의 일기에 나온다.

*광희문 밖에 사는 영세민들의 생활은 가련한 상태였다.

이 겨울을 어떻게 지낼까 염려 되어 이를 구제할 수단을 관계자에게 문의 했더니 항상 있는 일로서 걱정할 필요가 없다는 대답을 들었다. 그렇다고 하더라도, 두고 두고 개선할 방도를 찾지

않으면 안된다.(1931.9.7.) [우가키 총독의 일기]

*열심히 일해 돈 버는 것을 따라 잡는 가난은 없다는 속담이 있지만, 조선에서는 일을 해도 가난이 따라 와서 편안할 때가 없는 경우가 많다. 빚 때문이다.
조선 사람이 궁핍을 벗어나는 길은, 빚을 쓰지 않는 것과 있는 빚을 갚는 방법을 강구 하는 데 있다.(1931.9.8)[우가키 총독의 일기]

*함경북도와 강원도 이외에도 굶주림에 허덕이는 자가 적지 않고, 초근목피로 연명하는 사람들이 많은 것에, 아픈 마음 금할 길이 없어 관계자에게 물어 보았더니, "조선에서는 그런 일은 흔하고, 이 때 쯤에 항상 나타나는 일이다. 한달만 지나면 나뭇잎도 나고 풀도 나기 때문에 그걸로 수확기까지 어찌어찌 지나간다"며 깊이 배려하는 모양도 보이지 않았다.
동물적인 생활은 아무리 생각 해도 가슴이 아팠다.
어떻게 해서라도 빨리 인간으로서의 생활만은 보장 해 주고 싶다. 그게 나의 임무이기도 하다.(1932.3.31.)[우가키 총독의 일기]

☞한일합방 시대에도 이런 비참한 모습이 남아 있었지만, 함경도 등은 백성 절반이 굶어 죽었다는 기록이 실록에 자주 나오며, 굶어 죽은 시체들의 이야기는 일제시대 초기에 사라진다.
그런데도 한국사 교과서는 행복했던 나라를 일제가 빼앗아서 민족의 피를 빨았다고 사기교육 한다.
한국사 사기꾼 좌파의 일본 악당만들기 노력은 참으로 눈물겹다.

⊙조선에 자본주의 맹아가 싹트고 있었다?

한국의 역사가들에게는 '일본이 없었어도 스스로 근대화 될 수 있었다'라는 명제를 증명하는 것이 주요 목표다.

진실 따위는 중요하지 않고, 뭘 갖다 붙이건 목표만 입증하면 되는 게 대다수 한국 역사가의 한계다.

조선에 자본주의 맹아가 싹트고 있었다며 18세기 실학 사상까지 갖다 붙이는데, 실학은 상공업 억제와 농본주의 중심이다.

'실학의 시조' 유형원은 지방의 정기시장인 장터를 벽촌의 일부를 제외하곤 폐지해야 한다고 주장했고, 정약용도 노비제의 폐지를 반대한 인물이며, "농업을 올리고 싶으시면, 말업을 억압하십시오" 라며 상공인을 귀농시켜야 한다는 주장까지 했다.

성호 이익은 화폐와 시장을 철폐해야 한다고 주장했고,

박지원도 '허생전'에 나타나듯이 상업 천시주의자다.

자본주의는 만민 평등주의와 법치주의를 기반으로, 개인이 노력한 것을 빼앗기지 않는 바탕 위에서, 개인의 노력이 개인과 사회 모두를 살찌우게 만드는 시스템이다.

재산권 보장도 없는 주인과 노비, 지배층과 피지배층의 수탈 구조 속에서는 자본주의가 불가능하다.

실학자들은 근대 자본주의 개념조차 없었다.

설령 그들에게 개혁적 성향이 있었다고 쳐도, 북한의 기득권 인사 중 몇몇 사람이 '우리도 문물을 받아들여야 하는데(신분제 폐지는 하지 말고)'라고 생각해 보다가 만 정도에 불과했다.

최초의 사진관이 있는 이 곳은 뒷골목이 아니고 으리으리한(?) 초가집들이 즐비한 대도시 중심가다. 분업조차 없는 개인별 자급자족형 나라 조선에는 상가나 점포라는 개념이 사실상 없었고, 최초의 은행인 한성은행(조흥은행의 전신, 1897)도 작은 초가집이었다.

미국의 노예해방이 1865년인데, 일본은 이미 16세기에 노예제를 폐지했다. 세계 최초에 가까운 신분제 대혁명이 일본의 비약 발전을 이끈 핵심 원인인데, 실학은 일본의 16세기 의식조차 쫓아가지 못하던 세력이었고, 봉건 지배층의 기득권 사회를 보강하려는 기득권 권력 보완책에 불과했다.

1876년 개항 후 일본이 장기간 경제 활동을 했는데도, 최초의 기업도 최초의 은행도 그 20년 후에야 생겼다.

자본주의 맹아가 싹텄다던 찬란한 나라인데, 최초의 기업은 1896년에 생겨난 '박승직 상점'이라는 구멍가게로서 두산그룹의 전신이고, 최초의 은행은 1897년에 방2개+마루1개의 초가집에 설립된 한성은행(조흥은행의 전신)이다.

제조업으로는 동화제약의 전신인 동화약방이 최초로 개업했다.

조선은 자본주의 맹아의 개미 콧털만한 싹조차 없는 나라였다. 자본주의도 자본주의를 만드는 정신도 모두 일본이 강제로 도입시켰고, 그래서 이 땅에 기업이 생길 토양이 마련된 것이다.

그런데도 일본이 없었어도 스스로 근대화 될 수 있었음을 입증하려고, 학자로 위장한 자들이 별것도 아닌 것을 열심히 띄우며 거짓말을 한다.

⊙악당 일제가 나무를 다 베어버려서 조선의 산이 민둥산이 되었다?

*조선의 산들은 나무 한 그루 없이 헐벗었으며...[언더우드 부인]
*숲은 벌거벗은 상태다...황량한 산은 홍수가 만든 물길들로..[윌리엄 길모어]
*충남북도와 전라북도의 수해 사망자가 347명, 물에 떠내려갔거나 무너진 집이 6,091호, 유실된 토지가 12,136결이며...[고종43(1906)-12-11]
*나주,광주에 수해로 무너진 민가 2,553호 죽은 사람이 31명[고종32(1895)-10-22]

*의주부 한 고을에서만 민가가 1,927호나 물에 떠내려가고 303명이 물에 빠져 죽었으니[고종 25년(1888) 8월 12일]
*안동 등에 떠내려간 민가 3,014호, 빠져 죽은 사람이 75명...[고종22(1885)-8-29]
*경주·평안도 등에 떠내려간 민가가 3,029호 사망자 34명.[고종22(1885)-8-15]

☞홍수는 보통 산에 나무와 강에 제방이 없어서 생기는데, '붉은 산'이라는 제목의 소설이 있을 정도로 조선의 산은 민둥산이었고, 민둥산이 된 주 원인은, 먼저 베는 사람이 임자인 '공유지의 비극' 때문이다. 실록에는 굶주린 백성들이 풀뿌리와 나무껍질로 연명한다는 말이 흔히 나오는데, 나무 껍질을 계속 벗겨내서 나무를 죽인

☞나무를 벨 줄만 알고 심을 줄은 몰랐던 한국인에게 나무를 심어야 함을 가르쳐 주고 평생을 몸소 실천하며 민둥산들을 녹화 시키고 한국에 뼈를 묻은 **'한반도 산림 녹화의 아버지' 조선총독부의 '아사카와 다쿠미'**
-푸른 나라에 살수 있도록 애써 주신 아사카와 다쿠미님 고맙습니다-필자)

원인도 있다.

한국은 산에서 베어낸 나무를 다시 심어야 하는 줄 모르던 나라다.

전국 벌거벗은 산의 산림녹화에 힘써서 온 산을 푸르게 만드는 데 평생을 바치며, 나무를 베어낸 곳에는 꼭 다시 심어야 함을 한국인들에게 가르쳐 주었던 게 그 악당 일제다.

평생을 한반도 산림녹화에 힘쓰다가 조선에 뼈를 묻어 '한반도 산림녹화의 선구자'라 불리우는, 조선총독부의 '아사카와 다쿠미' 등을 비롯한 '악당 일제'....

그 '악당 일제'가 1911년에 지정한 4월5일 식목일과 식목방학과 함께 수십 년 간의 식목 운동을 통해 조선의 산은 드디어 푸르게 변모한 것이다.

*사람들 모두 풀뿌리와 나무 껍질로 연명하며 지낸다 합니다[현종개수2-4-13]
*국영조림 식재면적: 1925년 2,834ha, 1943년 22,588ha [국가통계포털]

조선의 수치화 된 삼림 자료가 있다면 끔찍한 지경이었을 것이다. 우리는 일본이 한반도에 해 놓은 모든 것들을 "다 수탈하기 위한 것"이라고 교육 시키는데, **한반도를 녹화시킨 것이 설령 수탈 목적이라고 쳐도, 벌거벗은 산을 녹화 시켜준 것은 그 자체로 고**

마운 것이다. 물에 빠진 사람 살린 게 대가를 얻을 목적이라고 쳐도 구해주지 않으면 죽는다. 조선의 민둥산을 푸르게 가꾸어준 것은 홍수를 막아준 공로라도 있는데, 우리는 일본의 노력마저도 모두 다 증오하도록 날조 교육만 시킨다.

⊙한국인이 알면 곤란한 창씨 개명의 진실

"니들 중에 창씨개명 안한 놈 있으면 나와 보라"

친일파 박중양이 반민특위 재판에서 한 소리다. 김영삼[가네무라 코유]도, 박정희[다까끼 마사오]도, 김대중[도요다 다이쥬]도 창씨개명 했었고, 창씨개명 인구는 90%가 넘었다. 거의 모든 국민이 일제 협력자들이었다.

*엄마는 나에게 그 일본 선생이 너 성 안갈았다고 뭐라 하지 않느냐고 물어보곤 했다. 내가 그런 일 없다고 하면, 엄마는 네가 눈치가 없어서 그렇지 왜 구박을 안했겠느냐며 맘대로 넘겨짚곤 했다. 내가 운이 좋아 좋은 선생님을 만났는지는 몰라도, 한 반에 창씨 안한 애가 서너 명밖에 안남았을 때도 그런 애들을 선생님이 특별히 구박하거나 무언의 압력을 가한 것 같은 기억은 전혀 없다.[박완서]

*창씨개명의 기회 줄 뿐 강제 실시하지 말라.

일반의 오해를 일소하고 취지에 철저토록, 남총독 국장회의에서 강조. 남총독 시정의 중대 근간인 내선일체 구현으로 서양자 제도를 비롯하야 창씨개명의 길을 열어서 지난 2월 10일부터 실시하게 되엇는데 이는 상당한 화제를 제공하고 잇고 이미 창씨개명을 신청한 사람의 수효도 상당한 터이다. 그러나 이 창씨

개명에 대하야는 신중히 취급할 성질의 것이므로 총독부 정례 국장 회의에서 남총독은 씨 제도의 창설에 대하야는 오해가 없도록 하는 것이 조코, 결코 강제적으로 실시하는 것이 아니라는 것을 말하엿다. 그리고 이것은 조선 사람에게도 씨를 창설할 수 잇는 길을 열어 준 것이지, 강제로 하라는 것은 아니라는 말을 하야 일반의 오해를 일소하고 원래의 취지를 철저히 하도록 천명 하엿다 한다. [동아일보 1940년 3월 6일]

창씨개명은 조선인들을 위해 내지인들에게 피해를 입히는 정책이었다. 법적으로는 일본인과 동등한 지위였지만, 이름을 보면 조선인임이 드러나서 은근히 차별하는 게 있었다.

조선인 범죄율도 높고 조선인에 대한 나쁜 인식이 있었으니…

만약 우리가 소말리아를 합병했다 치고, 법적으로 아무리 평등해도 민족 차별하는 인간들이 나올 것이다.

그런데 한국인과 일본인은 외모가 같은데다 이름까지 똑같아져 버리면 구분이 어려워지는 것이다. 그래서 일본 내지에서 반대가 심했다. 일본인과 조선인의 구분이 사라져버린다는 게 이유였다.

그래서 조선 총독이 정치 생명을 걸고 밀어붙인 정책이 바로 '조선인 은근차별 방지책'인 창씨개명이다. 정확히는 '창씨개명 허용정책'이었다. **조선인에 대한 법적인 동등권은 물론이고, 은근한 차별까지 방지하여 조선인을 같은 국민으로 끌어안으려는 일본 정부의 노력의 일환이었고 그마저도 오해의 소지가 있어 '선택권'과 '배제권'을 주었다.**

그래서 조선인 중에 창씨개명 하지 않은 인구만 10%가 넘었다.

그런데 창씨개명 전의 원래 성씨도 대부분 조선통감부가 부여해 준 것이다. 대다수의 조선인들은 성씨가 없었고, 개똥이, 마당쇠, 돌쇠, 향단이 등이었으며, 더 정확히 말하면 창씨개명은 '조선인 편애정책'이었다. 창씨개명을 조선인에만 허용한 것은 만주인 중국인에 대한 차별이며, 조선인만 '한 식구'임을 인정해 주는 '편애 정책'이었는데 여기에도 이유가 있었다.

일본이 아시아를 거의 통일한 상태가 될만큼 영토가 넓어졌고, 그 넓은 영토를 관리 하려면 내지인의 힘만으로는 부족하고 '확실한 내 식구'가 필요했다. 그런데 한국인들은 너무 친일적이었다.

일본군이 승리했다는 보도만 나오면 영화 보던 중간에도 환호성이 터져 나오고, 일본군 자원입대 지원자가 넘쳐났다.

그래서 일본 당국은 '조선인들이 확실히 같은 국민으로 동화되었다'고 본 것이고, 넓어진 영토를 조선인들과 함께 관리해 나가기를 바랬다. 그래서 추진한 게 창씨개명이다. 한국인을 식민지 모국의 일원으로 동참 시키는 과정 중의 하나였다.

사실상 "아시아 통일해서 니네만 먹을래? 우리도 국민이야 같이 먹자"라고 조선인들이 먼저 요구한 것을 일본이 들어준 셈이었다.

⊙한국사에서 유일한 성군은...

나라를 지켰다고 해서 모두 영웅은 아니다. 북한 같은 나라를 지킨 사람은 인민이 아닌 김씨 왕조에게나 영웅일 뿐이다.

반만년간 굶어 죽던 '고대노예제 사회'에는 영웅이란 있을 수 없다. 그런 나라를 지켰다고 영웅이 아니고, 독립 시켰다고 영웅도 아니다. 그런 나라는 무너뜨려야 영웅이다.

굶어죽는 노예제의 암흑 세상을 깨부수고 백성들이 죽어가던 동토의 한반도를 사람 살 만한 세상으로 바꾼 게 진짜 '민족해방' 이며, 그런 대혁명의 주역이 진짜 영웅이다.

일제시대는 굶어죽음과 노예에서 해방된 '진정한 민족해방 시대'이고, 인민을 도로 굶어죽는 노예제 지옥으로 만든 북한이 '진짜강점기' 인 '김조강점기'다. 지배층 관점으로만 보는 민족주의 좌파는 북한 정권을 우군이라 보지만, 필자는 국민 관점의 자유·인권·행복 기준 으로 보기 때문에 일본이 우군이다.

권력을 위해 인민 300만명을 굶겨 죽이는 동족 지배자보다 고통에 허덕이는 국민들 때문에 가슴 아파하는 다른 민족 총독이 낫지 않은가? NL계열 김일성주사파 진보 진영이여, 대체 어느 쪽이 민족 해방인가?

무슨 수를 쓰건 인민을 살리면 성군이고 인민을 죽이면 폭군이다. 능력도 없으면서 권력에 눈이 어두워서 저항하면 그건 모리배다. 조선 백성들의 살 길을 열어준 조선의 경순왕 순종은 그래서 성군이다. 필자는 자국민 6천만 명을 굶겨 죽인 조선조 조폭들을 도저히 용서할 수 없지만, 그 마지막 결단을 해 주었기 때문에 그들을 용서할 수 있다.

⦿ 잘 해줘도 욕하고 못 해줘도 욕하고

한국인들은 '일본 욕하면 애국자' 식 교육만 받아서 잘해줘도 욕하고 못해도 욕한다. 차별하면 차별했다고 욕하고, 차별 하지 말라고 창씨개명까지 허용한 것은 '민족말살정책'이라 욕하고, 조선인 참정권을 늘려간 것도 '민족분열술책'이라 욕하는 게 한국이다.

참정권을 안줘도 욕하고, 줘도 욕하고, 학교 수천 개를 만든 것까지 욕한다. 한국인을 공무원으로 채용한 것도 욕하고...

그러면 학교도 지어주지 말고 공무원 등용도 해 주지 말았어야 하는가? 문맹을 방치하고 조선인 참정권도 주지 말고?

그거야말로 진짜 노예로 만드는 것인데, 좌파의 취향은 참 독특하다.

일본은 너무 바보 짓을 했다. 무식하고 굶주리는 국민들은 저항할 줄 모르니 밥만 먹여주고 세뇌시켜 지배하면 될 것을...

500년간 굶주려 왔으니 그래도 감지덕지할 것이고,

지금처럼 일제시대를 악몽 시대라 역사 조작할 필요조차 없이 조선의 실상을 있는 그대로 가르치기만 해도 충분히 현실에 감사 할테니...

그냥 까막눈 상태를 방치해서 밥 한그릇 던져주면 감사히 받아먹는 국민을 만들어 노예로 부리는 게 낫지. 조선과 북조선 왕조처럼...

북한을 보라. 무지하고 굶주리게 만들어 세뇌교육 시키고 철권통치 하니, 누구 하나 입 벙긋 못하고 권력은 지속되지 않는가?

어차피 훗날 수탈 했다고 욕먹을 거라면 그때 진짜로 수탈해서 수백만 명 굶겨 죽여 버리던가...북한 중국처럼...

북한처럼 역사조작, 사상전 간첩 투입해서 '위수일본', '친지일본' 하는 종북진보진영 만들면 되고... 아니, 종일진보진영(從日進步陣營)...

⦿사기 쳐먹는 자와 사기 당하는 사람들로 들끓는 나라

훗날 미국이 한국에 지원한 액수는 일본보다 훨씬 많지만, 국가재정의 비율로 따지면 일본의 지원액이 훨씬 더 컸고, 실질가치 기준으로 모두 따지면, 일본의 지원이 미국보다 크면 컸지 결코 적지 않다.

대략적으로 표현하자면, 월수입 8천원이던 우리가 월 50만원 벌게 된 게 일본에 의한 것이고, 그 후 더 발전하여 월 500만원 벌게 된 게 미국의 도움 때문이다.

일본은 49만원 더 벌게 해 주고, 미국은 450만원 더 벌게 해 준 것이니 수치상으로는 미국이 더 크지만, 49만원을 더 벌지 않았다면 진작에 굶어 죽었을 수도 있다.

봉건 지배층 중심주의의 좌파 수구 진영은, 못된 지배층의 권력 상실을 강점이니 늑약이니 하며 슬퍼하지만, 백성들의 삶은 그들이 증오하는 늑약·강점과 함께 급격히 사람 사는 세상으로 바뀐 것이다.

국사 교육은 진실과 정치 구조적 심리 등을 종합적으로 이해시켜 향후 미래에 대한 바른 선택을 할 수 있도록 분별력을 키워 주어야 옳은데, 과거 조선 지배층과 중국에게 당했던 것을 몽땅 일본에게 뒤집어 씌워 사익 목적의 국민 바보 만들기 용도로만 쓴다.

1910년의 조사에 따르면 조선의 인구는 13,128천명이었고, 1943년에는 25,827천명으로, 2배 증가했다.

그리고 평균 수명은 1910년 24세에서 1943년에 45세까지로 2배 늘어났다. 서울대학교 의과대학 팀은 조선인 유골 116구를 분석한 결과 조선시대 남성의 평균 키가 161.1cm임을 밝혔는데, 1930년대 경성제대 보고서에 따르면 북쪽 성인남성의 평균 신장은 166 cm

로, 162.5cm인 남쪽보다 3.5cm 더 컸다.

그런데 '괜히 독립했다가 폴딱 망한 나라' 북한의 남성 신장은 163cm로 일제시대 상승분 마저 까먹고 조선시대에 근접해졌다.

현재 북한 남성의 평균 신장은 한국 남성의 신장 174cm보다 11cm 작은 163cm다.

기록에 의하면 조선시대에는 북한 사람들의 키가 남한보다 컸었는데, 그게 크게 뒤집어진 것이다.

만약 한국이 북한 정권의 지배를 당했다면, 우측의 훤칠한 한국군도 가운데

미군, 북한군 그리고 한국군

북한군의 신장 정도였을 것이다. 그리고 우리도...

◉ **평균신장: 대한민국＞일제시대＞북한＞조선시대**

　　　　　(174cm)　　(166cm)　(163cm)　(161cm)

　1.현재 한국 남성의 평균신장 174cm

　2.일제시대(1930년) 조선(북쪽) 남성의 평균신장 166cm

　3.현재 북한 남성의 평균신장 163cm

　4.조선 남성의 평균신장 161.1cm

☞ 위의 네 나라(시대) 중 **당신이 살고 싶은 나라의 순위는?**

일제시대 순천고등학교 총검도 선수들

⊙더욱 안타까운 것은...

사기꾼들이 창궐하는 것은, 우리 국민들이 만만해 보이기 때문이다. 그런데 문제는 좌파보다는 우파다.

좌파는 마르크스주의와 김일성 주체사상이라는 이념 지향성과, 간첩 5만 명을 고려하면 모든 게 이해 되지만, 우파는 바보인가? 좌파 사기꾼들이 역사조작 장난으로 국민 바보 만들기 세뇌 교육을 수십 년간 하고 있을 때, 우파는 대체 무얼 했는가? 무개념의 우파는 심지어 좌파 따라서 같이 일본을 욕하기도 한다.

일본 악당만들기의 목적이 자기들을 악당화 시키려는 것인데도...

안타까운 것은 또 있다. 만약 일본의 어떤 사람이 자기 옆 집 사람을 원수인 줄 알면서 수십년간 입에 거품 물고 욕했다가 나중에야 되려 부모 살려준 생명의 은인임을 알게 되었다면, 아마 옆 집 사람에게 찾아가서 무릎 꿇고 빌 사람이 많을 것이다. 선진국이니까...

그러나 한국은 절대 그러지 않는다. 심지어 유감 표명조차 하지 않을 것이다. 이제 와서 바뀌는 것은 자존심의 손해라 믿기 때문이다.

⊙중국에게 당했던 것을 모두 일본에게 뒤집어 씌운 한국사 교과서

실록을 보면 조선이 중국과 긴밀했을 때는 백성들이 끝없이 굶어 죽다가 일본과 엮이면서 굶어 죽음이 급격히 사라졌음을 쉽게 알 수 있다.

김일성 주사파 진보진영이 장악한 한국사 교과서는 우리 백성들이 중국과 조선 지배층에게 당했던 것을 모두 일본에게 뒤집어 씌우는 사기 교육을 해 왔다.

이런 거짓말 교육이 종북 진보진영을 만든 이유이므로, 국사 교과서를 만든 자들이 알면서도 대국민사기를 친 것인지 정말 멍청해서 그런 것인지는 따져 봐야 할 것이다.

그리고, 황장엽이 폭로한 간첩 5만 명과 무관한지도…

⊙어떤 노인....그리고 대한민국

필자의 어릴 적, 정씨라는 동네 술꾼 노인 하나가 술만 마시면, "그 때가 좋았어, 대일본제국 시대"라고 말하던 것을 기억한다.

다른 노인의 말에 의하면, 자신이 일본군 소위였다는 그 노인의 주장은 거짓인 듯 하지만, 그 노인의 모친과 이모가 어릴 때 노비로 팔려갔다가 일본에 의해 풀려났다고 했다.

그 노비의 아들이 자기 가족을 노예해방 시켜 준 자기의 '새로운 나라'에 감사하며 '황군지원병'으로 나섰다가 일본의 패전 후 이를 비관하며, 혼자 술꾼 노인으로 전락해 죽어갔다.

그가 사랑하고, 그가 애국하던 나라는 일본이었던 것이다.

그들은 자신들을 가축 취급하던 나라를 버리고, 자신들을 인간 대우 해주는 새 나라에 충성하는 '친일파'가 될 수 밖에 없었다.

노예로 사고팔림 당하던 천민들과 대다수 백성들에게는 일본이
은인일 수 밖에 없다.
그러나 한국사 날조교과서 사기꾼들이 진실을 가르쳐 줄 턱이 없다.
양반 지배층들은 글을 쓸 줄 알기 때문에
'시일야방성대곡'이라도 남길 수 있었지만,
일자무식의 노예들은 자신들의 한을 기록조차 할 수 없었다.
그래서 이 땅의 노예들의 뼈에 사무친 한은 기록조차 없는 것이다.
한쪽에서는 양반들이 국치라며 슬퍼했지만,
다른 쪽에서는 팔려갔던 노예들이,
일본때문에 가족 상봉을 하고,
부둥켜 안고 울었다는 것이 역사의 양면성이다.
역사의 진실을 조작하여 국민들을 두 패로 갈라쳐서,
반일과 '친일파청산'을 외치도록 유도하는
'한국사 거짓말교과서'는 정말 옳지 못하다.
북한이 '국사조작' 간첩을 아무리 많이 투입했어도,
아무리 '김일성주사파 진보진영'의 판이 되었어도,
양심 있는 학자들이 있었다면 이 지경까지는 되지 않았을 것이다.

'진보로 위장한 좌파 국사사기꾼'들이여, 왜 국민을 속이는가?
이런 사기극을 벌이는 그대들의 목적은 무엇이고,
그 배후는 누구인가?

06.한국인이 알아선 안되는 일제 시대의 진실

⊙한국인이 알아선 안되는 일제 시대의 조선인 참정권

"뭐? 참정권? 우리는 노예 아니었어?" 라는 반응이 나올수 있어서 한일합방시대 조선인 참정권 문제는 한국인이 알아선 안되는 비밀이다. '강점'이니 '수탈'이니 '노예'니 하며 속여야 한다.

때문에 조선인에게 '참정권'이 있었음을 아는 한국인은 거의 없지만, 조선인이 일본에서 출마도 투표도 했고 일제 말기에는 전국민 참정권 부여 법안도 통과되었다.

합방으로 같은 국민이 된 점을 생각하면 조선인 참정권은 당연한데, 한국사 사기교과서는 이런 진실을 철저히 숨긴다.

*[제국헌법 제2조] **조선인의 국법상 지위: 조선인은 법령 또는 조약으로서 별단의 취급을 할 것을 규정한 경우를 제외하고는 내지인**(일본인)**과 동일한 지위를 갖는다.**

우리 국민들은 이런 사실조차 모른다.
나라 빼앗겼느니 식민지니 노예니 하는 것들만 외워서 거짓말 답안을 작성해야 좋은 성적 받는다.

***총독, 참정권 문제 즉시라고 말할 수는 없으나 조기 구체화...**[동아일보 1929-09-10]
***참정권은 당연히 부여해야 하지만, 지금은 조선이 내지**(일본)**로부터 많은 원조금에 의존하고 있는데, 원조금을 그만 받고 내지**

참의원 당선에 환호하는 조선인들(박춘금)

인처럼 정상적인 납세가 가능하게 되면 참정권은 당연히 부여 할 수 있을것 [총독,1930년 제10회 중추원회의 의사록]

☞ "우리도 국민이다. 참정권 달라"라는 중추원 의원들의 요구에 대한 우사키 총독의 답변이다. 참정권 제한 이유가 조선인들이 정상적 세금을 못내는데다 거액의 지원금을 받기 때문이라는 것이다. 조선인 참의들도 "세금 똑같이 내고 지원금 안받을테니 참정권 달라" 소리를 못하고 있다. 참정권을 안준다고 해서 차별은 아니다. 오히려 세금 덜내고 받아먹기만 하면서 동등권을 달라는 것이 세금을 내는 내지인에 대한 역차별이다.

참정권 문제는 병역 의무와도 맞물려 있었다. 일제시대 40년중 39년간 조선인들은 지원자 외에는 군대에 가지 않았고, **1944년까지도 징병제를 안한 이유는 참정권도 안주면서 징병만 하는 것은 부당하다는 법논리 때문이며, 참정권 제한의 이유는 조선인들이**

거액의 예산 지원과 세제 혜택을 받기 때문이라는 것이다.

그래서 1944년 이전까지 조선인의 병역의무가 없었고, 내지의 젊은이들이 전쟁터에서 수십만 명씩 죽어갈 때 조선인 청년들은 군대에 가본 적 없는 '룰루랄라 시대'를 산 것이다.

훗날 패전이 임박한 종전 1년 전에야 징병제가 시행되었고 징집된 청년들마저 후방에 배치되거나 훈련 도중에 전쟁이 끝났다. 일본인 전사자 230만 명과 조선인 전사자 2만1천 명이라는 차이가 그래서 생긴 것이다. 그런데도 우리는 마구 끌려가서 총알받이 당했다는 거짓말 교육만 시킨다.

조선인들 중에 조선인 일본군 지원병의 지원을 독려하고 징병제 실시를 요구하는 적극 친일파가 많이 생긴 이유도 병역 문제와 참정권 문제는 동전의 양면과도 같음을 조선의 지식인들은 알았기 때문이다. 조선인 참정권 부여 목소리에 대해, 일본 측은 조선이 각종 면세와 함께 막대한 보조금을 받는 상태라는 이유로 계속 미루었는데, 여기에는 조선인의 낮은 교육 수준도 또 하나의 원인이었다.

만약 우리가 소말리아를 합병했다고 치고, 문맹률 99.5%라면 그들에게 동등한 참정권을 주기가 어렵다.
먼저 학교부터 많이 지어 주고 경제 지원을 해 주면서, 경제와 교육 수준부터 끌어올리며 서서히 참정권을 부여할 것이다.
봉건시대 경험만 있는 절대문맹의 인민들에게 참정권을 주면 나라 꼴이 잘못 흘러가는 문제가 생길 수 있어서, 문맹 해방이 먼저이므로 학교를 5750개나 건설한 것이다.

또 법적인 차별과 현실적 차별은 다른 문제다.

인간은 자신과 동등한 지적 경제적 수준이 아니면 친인척 간에도 차별이 생길 수 있고, 차별하지 않으려고 노력해도 약자 입장에서는 차별을 느끼게 될 수 있으며, 법과 제도적으로 무슨 수단을 동원해도 현실적 차별은 피하기 어렵다.

법적으로는 동등한 국민이지만 현실적으로는 아직 동등해질 수 없는 관계, 그게 일제 시대였다. 그러나 조선인 청년들의 지원병 입대 열기가 이어지고(뒤에 설명), 1944년에 조선인에 대한 징병제까지 실시하여 조선 청년들이 같이 총 들고 싸우고 있는데 참정권 부여를 계속 미룰 수는 없었던 것이다.

그렇게 1945년에 조선인 참정권 법안이 통과되었지만 갑작스런 패전으로 조선인 참정권 법안은 휴지가 되었다.

하지만 내지 조선인은 참정권 보류 대상이 아니었다.

1920년 내무성이 밝힌 내용(지방행정 1920년 5월호)은, '조선·대만인도 요건을 구비하면 선거권을 갖는다'며, 재일조선인 참정권을 인정하고 있는데, 내지인도 일정 납세자만 선거권을 갖고 있었고, 조선인은 내지 1년 이상 거주자에게 참정권이 주어졌다.

일본도 납세자만 투표권을 갖는 나라에서 서서히 그 범위가 늘어났고, 일본인 모두가 참정권을 갖게 된 것은 1945년이지만 지방 자치 의회의 경우 조선인 참정권은 이미 있었다.

*난립한 조선인후보 지반경쟁에 혈안, 모두 낙선될 위험도 업지안허, 경성부내 선거전' [1935년 5월15일 동아일보]

*마스조에 요우이치(舛添要一) 마스조에 정치경제연구소 소장은, 그의 부친이 1930년 후쿠오카(福岡)현 와카마쓰(若松) 시의회 의원선거에 입후보했을 당시의 선거포스터를 공개했다.

포스터에는 일본어와 한글이 병기돼 있는데, **그 당시만 해도 재일 조선인이 선거권과 피선거권을 행사할 수 있었고, 한글을 병기한 것은 조선인의 표 확보를 위한 것이다.**

일본 내지의 참정권 자격은 어떻게 변천 되었을까?

일본 선거의 한글혼용 포스터

*1889년 직접국세 15엔 이상의 25세 이상 남자
*1900년 직접국세 10엔 이상의 25세 이상 남자
*1919년 직접국세 3엔 이상의 25세 이상 남자 (내지(일본)거주 조선인 포함. 1년이상 거주요건)
　☞조선인의 참정권 자격을 획기적으로 완화함
*1925년 25세 이상 남자 (내지조선인 포함. 여성제외)
*1945년 25세 이상 남녀 (모든 조선인 및 여성 포함)
　☞여권 신장의 결과
*1945년 25세 이상 남녀 (반도조선인 포함, 1946년 시행 예정)☞독립으로 무산.

☞1925년부터 1945년까지 일본인 여성에게는 참정권이 주어지지 않았지만, 일본에 거주하는 조선인 남성에게는 참정권이 주어졌다. 조선인 남성이 일본인 여성보다 우월한 법적 지위를 가졌었다.

나라 빼앗겨 비참한(?) 모습의 1935년 중등축구대회

⊙한국은 식민지였나?

'식민지'는 '국외에 개척되어 나무처럼 가꾸고 키우는 나라'를 말한다. 미국도 원래 식민지였고, 만약 한국이 화성에 도시를 세워서 정착하게 만든다면 그 곳도 한국의 식민지가 된다.

식민지는 자원이나 인력을 싸게 쓰고 그 곳에 물건을 팔며 상호 이익을 얻는게 주 목적이므로, 그러려면 식민지를 키워 주어야 하며, 현재 같은 국민이거나, 장기적으로 같은 국민으로 만들려는 목적일 공산이 큰데, 한국에서 식민지라는 용어는 착취 대상이라는 나쁜 의미로만 쓰인다.

'**합병**'과 식민지는 다른데, 식민지는 '**피지배국**'이거나 향후 같은 나라가 될 공산이 큰 나라지만, **합병은 그 즉시 같은 나라 국민이 되는 것이다. 때문에 조선은 합병이어서 법적 동등권을 가진 주주, 즉 식민지가 아닌 식민지 모국이 된 것이며, 단지 완전한 권리를 얻기 까지의 유예 기간만 있었을 뿐이다.**

조선은 영국의 인도가 아니라 미 연방에 가입한 것과 같았다.

스키장에서 끔찍한 압제와 수탈을 당하며 노는(?) 조선 사람들(1930년대)
(양반은 원래 스포츠 같은 거 해선 안되는 동물인데, 악당 일제가 그 아름다운 전통을 짓밟아 버렸다.)

한국은 일본제국 주식회사의 주권을 가진 동등한 주주라는 것이다. **초졸의 소기업 사원들과 고학력의 삼성전자 사원들이 합병으로 같은 사원이 되면, 차별 못하도록 법을 만들어도 차별은 없을 수가 없다. 그 차별 때문에 못해먹겠다 싶으면 딴살림투쟁**(독립투쟁) **해서 다시 구멍가게를 차리는 것이고, 대기업 사원 신분을 유지하면서 실력을 키우는 게 후손들을 위해 낫다고 보면 독립을 반대**(친일파)**하는 것이다.**

하지만 소기업으로 분사해서 성공하는 경우는 드물다.

때문에 독립을 원하더라도 실력부터 키우는 게 먼저라고 생각할 수도 있고, 분사로 경영권을 줄 가능성이 있으면 분사(독립)를 선호하거나, 그렇지 않은 사원들은 이대로 살기를 원할 수도 있다.

이런 단순한 문제인데도 우리는 **이 기본을 가르쳐주지 않고, 나라 빼앗겼느니, 되찾았느니 하는 봉건지배층 중심주의 거짓말들을 주입시키는 것이며, 북한 정권의 대남 전략과 좌파의 사익을 위해 철저하게 이용 당한다는 사실이다.**

끔찍한 압제와 수탈의 고통에 허덕이는(?) 조선인 학생들(1930년대 배제학당)

⦿자유민주주의 초기 단계였던 한일합방시대

합방시대의 조선인 전체에 대한 참정권 법안은 1945년에야 통과 되었지만, 조선(반도일본)에는 지방자치제 성격이 있어서, 유권자들이 투표를 하고, 지방 의회에는 조선인 의원들이 예산안 심의를 하는 등, 자유 민주주의 초기의 성격을 띠고 있었다. 신문 보도 하나만 보자.

◆지방 의회 의원의 조선인 차별철폐 요구

*평양부 세입세출예산 회의는 지난 23일 하오 1시부터 동 회의실에서 개최되어 향후 8일간 계속 될터인데, 제2일인 지난 24일에 세출 예산안을 심의할 때에, 송영상씨가 조선인 일본인의 차별을 철폐하라고 열렬히 주장하였고, 격리병사 문제에 대하여는 부당국자의 무성의한 것을 여러 의원들이 힐책하였고...[동아.1931.3.27.]

◆병원의사와 간호부에 조선인 채용 주창 관철 부산부 의원의 강경론

*부산부 내년도 예산협의회 심의회에서 김장대 의원은 부산에

소풍 가서 끔찍한 압제와 수탈을 당하며 노는(?) 조선 사람들(1930년대)

는 9만 명의 조선 사람들(일본사람 4만명)이 거주하고 있음에도 불구하고 순치병원에는 조선의사와 조선 간호부는 한명도 없어서 조선인 환자는 불편이 적지 않을 터인즉 조선 의사 한명을 채용하라고 강경히 주장 하였는데, 부 당국자는 답변을 하지 못하였고, ○○의원이 "의사는 평등으로 환자의 병을 보아 주는 것인데, 특별히 일본 사람과 조선 사람을 구분하여 운운하는 것은 불미하다"고 논박 하였기 때문에, 김의원은 분기를 띠면서 다시 공격하였다...

그리고 다시 김의원은 부립 병원에도 각 과에 조선인 의사 한명과 간호부의 1/3 이상은 조선인을 쓰라고 맹렬히 주장 하였는데, 이에 대해 ○○주임은 "조선 사람을 채용해 본 즉 계속 있지 않고, 의학전문학교에 의뢰해도 지망자가 없기에 그리 한 것"이라고 답변하매, 이에 김의원은 내가 아는 조선인 의사와 간호사도 수십 명이라며 근본 방침이 틀렸음을 말하니, 이사관은 더

아름다운 조선 시대의 아이들

피할 수 없는 지경에 이르러, 금후로는 꼭 조선 사람을 채용할 방침을 취하겠다고 명백히 답변하였다.[동아일보 1931년 3월27일]

☞아마도 조선인 의원의 거짓말인 것 같고, 말빨로 이긴 것 같다. 의사와 간호사를 수십 명씩 알고 지낸다? 요즘도 없을 거 같은데... 참고 하겠다면서, 당신이 아는 의사와 간호사 수십 명 명단 제출해 달라고 했어야징~

◆**일본 귀족원 의원이 될 권리를 주장하는 중추원 참의들**

중추원 참의 선우순의 발언을 보면, "일반 조선인은 1년 이상 일본에 거주하면 일본인과 동등한 참정권을 부여 받는데도 불구하고, 조선 귀족은 1년 이상 일본에 거주 해도 귀족원 의원이 될 수 있는 특권을 부여 받지 못한다면서 조선 귀족의 일본 귀족원 의원이 될 권리를 주장 하는 내용이 나온다.

◆**글을 모르는 유권자들, 황해도 유권자 23,998인 중 13% 가 문맹**-명년부터 실시될 읍면제의 시행기를 앞둔 황해도 유권자 수는 인구 140만 중 23,998인인데, 글을 모르는 유권자가 2,995인이나 된다.[동아일보 1931-3-27]

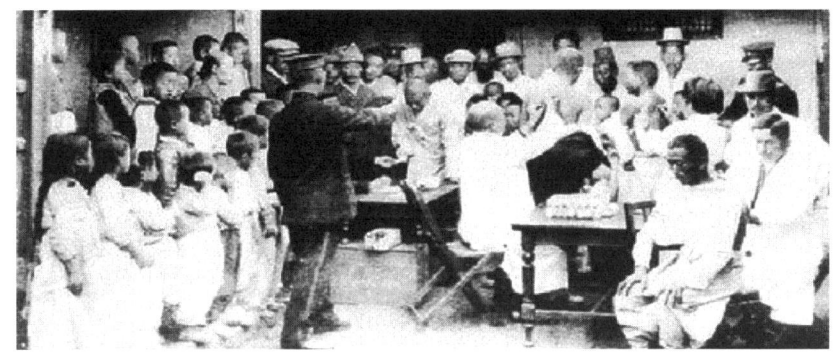
악당 일제에게 끔찍한 고난의 예방 접종을 당하는(?) 조선인들

⊙일본이 남긴 한반도의 물질적 흔적과 근대적 유산

일제가 이 땅에 물질적으로 공헌 했느냐를 따지는 것은 시간 낭비다. 아프리카보다 심한 막장 나라의 곳곳에 도로를 뚫었고, 4800km의 철도 인프라를 건설했고 오늘날까지 사용되고 있다.

특히 북한은 대부분의 자산이 북한에 몰려 있는데다, 1930년대부터 추진한 군수 공업화 정책 때문에 엄청난 혜택이 있었다.

일제는 지리적으로 대륙에 가까운 북한에 일본 대기업들을 대거 진출시켜서 철강·기계·금속·화학·군수 등의 시설을 만들었다.

그래서 1인당 철도 길이와 1인당 발전량도 북한이 일본을 능가 했으며, 아시아 최대의 수력발전소인 수풍댐 발전소까지 북한에 만든다. 이런 시설들은 한국전쟁으로 30%가량 파괴 되었지만, 남아 있는 게 훨씬 많아서 제철 산업만 해도 우리보다 북한이 20년 이상 빨랐다. 그것이 1950년대 북한의 고도 성장에 크게 기여 한다.

일제가 북한 위주의 개발을 한 탓에 일본이 남한에 남긴 물질적 유산은 북한보다 훨씬 적지만, 그게 없다고 쳐도 일본이 남긴 정신적, 제도적 많은 유산이 있었다.

운동회에서 끔찍한 압제의 스포츠를 비참하게 당하는(?) 조선 사람들

◆노예 해방과 신분제 해체

국민 다수가 성이 없었던 나라에 성씨가 생기게 된 것은 1909년 민적법 시행 이후다. 국민들에게 성씨 선택권을 주니 대부분 왕족 성씨를 원했고, 그것이 우리 국민의 절반이 왕족 성씨를 갖게 된 이유이며, 국민 모두가 자신을 양반 출신이라고 착각하게 된 이유다.

그렇게 노예해방과 전 국민의 양반화가 되고, 새로운 문화와 법치 질서를 경험한 이상, 결코 조선의 봉건체제로는 환원 할 수 없게 되었다. (물론 남한만이다. 북한은 도로 봉건 체제다)

을사조약 후에 양반 독립투사들이 분노하면서 '시일야방성대곡'을 외치기도 했고,

그들은 집 밖으로 나가지 않고 두문불출하는 사람이 많았다.

"왜놈들이 우리를 아랫것들과 같이 취급 한다"며 분노하는 글들이 발견되는데, 특권이 무너졌기 때문이다.

그게 양반들이 독립투쟁한 진짜 이유였다.

머리 박고 절하던 상것들이 형씨라고 부르며 맞먹으니 열받은 것이다.

아름다운 조선 시대의 양반 지배층 소년과 피지배층 소년들

위 사진의 가운데 아이는 양반으로서 뛰어다니면 안되는 계층이다. 그들 모두가 좌측의 운동장에서 같이 뛰게 만든 게 흉악한 일제였다.

악당 일제가 천민을 양반으로, 국민의 절반을 왕족으로 만들어 위 아래 없는 x판을 만들고, 상것들도 같은 학교를 다니게 되니 양반들은 '국치' 당했다며 봉기도 했었지만, 양반들의 시위는 쉽게 진압되었고, 악당(?)들의 강압에 의한 신분제 파괴인 만큼 일제시대 인권 신장은 초고속이었다.

일제는 양반 상놈과 무관한 중립권력 이었다.
때문에 인간이 인간을 신분으로 차별하는 것을 용납치 않았다.
동네 사람들이 도로공사 노역에 자주 동원 되었는데, 일제는 양반가의 자제도 삽 들고 나가게 했다.

양반들에게는 치욕이지만, 사람들은 양반댁 도련님도 같은 인간임을 알아 갔다.
그러면서 자연히 양반 상놈의 평등 시대가 찾아온 것이다.

일제시대 조선인들의 일본인 초빙 복장개량강습회 (필자 소장)

◆법치주의와 사유재산제 확립

일본이 한국에 이식시킨 민법은 현재도 거의 바뀌지 않고 이어지고 있다. 근대 민법의 핵심 원리는, 인간은 타인에게 구속되지 않은 자유로운 존재로서 그 사회생활과 경제생활은 자신의 자유로운 의사에 따른다는 '사적 자유의 원칙'이며,

일제시대는 자유민주주의 직전 단계의 시대였다.

*총독부 예산검토, 교육예산 증가가...[동아일보1932-01-26]☞조선은 이런거 알리지 않음
*신판례, 별거 아내도 부양 의무[동아일보 1933-02-13] ☞예전에는 아내를 버리면 그만
*신판례, 내기의 소유권 인정, 잃은 돈을 강탈한 것이 강도로 판결[동아일보 1939-06-29]
*아내를 때린 남편 상해죄성립[동아일보 1939-06-13] ☞ 예전에는 아내를 죽일수도 있었다.
*재혼한 어머니도 전남편 소생 친권행사[동아일보 1938-02-17] ☞ 예전에는 재혼 불가
*아내 동의 없는 축첩은 이혼사유[동아일보 1938-12-16]☞조선은 아내의 이혼청구 불가

뭔가를 잘해서 돈을 번 사람들이 생겨나야 그들이 만들어내는 일자리를 통해서 다른 사람들의 삶도 향상되기 시작하고, 사회의 절반인

나라 빼앗겨 비참한 모습의(?) 1930년대 여자 아이들

여성을 인간취급 해야 사회가 활성화 되는데, 조선처럼 여성을 노예화 하고 사유재산이 보장되지 않는 사회는 그게 애당초 불가능하다.

그러나 일본의 민법이 이식 되면서 인권이 생기고, 애써 모은 재산을 빼앗기지 않는 사유재산 보호가 되었다. 경제 발전의 초석이 깔린 것이다.

⊙조선 곳곳에 일장기가 펄럭였던 이유

일본이 조선인들에게 준 가장 큰 선물은 바로 '기업'이며, 그 기업을 활성화 시키는 첫째 기반인 '자유'를 찾아 주었다.

우선 일청전쟁과 갑오개혁 등을 거치며, '노예해방'과 '여성해방', '신분제 폐지'와 '사유재산보장' 및 중국에 빼앗기지 않을 자유를 찾아 주었다.

조선은 '수령유일체제'인 북한과 똑같이 사유재산권이 보장되지 않는 나라였다. 백성들은 누가 빼앗아 가지만 않으면, 스스로 입에 풀칠쯤은 하지만 모아봤자 어차피 내 것이 안되니 자포자기로 굶어 죽어갔던 것인데, 그런 백성들에게 '자유'라는 선물을 준 것이다.

일본은 인민들의 민심만 얻으면 된다는 사실을 알고 있었고, 그래

조선시대의 아름다운(?)석굴암

서 법치주의 확립으로 대표되는 시스템을 개혁했다.

'자유'와, '자본투입'과, '시스템 개혁'이 굶어죽음을 해결하고 불과

석굴암을 복원해버린 일제의 만행(?)

아름다웠던(?) 조선시대의 불국사

30년 만에 '근대문명국가'로 만든 것이다.

이 중 하나라도 빠지면 근대화는 불가능한데, 이씨 왕조는 이 중 한 가지도 해낼 능력도 의지도 없었다.

한국사에는 중세가 없다. 한국은 반만 년의 고대 노예제 사회에서 일거에 근대국가로 도약한 나라이며, 중국과 친중·친러 수구세력을 밀어내면서 조선 백성들은 살아나기 시작했다.

개항·독립·갑오개혁·을사조약·한일합방 등을 거치며 굶어 죽음과 노예에서 해방된 것이다.

불국사를 복원해버린 일제의 만행(?)

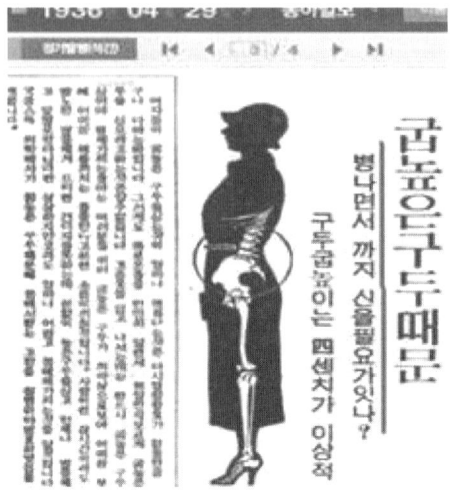

1931년 5월15일 동아일보에는 수학여행을 과거 금강산과 경주로 가다가 일본과 만주로 바뀌었다는 기사가 나오고, 1936년 4월29일에는 여성들이 하이힐을 즐겨 신는 데 대해 건강 악화를 우려하는 기사가 나온다.
이는 북한과 달리 여행할 자유가 있는 모습들과 경제 성장의 한 단면을 보여준다.

한국인들이 인공기를 걸지 않는 이유는 그들이 우리 국민들을 죽이고 폐만 끼쳤기 때문이고, 성조기를 광화문에서 펄럭이는 이유는 미국이 우리의 생명과 자유를 지켜 준데다 경제적 이익까지 주기 때문이다. 조선 말기도 마찬가지다.

대한민국에서 성조기 펄럭이는 게 이상하지 않은 것처럼, 조선 말에도 일장기 펄럭이는 게 이상하지 않았던 것이다.

⊙ 나라 없는 민족이 되었다는 거짓말

어릴 때 어르신들께 들어보면, 일제 시대의 모습은 우리가 교과서로 교육받은 그런 끔찍한 시대가 아니라는 공통점이 있다.

단지 분위기상 대놓고 말을 못할 뿐이었다.

1915년 밀양고등보통학교 끔찍한 졸업식을 당하는(?) 학생들

그래서 "일정시대가 좋았어"라고 말하는 95세의 노인을 한 젊은 이가 때려죽인 사태까지 있었다. 웃기지 않은가?

일정시대를 살았던 사람은 '그 시대가 좋았어'라고 말하고, 겪어보지 않고 교육만 받은 사람은 '악몽의 시대였어'라고 우기고...

북한 주민은 거주이전의 자유가 없고 자칫하면 총살이나 수용소행이다. 그러나 일제 시대는 일본이나 타국에 가서 유학도 취업도 할 수 있었다. 일부 언론에게 정간이나 폐간을 시킨 경우도 있지만, 일본에도 정간 폐간이 있었다.

어느 정도의 언론 자유가 있었고, 일본 국민과 다를 게 없는 자유를 보장 받았다. 나라 없는 백성이라는 말은 거짓말이다.

우리 국민들은 국적만 '일본인' 신분으로 살았던 것이다. 누가 그들의 재산을 빼앗아 간 것도 시베리아로 내몬 것도 아니다. 나라 없는 백성이 무슨 국회의원과 기업체 사장이 되어 일본인을 고용하고 3성 장군이 되어 일본군을 지휘하고,

도지사·판사가 되어 일본인을 재판 하는가?

1932년 오사카의 조선인 유치원 졸업식

⊙ 동아일보 20년 기념 기사를 통해 보는 일제시대의 학교 변화

대한 제국에서 여성 교육은 전혀 없고, 일반인을 위한 교육도 미미했으나 일본은 여성과 천민출신도 교육을 받을 수 있게 했고 여성 고용도 추진했다.

초대 통감 이토 히로부미는 "지금껏 학교를 겨우 40개만 지은 게 말이 되느냐?"며, 학교 건설을 최우선 과제로 종합 계획을 세워서 학교 증설에 박차를 가했다. 초등학교도 합병 직전까지 110개로 늘리며 장기 플랜을 세웠고, 그 후 1920년도에 이르러 학교가 500여 개로 늘어나고 **1940년에는 보통학교만 3천여개, 1943년에는 국공립 학교만 5,750개**가 된다. 경성 제국 대학은 일본의 6번째 제국 대학으로 합방시대 말기 조선인 학생 비율은 일본인보다 많았다. 그런 대변혁들로 인해 조선인의 문맹률은 1909년 99.5%에서 일제말기 27%로 급개선 된다.

1940년대를 맞았을 때의 동아일보 기사를 보자. (1940년4월1일)

1931년 배화여고 끔찍한 졸업식을 당하는(?) 학생들. 일제는 조선과 달리 여성에게도 교육을 시킴으로써 여권 신장과 인재풀 형성의 기반을 마련했다.

...지금으로부터 20년 전 전에는 마침 세계 제1차대전이 끝난 후라 세계에 모든 사태도 한번 변하였거니와, 오랫동안 깊이 잠들었던 조선에도 새로운 광명이 비치기 시작하여 각 부문에서 새로운 출발이 시작되었다.

그 중에서도 가장 뛰어난 사실의 하나는 신교육에 대한 향학열이 고조된 것이다. 남녀노유를 막론하고 서로 배워야 산다는 것을 깨달아서, 신학문과 신문화의 섭취에 열중하였다.

그래서 어른들은 상투를 잘라버리고, 학교로 쇄도 하였으며, **부녀자들도 야학에 몰려갔다.** 그러나 교육시설은 이에 따르지 못하여 입학경쟁률이 점점 상향되어 이 때부터 온갖 교육시설의 확립이 요구되었다. 이 때 전 조선 보통학교 급수는 500여교 밖에 안되고 생도 총수는 10만명 내외에 지나지 못하였다.

그러나 초등교육의 내용도 과도기에 있어서 여러 가지가 유치하였고 기형적이었다. 교원이 정복 기모에 칼을 차고 교단에 나섰으며, 보통학교 생도가 20여세 청년이 많아서 부자가 한 학

악당 일제에게 끔찍한 고난(?)의 야외 소풍을 당하는 조선인 여학생들(1930년대)

교에 통학하는 예도 있었다.

이후 20년간 제도, 시설, 내용이 몇 번이나 개선되고 학령아동의 취학열은 갈수록 높아져서 현재는 관공사립의 소학교수가 3천여교에 121만8,400명이 취학하고 있다.

그래도 지원아동도 다 수용하지 못하는 관계로 의무교육의 실시가 긴급하게 되었으며, 벌써 초등학교 제도 채용의 단계에 들어섰다. 이같이 20년간 소학교 취학아동이 12배 이상 증가 하였건만, 전 취학적령 아동의 3할여 밖에 수용하지 못한 터이므로, 교육시설의 증설에 학무당국의 노력과 열성으로 새로운 계획이 더 요구되고 있다…여학생 운동은 20년간에 어떻게 변하였는가? 체조시간에 체조 운동회에는 발등을 덮는 치마를 입은 채, 허리띠를 질끈 매고 뛰었던 것이다.

그러나 차차 여러 가지 스포츠를 하게 되어 현재는 간단한 운동복을 입고 테니스, 배구, 축구, 원반던지기, 활쏘기 격검까지

경성여자고등보통학교 조선시대 말까지도 여성이 남편이나 아버지와 같이 식사하는 것은 상상할 수 없었고, 여성이 학교에 다니는 일도 있을 수 없었다. 사진은 1908년에 공포된 <고등여학교령>에 의거해 최초로 설립된 관립 중등여학교인 경성여자고등보통학교 (여학생이라는 단어는 일제시대에 생겼다)

아니하는 운동이 없다. 20여년 전의 여학생들은 아무런 표정이 없고 얌전한 색시같은 표정이더니, 현대 여학생의 운동하는 자세는 얼마나 활발하고 동적인가를 알 수 있다.

☞초등학교 취학율은 1910년 1.0% 미만, 1943년도에는 49%였다. 99.5%였던 문맹률이 독립 전에 27%로까지 급감 되었는데, 1920년대 동아일보, 조선일보가 주도한 브나로드 운동, 문자보급 운동 등의 계몽운동 등의 영향도 있지만, 일본의 학교 건설과 문맹퇴치 정책이 없이는 불가능했다.

출판 산업도 서점도 학교도 없고, 굶어 죽는 노예제 나라에 일본의 정책적 지원과 대규모 자금이 없이 문맹 퇴치가 가능했겠는가?

학자들은 1945년에 문맹률 70~80%였던 게 1960년경에 10%로 급감했다고 가르치는데, 사실과 다르다. 10%까지 낮아진 것도 일본이 만든 수천 개의 학교와 시스템이 있었기 때문이다. 결국 일본이 문맹률 99.5%의 나라를 문맹률 10%로 탈바꿈 시킨 것이다.

일제시대 초기의 서울 배오개(동대문)시장(대부분이 맨발이고, 학교도 없었다)

⦿동아일보 기사를 통해 보는 일제시대의 학교

* *1931-07-07* 만주의대 對 경성제대 정구전
* *1931-07-07* 일본 대학 농구계의 패왕 京都제대 농구단 초빙전
* *1932-03-27* 시대역행 마산부, 보통학교 수업료 4할 증액, 학부형측 대책강구
* *1936-02-18* 1만4천 아동 중 수용 불과 800, 한심한 예천 교육현황
* *1936-02-23* 대구부 3학급 증설에 2부의원 절대반대, 4학급 증설 해도 미취학 6백
* *1936-03-02* 480명 정원에 800여명 지원, 2학급 증설해도 이 모양(전주)
* *1936-03-05* 1군 2학교 증설을 진정(평남도 의원들 상경)
* *1936-03-11* 동래제2공보교 학급증설운동
* *1936-04-29* 익산군 초등교육 확충계획입안 10년간 105학급증설
* *1936-05-10* 700학급 증설, 미취학아동 5할수용(전북) 수용력2배증가
* *1936-05-15* 도시 간이학교 설치, 도시엔 상공업 중심으로 교육, 학무국 입안조사
* *1936-06-02* 현재 취학 23%를 50%로 올릴 계획, 사범교,학급증설(東京)
* *1936-07-09* 김포 공보교 학급을 증설하라[지방논단]
* *1937-12-04* 초등교 확충계획 5개년으로 단축 17년까지 1600학급 증설(경남)
* *1938-01-25* 초등교 확충계획 완료되면 33만 아동 수용, 5년 내 1,025학급 증설
* *1938-01-30* 입학 지옥의 평양 2부제, 매교 2학급 이상 증설 긴요, 입학난 해소 난망
* *1938-02-04* 초등교육 확충안; 800여 학급 증설, 8만아동 수용, 평북도의 5개년 계획
* *1938-02-09* 초등교육의 배가 확충, 금년 신설학급의 총 수는 2,270학급,
* *1938-03-02* 450학급 증설 5개년계획, 금년 우선 58학급 증설(충북 초등계획 단축안)
* *1938-03-04* 광주의 각 중학교 미취학생 1,300명 입학경쟁률 6:1
* *1938-03-06* 충남 미취학아동 59,200명 450학급 증설로도 태부족.
* *1938-03-11* 788 학급 증설, 향후 5개년 계획으로, 함남 초등교육 확충안(함흥)

목포여중의 1934년 운동회(모두가 신발을 신고있다)

★1938-05-26 초등교 학급증설 892학급 도비 보조, 51만원(광주)
★1938-06-11 5개년 계획 구체안 1,039학급 증설 완성되면 학령아 53% 수용(광주)
★1938-09-15 명년도 초등교육 확충 1,900학급 증설 그러나 학령아동 3할에 불과
★1938-10-02 牛시장 신설로 주민들은 대환희
★1938-11-25 경남도내 초등학교 214학급 증설 학령아 1만5천명 증모. 예정 5년단축
★1939-02-23 중학교 수업료 인상, 초등학교에 202학급 증설 격론의 경기도회 개막
★1939-10-21 농촌 공장 학교 총동원 결핵예방 국민운동, 허약아동養護, 寄宿생활개선
★1939-12-01 150학급 증설, 미취학아동 1만명 수용, 충남도 명년 확충계획
★1939-12-25 평양부 내 내년 취학아동 4,500여명 예상 4학급 증설로 수용난 완화?
★1940-03-12 4개년 계속사업으로 1,700 학급 증설, 완성되면 학령아동의 5할 수용
★1940-03-25 충남도내 초등교에 184학급 증설, 도민들은 환희작약(大田)

☞일본은 얻어간 것은 없고, 한반도 곳곳에 도로와 철도와 학교만 열심히 짓다가 볼 장 다 봤다. 그런데 우리 교육은?
"악당 일제가 강점했고, 수탈했고, 학살했고, 한글도 빼앗아 갔어. 친일파 청산하자, 일제와 싸우신 위대하신 독립 투사님 만만세"로 끝낸다.
'승자 영웅 만들기'를 위한 너무 유치한 '패자 악당 만들기'....
승자인 독립파가 영웅 되려면 악당이 필요하긴 하지만 너무 염치가 없다. 이런 유치한 거짓말에 속는 국민이 많으니 결국 똑똑한 거짓말이다.

송도 해수욕장이 3배로 확장되기전, 1930년대의 모습

⊙동아일보 기사 속 스포츠와 해수욕장을 중심으로...

★부산해수욕장 신설 [1921-07-25]
★군산공설 욕장설치 [1922-09-27]
★女子여 물로 가라, 수영으로 보건을, 府 풀을 여성에 개방 [1935-07-19]
★본사후원으로 열릴 수영강습회 여자는 경성서, 남자는... [1935-07-20]
★남승룡 손기정군, 풍운의 독일로, 동무야 잘싸우고 오마 [1936-06-05]
★제8회 수영강습회; 조선체육회 추최 동아일보사 후원 [1937-07-24]
★송도해수욕장여객에 열차운임할인 [1937-08-17]
★제11회 농구연맹전 묘기에 만장의 관중 환호 [1937-12-02]
★이리(익산)小校 풀 개장 [1938-08-09]
★평양축구명절, 수만 관중의 환호리 대평,함흥,고려팀 勝 [1938-05-13]
☞수만 관중이 있다는 데서 조선시대와 다른 경제 비약을 추정 가능

★제3회 전조선축구대회 6천관중 열광(부산공설운동장) [1938-06-20]
★各府의 새해 설계 [1939-01-24]
★소학교에 풀 설치 3할의 허약아동 위해 경성부서 적극 [1939-02-18]
★우리 연극 創定에의 炬火! 연극경연대회 개막 [1939-03-04]
★위풍 갖춘 100여 선수 등장, 넘치는 환호 궁도선수권대회 [1939-05-14]
★萬雷의 환호 속에 전조선 축구 終幕 청년단 고려B 승리 [1939-05-16]
★조선 딸들의 환호, 훈련원에 관중 수만 명 쇄도. 본사주최 제17회 여자정구대회, 모교의 명예를 위하야 全力 善鬪하라 [1939-09-24]

한일합방 시대의 순사와 시민들(모두 신발을 신고있고, 교복도 입고 있다)

☞여성도 스포츠, 이런 여가활동들이 조선에는 단어조차 없었다.
*초등교연합대운동의 장관, 鐵血의 3만건아 躍動(약동) [1940-05-24]
*전조선축구대회 전운 고조 전개된 열전에 수만관중 환호 [1940-05-26]
*1만관중 환호리에 府民운동 성대 ,고려청년회주최 개성지국후원 [1940-05-07]
*송도해수욕장 3배로 확장 7월2일부터 개장 [1940-06-21]
*목포해수욕장서 해수욕 강습회 개최 [1940-07-23]

☞조선 말의 굶어죽음이 완전히 사라졌다는 명백한 증거들이다. 500년 굶어죽음이 끝났고, 합방시대 35년간 굶어 죽은 사람은 전혀 없지만, 김일성주사파 진보 진영이 존경하는 어버이 수령과 친애하는 지도자 동지가 도로 굶어죽게 만들었다.

*극장 만경관 건축착수(대구) [1922-08-13]
*군산에 극장신축, 오만원 예산으로 [1926-12-19]
*구경꾼 77만 작년 중 시내 각 극장 [1927-02-12]
*극장 관람객 작년 중에 900만명 경기도가 제일 많아 [1932-11-03]
*조선의 명물 노천극장 출현 연희전문학교가 만들어 [1933-06-08]

뜯어내기 선수 조선녀와 호구 일본
굶어 죽음의 해방은 조선녀의 활약이 컸다는, 믿거나 말거나인...

*학생층의 구경은 해마다 늘고 늘어 연간 구경꾼 939만인 [1933-11-13]

*영화관 입장객 1,027만 명 [1935-09-12]

*극장·영화 연일 대만원 [1937-10-06]

*평양축구명절, 수만 관중의 환호 속 대평,함흥,고려팀 勝 [1938-05-13]

*구경은 날로 는다 작년 중 극장 관람객 1,670만 [1938-07-23]

*세월 만난 흥행업자 장내특별요금 관람료도 과한데 더 받아 [1939-03-02]

*흥행가의 극장 금년 입장자 1,800만 그중 영화팬이 7할여 [1939-08-18]

*초만원 극장에 경고, 환기 금연을 단행케 [1940-05-07]

⊙열차마다 초만원, 형무소 철거운동

*함성 치는 철마! 여객沙汰, 열차마다 초만원 [1938-04-06]
*청진~경성간 여객기 환호리 개통 교통사상 획기적 거사 [1938-10-02]
*늘어가는 경성 주택들, 3년간 8천동 신축 [1938-11-06]
*처녀지에 울리는 철마성 넘치는 환호의 물결(철도개통) [1939-03-28]
*강원도의 처녀지 철마주파기, 寶庫 강원의 심장은 울린다 [1939-04-19]

☞과거의 강원도는 아무나 가 볼 수 있는 곳이 아니었다.

*국유철도 1943년 궤도연장:7043km, 철도역677개 [국가통계포털]

☞도로는 1943년까지 31,450㎞가 개설됐고(국도:12,618km), 자동차는 1911년만 해도 2대에 불과했는데 1935년까지 7130대로 늘었다.

*서대문형무소, 주민들이 철거운동, 발전하는 시가 중심지에 감옥은 불합당, 건축 당시엔 人家 희소한 변두리나 지금은 학교촌으로 최적 [1936-06-30]

☞한일합방시대의 경제와 민권의 단면을 볼 수 있는 기사들이다. 조선은 감옥이 비좁다며 툭하면 처형 시켰고, 굶겨 죽였으며, 감옥도 사치였다. 그러나 한일합방 시대는 형무소 철거 운동을 하던 시대다. '한국사 교과서'는 한일합방 시대를 끔찍한 악몽 시대로 기억하도록 조작하지만, 한일합방 시대는 1980년대 초에 뒤지지 않는 시대였고, 국민적 만족도는 현재의 대한민국에 뒤지지 않는 시대였다.

요즘에 보리밥 먹고 살면 불행한 거겠지만, 굶어 죽던 사람들이 보리밥을 맘껏 먹을 수 있게 되면 천국처럼 느껴지게 된다.

굶어 죽은 시체들이 널려있던 나라가 불과 30년 만에 '선진국의 일부'로 천지개벽 된 것이고, 굶어 죽던 노예 시대의 기억이 있었기 때문에, 일본이 가져다 준 혜택이 더 크게 느껴졌던 것이다.

체력은 국력-조선인 학생들이 검도를 수련하는 모습
(일제는 체력은 국력 및 정신력으로 연계 된다고 보고 학생들에게 일정한 체력단련 및 체육 교육을 의무화 했고, 양반이 아니더라도 신분에 구애 없이 학교에 다닐 수 있게 했다.)

그런 '천지개벽'이 35년간 독립전쟁이라는 단어조차 없는 이유였고, 3.1운동의 민족대표 대부분이 친일로 전향한 이유였으며, 반일 독립파 대부분이 국민들에게 '전쟁참여'를 독려하는 '친일파'로 변신한 이유다.

일제시대의 학교 수업 장면(한반도와 내지 일본이 같이 그려진 전국지도가 눈에 띈다)

1903년의 결혼식. (신부의 얼굴에 표정을 짓지 못할 만큼 흰 색으로 두껍게 발라서 볼과 이마에 빨간 점 찍는 게 우리의 전통 혼례 방식이다.) 이 사람들에게 있어 민비나 김서방이 통치하건 나까무라상이 통치하건, 조선 국민으로 살건 일본 국민으로 살건 뭐가 그리 중요할까? 좋은 나라냐 나쁜 나라냐, 국민을 잘 살게 해주는 나라냐 아니냐가 더 중요하지 않을까? 나라 빼앗겼느니 국권상실이니 하는 말들은 국민 중심이 아닌 봉건 지배층 중심주의의 말장난일 뿐이다.

한국사 교과서는 합방시대를 나라 빼앗긴 시대라 가르치는데 거짓말이다. 인민을 노예로 부리며 굶겨 죽이던 지배층은 권력을 잃었으니 나라 빼앗긴 게 맞지만 인민들에게는 열성적으로 지키고 헌신할 나라가 있었다.

⊙ '우리나라'라고 부를 수 있는 한반도 최초의 국가는

조선시대의 여성은 남편의 선택을 당하는 입장이었을 뿐, 자신이 원하는 남성과 만나거나, 사귀거나, 결혼할 수 없었고, 학교 다니거나, 직업을 가지거나, 독립적인 사회생활, 출세 등은 있을 수 없었다. 여성은 무식하고 무능하게 키워진데다 재산 상속조차 받지 못했다.

1910년대의 여자궁술(활쏘기)대회-조선은 서민들이 즐길 수 있는 스포츠나 음악,미술,문학 등이 없었고, 여성은 하급 계층이니 더더욱 없었다. 끝 없는 굶어 죽음이 지속 되는 상태이니, 여가 활동은 꿈도 못꾸는 면도 있었다.
그러나 일제는 조선 경제의 비약 발전을 이끌어 여가 활동이 생겨날 터전을 만들고, **집에만 갇혀 지내던 조선 여성들에게도 각종 여가 활동과 여성 스포츠까지 권장하여, 한국의 여궁사가 세계를 제패하게 하는 토양을 만들었다.**

여성은 독립적인 생활 능력이 없도록 키워졌고, 남편에게 말대꾸만 해도 쫓겨날 수 있었으니 가부장적 남성에게 복종하면서 인간 이하의 삶을 살 수 밖에 없었다. 그러나 여성도 교육을 받을수 있게 되면서 여권 신장이 급속히 이루어졌다.

조선 여성 노비는 주인이 정한 남편과 짝을 지어야 했고, 그 남편이 주인의 맘에 들지 않으면 주인이 맘대로 남편을 바꾸기도 했다.

또 주인이 원치 않으면 남자 노비는 평생 총각귀신 신세였고, 여성 노비는 독신으로 주인의 성노예로 살아야 하는 경우가 많았다.

그런데 그런 참혹한 삶에서의 노예해방과 여성해방을 결사반대 했던 세력이 바로 한국사 교과서가 영웅화 시키는 위대하신 양반 독립투사님들이고, 그 위대하신 독립투사님들을 탄압해서

웅동공립보통학교 교사와 학생들(3.1운동 시의 유관순의 복장이라고 알려지고, 독립 운동의 상징적 복장처럼 알려진 하얀 저고리에 검정 치마는, 한일합방 시대의 교복이었다. 조선시대에는 교복도, 여학생이라는 단어조차 없었고, 교복과 여학생이라는 단어를 만든 것도 일제다. 조선은 여성에게 최소한의 교육조차 시켜주지 않던 나라이기 때문이다.)

노예해방과 여성해방을 이룩한 세력이 바로 한국사 교과서가 악당화 시키는 흉악한 강점세력, 악당 일제다.

정복자에게 정복 당해서 노예로 시달리며 굶어 죽던 나라를 '우리나라'라고 부르는 게 타당한지, '우리나라'라는 게 정말 있기는 했는지, 굶어 죽음의 해방과 노예해방, 여성해방이 되었는데도 '나라 빼앗긴 시대'라고 부르는 게 누구 중심주의의 사관인지는 의문의 여지가 있다. '우리나라'란 국민이 노예가 아닌 '애국심을 가질 만한 그룹'이기 때문이다.

국민 관점에서 보면 사람 살 만한 세상이 된 최초의 우리나라는 노예해방, 인간해방, 여성해방이 된 한일합방 시대다.

때문에 국민을 노예로 부리던 봉건 지배층 중심주의로만 보는

한국사 교과서에 의하면 일본은 나라 빼앗은 세력이 맞지만, 국민 관점에서 본다면, 즉 국민의 자유와 인권과 행복이라는 보편적 가치 기준으로는,일본은 우리에게 자유와 인권을 찾아준 '은인의 나라'라고 해야 양심상 옳다.

⊙한일합방의 5가지 의의

한일합방(통일)의 첫째 의의는 **'민중 혁명에 의한 봉건왕조 퇴출'**이다.
한일합방의 둘째 의의는 최초의 **'굶어 죽음에서의 해방기'** 라는 것이다.
한일합방의 셋째 의의는 **'노예 해방의 완성기'**라는 것이다.
동족을 노예로 부리면서 '동방예의지국'이라 자칭하던 지상 유일한 막장 노예제 사회에서의 해방은 한일합방의 가장 큰 의의다.
한일합방의 넷째 의의는 **'평화적 민족통일'**(삼국통일)이라는 것이다.
한일합방의 다섯째 의의는, **'한국의 공산화를 막았다는 것'**이다.
한국은 중국으로부터 독립을 못했거나 했더라도 소련에 먹히는 구조였고, 그 공산화를 벗어난 것은 바로 한일합방이 있었기 때문이다.

♬쪽발이 양키놈이 남북을 갈라 매판파쇼 앞세운 수탈의 나라, 이 땅의 민중들은 피를 흘린다. 동포여 일어나라 해방을 위해~ 손잡고 한라산에 해방기 휘날리자"♬
좌파가 백두산 아닌 한라산에 해방기 휘날리자는 것은, 적화통일을 말하는 것이며, 쪽발이 양키놈이 남북을 갈랐다는 말은 '미국과 일본'만 없었다면, '공산화 통일'을 할 수 있었다고 보는 운동권 좌파의 사고 때문이다.
한국의 공산화를 원하는 세력 입장에서는 일본이 원수지만, 공산화를 바라지 않는 사람까지도 정치 공작에 놀아나는 것은 어리석다. 한일합방은 신라에서 고려로 바뀐것과 같은 권력의 교체일 뿐이다. 최악의 경우는 캄보디아 베트남처럼 공산화 되어서 수백만 명씩 죽임 당하고, 100만명이 보트피플이 되거나 소련에게 국토를 빼앗기고 시베리아로 죄다 쫓겨날 수도 있었다.

살던 곳에서 그냥 계속 그대로 살면서 맨 꼭대기 지도부만 바뀐 한국의 경우와는 하늘과 땅 차이다.

우리가 만약 중국의 졸개국을 벗어나지 못했거나 러시아에 자유를 빼앗겼다면, 6500만명의 중국인들이 죽임 당할 때나, 소련의 2500만이 죽임 당할 때 함께 당했을 공산이 크다.

한국인들은 시베리아로 강제이주 당했던 소련의 여러 민족들처럼 한반도의 터저을 빼앗기고, 시베리아로 강제이주 당해서 추위에 떨면서

"여보, 오늘은 영하 20도 밖에 안되어서 따뜻하네요. 오늘은 안굶을 수 있겠죠? 빨리 고기를 낚아야 애들 먹일텐데, 얼음 뚫으려면 멀었어요?"

라고 소련어로 떠드는 일을 안겪어 보았기 때문에 분별을 못하고 있지만, **공산주의에 의한 1억 명의 대학살 바람 속에서 대학살을 겪었을 법한 나라가 일본에 합병 되면서 공산화에 따른 대학살을 벗어난 것이다.**

호남은 백제의 후예에 가깝고, 일본과 백제는 사실상 같은 나라다. 때문에 일본과 가장 동질감을 느낄 세력이 호남이지만 호남 사람들로 하여금 친일파 청산을 외치게 만드는 게 역사조작 세뇌교육의 결과다.

이화학당 여학생들의 소풍:1910년대)

역사 권력을 쥐면 뭐든지 뒤집어버릴 수 있는 것이다.

이제 그 '반일'을 선동하는 세력은 일본과 비교조차 못할 만큼 사악한 김씨 왕조와 중국 공산 정권의 현재진행형 만행과 인권말살에 대해 왜 일체 비판을 못하는지, 그들은 왜 마르크스와 김일성 김정일을 일체 비판 못하고 오로지 (미국과) 일본만 물어 뜯는지를 의심해 볼 때도 되지 않았는가?

의심할 줄 모르는 국민은 꼭두각시일 뿐, 나라의 주인이 될 수 없다.

북한의 대남 전략과 남남 이간질 및 좌파 이념 세력의 대한민국 전복 목적 하에 대대적으로 조작된 한국사 사기 교과서...
이제 정치적 목적의 국사 거짓말 교육은 중단해야 하며, 진보로 위장한 좌파는 국사 조작의 대국민 사기극 그만 하고 진실을 말해야 한다.
역사 판이 아무리 사기 판이라지만 이건 너무 심하지 않은가?

조선미술전람회(1922) 미술관 관람을 끔찍하게 당하는(?) 여학생들

가짜국사 세뇌로 정의로운 척 애국자인 척 해 온 사기꾼들이여,
대국민 사기 교과서로 오래오래 잘 해먹었으면
이제는 그칠 때도 되지 않았는가?

우이동에서 끔찍한 소풍을 당하고 있는(?) 학생들(1940년대)

07.쓰레기 통 속에서 장미 꽃이 피어난 이유

◉자기 나라가 왜 발전 했는지조차 모르는 한국인들

조선을 바라본 외국인들 중에서 조선의 미래를 희망적으로 본 인물은 단 한명도 없었다.

독립 후의 한국에 대해서도, 런던타임스의 한 기자는
'한국에서 민주주의를 바라는 것은 쓰레기통에서 장미가 피어나기를 바라는 것과 같다'고 썼다.

많은 한국인들은 이에 분노했지만 결국 모든 외국인들의 예측은 틀렸고, 장미꽃은 피어났다. 한국은 아프리카를 우러러 볼 만한 지구 최악의 극빈 막장국에서 시작하여, 초고속으로 선진국 문턱까지 도달한 인류 역사상 유일한 나라다.

**맨발과 짚신의 조프리카 토인국이 선진국으로,
전교 꼴찌의 학생이 10위권으로 초비약 했는데도
한국인들은 그 이유조차 모른다.**

어떤 이는 박정희·이승만 때문에 발전 한거라고 말하고,
어떤 이는 김대중·노무현 때문에 발전했다고 말하며,
어떤 이는 '위대한 민족이니까' 라고 대답한다.

**자기 주군 숭배족들의 망상은 접어놓고,
위대한 민족이기 때문이라거나, 찬란한 역사와 전통 때문이라는 등의 답변이 맞다면, 같은 민족인 북한은 왜 저 꼬라지이고, 조선은 왜 그토록 굶어 죽었을까?**

⊙얻어먹지 않고 살아본 적이 없는 나라

한국은 조선 500년간 뜯기기만 하면서 살아 왔지만, 조선 멸망 후부터 현재까지 단 하루도 남에게 얻어먹지 않고 살아 본 적이 없는 나라다.

미국에게 엄청난 지원을 받은 것은 물론, 일본에게 무상 3억불과 차관 5억불을 포함한 8억불의 큰 돈과 많은 기술 지원들을 받고 한국은 경제 발전의 초석이 되는 경부고속도로와 포항제철 등 각종 사회간접자본을 만들어, 굶어 죽을 위기에서 벗어나 눈부신 경제 기적을 이루었다.

당시 일본은 자국 외환 보유고 14억 달러 중 35%를 떼어 준 것이다. 그 돈은 당시 한국 국가 예산의 1.6배 가량이며, 총 수출액이 1963년 1억불도 안되었을 당시이니 일본은 거의 미쳤었다.

그 돈은 경부고속도로 10개를 건설할 액수이고, 현재 한국 총 집값의 1/3~1/4 가량에 해당하는 가치다.

현재의 총 수출액 6천억 달러와 비교하면, 현재 국민 1인당 1억원 씩을 준 것이고, 국가예산 600조원과 비교하면 현재 국민 1인당 2000만원 씩 준 것이니,

적게 잡더라도 현재 국민 1인당 2000만원씩 준 셈이다.

자기 친인척 간에도 주기 어려운 그런 거액을 준 것이다.

세계 1위 제철소가 된 포항제철도 건설 자금 뿐만 아니라 관련 기술까지 전수 받았고, 발전소, 댐, 중화학공업, 전자산업 등 일본에게 전수 받지 않은 분야가 거의 없다.

특히 일본은 수백년간 서양과 교류하면서 서양의 산업과 기술 등 대부분의 것들을 번역하는 번역 산업이 번성 했는데, 일본이 번역해 놓은 방대한 것들을 우리가 고스란히 배운 것이다.

한국은 좋은 건 다 제탓이니, 모두가 자기 잘나서 발전한 거겠지만, **문맹률 99.5%의 굶어 죽던 노예제 나라가 방대한 번역 혜택과 일제시대 만든 5750개의 국공립 학교가 없이 산업화와 근대화를 이루는 것은 굶주린 젖먹이 아이가 박사학위 논문을 썼다는 소리만큼 터무니 없는 소리다. 일본의 발전과 실질적 지원이 있었기 때문에 오늘의 한국이 있는 것이다.**

한국이 자기 실력에 비해 너무 잘 사는 이유는 이웃의 도움 때문이다. 예컨대 건설 용어들도 대부분 일본어이고, 우리 말에는 적용할 단어조차 없으며, 일본의 실질적인 지원은 경부고속도로 100개 건설비보다 많다.

*일본이 지원한 현금=경부고속도로 10개 건설할 액수 이상
=현재 우리 국민 1인당 2000만원씩 준 것

반만 년간 굶어죽던 우리가 굶주림 극복은 물론, 세계사적 경제 기적까지 이룩한 것은 일본이 준 종잣돈과 기술을 빼고서는 설명 될 수 없다. **국민들이 돈 받았다는 사실조차 모르는 것은 정부가 감추기 때문이다.** 이런 중요한 것들은 도리상 교과서에 적어서 국민에게 알리는 게 인간의 양심상 기본이겠지만 한국은 절대 가르쳐 주지 않고, 오로지 '일본 악당만들기 교육'으로 일관한다.

*아시아 각국이 일본으로부터 받은 배상+지원액은 아래와 같다.

한국: 8억달러(무상3억,유상2억,차관3억)

라오스 : 2년간 300만 달러의 생산물과 역무 제공

캄보디아 : 3년간 450만 달러의 생산물과 역무 제공

베트남 : 5년간 3900만 달러, 3년간 750만 달러 차관,

미얀마(버마) : 10년간 1억 4천만 달러의 무상 원조, 3천만 달러의 차관

태국 : 5년간 1500만 달러, 2800만 달러 경제협력+ 8년간 2700만 달러

인도네시아 : 12년간 4억달러의 차관 및 투자

말레이시아 : 약 1700만 달러의 생산물과 역무 무상제공 협의

싱가포르 : 1700만 달러의 무상차관 제공

필리핀 : 20년간 5억 5000만 달러의 역무와 자본재, 차관 2억 5000만달러

북한·중국: 총 0원 (일본 욕하면서 반일 증오심 키워야만 권력이 유지되기 때문)

1억 달러를 넘긴 건 필리핀, 인도네시아, 버마(미얀마) 뿐인데, 그 나라들은 국토가 전쟁터가 되어 수 없이 죽었다는 것이고, 한국과 비슷한 나라는 필리핀이 유일한데, 대부분 현금이 아닌 장기지급식 현물이다. 한국이 가장 많이 받았다는 것이다.

전쟁터가 된 나라들보다 왜 한국만 특별히 많이 받았는지 의문이지만, 필자는 박정희가 가장 잘한 점이 바로 '한일협정'이라 본다. 일본의 도움은 천우신조였고, 일본이 미치지 않고선 그리 줄 수 없었다. 필자는 신이 우리를 도와주기 위해 일본 국민들을 잠시 미치게 만들었다는 생각까지 든다. 그 돈이 없었다면 오늘의 한국은 불가능했다.

⊙자기들을 살려준 은인들을 헐뜯는 것을 '진보'라고 부르는 나라

그런데 미국이 지원해 준 돈은 일본에게 받은 돈의 약 10배다. 물론 현물 비중이 많고 분할 지급까지 고려하면 고속도로나 포항제철을 만들 자본은 안되었지만, 그 지원이 없었다면 우린 굶어 죽었을 수도 있다.

미국과 일본 중 하나라도 없었다면 오늘의 한국은 없었다는 얘기다. 그런데 그런 발전이 있기 전에 굶주리던 문맹의 나라였음에 비추어 **굶어 죽음에서의 해방과 노예 해방과 기타 지원까지 합하면, 일본이 도와준 것의 실질 가치는 미국이 도와준 것보다 더 많다.**

미국이 지원한 돈 =일본이 지원해 준 돈의 약 10배(현물포함)
=경부고속도로 100개 만들 액수
그러나 **한국을 도와준 실질 가치는 미국보다 일본이 더 많다.**

그런데 우리만 받은 게 아니다.
북한도 우리 못지않게 소련에게 지원 받았다.
다만 북한은 그 돈 대부분을 지배층 뱃속에 채워 넣었다.
북한은 소련의 지원금을 김씨 인간우상 숭배물과 김일성 궁전, 김씨 일가의 호화 방탕 생활에, 그리고 지배층의 호화 향락을 위해 죄다 탕진했고, 우리는 그 돈을 고속도로등 미래투자에 썼다는 차이만 있다. 단지 우리는 미국·일본이 준 그 귀한 종자돈을 활용 잘해서 나라를 일구었다는 차이가 있을 뿐이다.
그런데도 좌파는 김씨 왕조는 일체 비판하지 않고 박정희만 헐뜯는다.

우파는 박정희가 경제개발 계획을 세우고 하면 된다는 신념을 자극해서 발전한 줄 알지만, 문맹의 노숙자가 사업계획서 잘 짰다고 성공하는 거 아니고, 기술·자본이 없는 문맹의 거지가 새마을노래 열심히 불렀다고 사업에 성공하는 게 아니다.

박정희가 잘 한 점은 받은 돈과 기술을 깨끗하게 활용 잘한 것 하나이고, 그가 신통력이 있어서 발전시킨 게 아니다.

깨끗하게 활용한 것도 능력이다? 그마저도 박정희가 일본에게 배운 사람이기 때문이다. 조선시대를 살았다면 부패하고 무능했을 것이다.

⊙한국인이 모르는 더 엄청난 지원금

우리가 받은 돈이 그 뿐일까? 한국이 받은 돈은 그보다 훨씬 더 많다. **일본이 한반도에 방폐한 자산만 해도 당시 기준 53억 달러이고 이 중 1/3 가량이 남한에 있다.**

대략 경부고속도로 50개 만들 돈이다.

한일 수교시 한국은 이 귀속재산에 대해 어떠한 보상도 하지 않았다. 물론 미국이 일본에게서 강탈해서 우리에게 주었다고 보는 게 맞지만, 공적 재산이야 그렇다고 치더라도 민간인들의 사유재산도 막대했다.

혹자는 그것은 적산이니 마땅히 우리 소유라고 말하기도 하는데, 설령 **찬란한 나라를 강점하고 수탈했다는 한국사 날조 교과서의 거짓말이 진실이라고 치더라도**(그렇게 가르쳐야 남의 재산 강탈한 것이 정당해지고, 승자가 영웅 되니까), **죄 없는 민간인**

들의 선의의 취득 재산까지 빼앗는 것은 옳지 않다.

일본인이 제 집을 팔고 조선인에게 집을 샀는데, 죄없는 민간인의 재산을 빼앗은 행위는 강도 짓이다.

우리가 죄 없는 민간인들의 재산을 강탈한 행위가 정당하다면, 일본이 재일교포의 재산을 강탈하고 쫓아냈어도 정당한 것이다. 만약 일본의 통치자가 김일성이었다면 재일교포 대다수가 재산 몰수와 죽임을 당했겠지만 일본은 그러지 않았고 재일교포들은 잘 살고 있다.

우리는 승전국도 아니면서 승전국 대우를 받았고, 한일협정에 따른 엄청난 돈만 받은 게 아니라, 일본인의 조선 내 재산도 거의 강도 식으로 모두 가져왔다.

그런데도 우리는 과거사를 가지고 사과와 재배상을 요구한다.

한국 발전은 미국과 일본의 지원이 결정적인 원인인데도 한국사 교과서는 일본에게 받은 것은 아예 빼고, 미국에게 받은 것마저 '잉여농산물 지원으로 우리 농업기반을 약화시켰다'고까지 가르친다.

그렇게 거짓말 교육을 해야 국익에 보탬이 되는지는 모르나, 인간적으로 본다면 '참 더러운 짓' 하는 나라가 한국이다.

⊙한국이 발전한 또 다른 이유

*노예해방·여성해방·신분제 폐지·문맹해방

*사유재산제도 확립·시장경제주의 도입·법치주의 확립

*교육혁명, 정신혁명(이웃 나라의 경제적 정신적 지원)

*적시 적기에 알맞은 지도자의 등장

위의 것들이 한국이 발전한 중요한 이유지만 중요한 이유가 더 있는데, **바로 공산화에서 벗어나 자유를 지켰기 때문이다.**

만약 공산화 되었다면 다른 공산화 된 나라들처럼 인구의 10~30%가 죽임 당했을 것인데, 미국의 젊은이들이 한국전쟁에 참여해서 54,246명이 사망했고, 11만 5천 명이 부상을 당해서 총 16만 명의 사상자를 내며 한국을 지켜 주었다.

미국 최초로 참전한 제24사단은 1주일 간의 전투에서 사단병력 15,965명 중 4,525명이 전사했다. 이어서 오산-옥천 전투까지 17일간의 전투에서 7,305명이 전사했다.

24사단장 딘 소장은 부상병이 요구하는 물을 뜨러 가다가 벼랑에 떨어져 어깨, 늑골, 머리에 부상을 입고 금산 지역을 헤매다가 자신을 도와주던 한국 청년의 밀고로 36일째 되던 8월 25일 북한에 포로가 됐다.

미국의 벤 플리트 장군의 아들은 B-29 조종사로 평양 폭격을 나갔다가 실종 되었다. 사령관 아들이 실종되자 대대적인 수색활동이 시작되었는데, 벤 플리트 장군은 "그렇게 하면 공평하지 못하다"며 수색을 중지시켰다.

6.25전쟁, 부둥켜 안고 울고 있는 미군

그 당시 미대통령 아이젠하워의 아들도 육군 소령으로 참전하는 등 미국 장성의 아들이 142명이나 참전했고 그중 35명이 전사하거나 부상했다.

워커 장군도 아들과 함께 참전했다가 자신은 전사했다.

클라크 사령관도 아들과 함께 참전했고, 밴프리트 장군이 아들과 함께 참전했다가 아들을 잃었고, 해리스 해병 사단장이 아들과 함께 참전했다가 아들을 잃었다. 하지만 **한국에서는 아들을 전쟁터에 바친 장군이나 고위 정치인은 거의 없다.**

서구 선진국들의 노블레스 오블리주 의식(사회 지도층 인사들의 솔선수범 의식)은 사회 지도층으로서의 모범을 보여주며, 그들이 사회 지도층의 자격이 있음을 드러내는 증거다.

영국의 왕자나 미국 대통령의 아들이 평화를 위해 목숨 걸고 남의 나라 전쟁에 참전하는 것은 한국인의 상식으로는 있을 수 없는 일이다.

현재에도 고위 공직자 자제의 병역면제 비율은 일반인의 33배에 달하니 한국은 그간 많이 발전해 봐야 사회가 본질적인 쓰레기통이었던 점에서는 과거보다 크게 나아진 것인지마저 의문이다.

이 모든 것을 한마디로 줄여도 미국·일본의 도움이다.

우리 스스로 한 게 이 중 한 가지도 없다.

결국 한국의 자유와 평화와 번영은 대부분 남에게 선물 받은 것이다. 심지어 좌파가 반미·반일을 외칠 터전도 미국·일본이 마련해 준 것이다. 그런데도 한국은 자국 발전이 자기들 잘난 탓이라며, 반미·반일·종북·친중파가 진보라는 가짜 간판으로 득세하고, 어버이 김일성 수령님 만세 외치며 공산화 투쟁하던 자들까지 진보인사니 민주화 투사니 부른다.

⊙ 한국사 최대의 미스테리 일본의 한국 대량 지원

한국사를 연구하면서 참 이해하기 어려운 사건이 바로 한일협정 당시 일본의 대량 지원이다.

일본이 지원한 액수를 보면, 거의 미치지 않았나 싶을 정도다.

마치 승전국에게 전쟁 배상금을 지불하는 느낌이 들 정도로 준 것이다. 만약 우리가 타국에 큰 죄를 지었다면 외환보유고의 35%를 바칠까?

백 번 죽었다 깨어나도 그러지 않을것이다. 일본은 거의 미쳤었다. 한푼도 안줬어도 어쩔 수 없는데 미치지 않고서야 어찌 그런 큰 돈을? 한국은 일본과 전쟁한 나라도 아닌데 도대체 일본이 왜?

미국이 부추겨서? 그것도 설명이 부족하며 이유는 다음일 것이다.

첫째 일본 입장에서는 한국이 망해버리면 자신도 크게 손해 본다.

자기 옆 집 사람이 잘 사느냐 거지 되느냐, 강도 떼에 점령 당한 집이 되느냐는 자신과 무관하지 않고, 한국이 망하면 일본도 손해였기 때문이다. 이는 조선 말기에도 청일전쟁 때도 러일전쟁 때도 지금도 동일한 구조다.

당시 미국은 공산주의로부터 서방을 방어하려면 한국을 발전시키는 게 낫다고 보고 한국의 발전을 지원했지만, 한국은 자체적으로 나라를 발전시킬 능력이 없었을 뿐만 아니라, 북한과 남한 내 공산좌파의 협공으로부터 자유민주주의 체제를 지켜낼 능력이 없었. 때문에 가만히 내버려두면 한국은 북한의 재침을 당하건 당하지 않건 망하게 되어 있었고, 그리 되면 미국보다 일본이 가장 크게 손해 보는 구도였기 때문이다.

한국은 자기들이 왜 발전 했는지조차 모르고 각자 자기들 주군이 잘해서 발전한 줄로만 아는데, 이유는 다른 데 있다.

둘째, 한국을 남이라 여기지 않은 것이다. "우리가 떨어져 살게 되었지만 우리는 언젠가 다시 하나가 되어야 해. 그 때까지 너희도 망하지 말고 살아 남아야 돼."라는 형제애였다.

떨어져 살게 된 형제가 공산화의 위험과 굶어 죽기 직전에 이르렀으니 한국을 살려야만 했던 것이다.

셋째는 한국을 통 크게 도우면 한국도 자신들을 고맙게 여겨서 자신들과 후손들에게도 도움이 될거라 여긴 것이다.

그 또한 미래를 위한 투자였고, 결국 일본의 전략적 판단은 옳았다. 만약 한국이 공산화 되고 망해버리면 일본도 힘들었을 테니까…

다만, 너무 많이 준 게 문제고, 사람 볼 줄 몰랐던 게 문제였다. 받고 나서 배신때릴 인간들이니 일본은 한국을 돕지 말았어야 했다.

필자가 일본 지도자였다면 아마 한푼도 안줬을 것이다. 40년을 함께 살고서도 사람 볼 줄 몰랐던 게 일본 최대의 잘못이다.

일본이 등허리가 휠 정도로 대량 지원을 해서 살아났는데도 불구하고, 진보로 위장한 좌파 역사 정치 사기꾼들이 이를 그냥 놔둘 턱이 없다. 북한 중국 정권과 좌파의 사익을 위해 일본은 악당화 되어야 했던 것이다.

⦿한국 발전의 주역은 박정희도 이승만도 아니다

한국의 발전사 속에서 우리의 의지로 된 것은 거의 없다.

다만 예외적인 사건이 바로 우리 국민들이 뭉쳐 일청전쟁, 일러전쟁을 승리한 후, 100만 민중이 뭉쳐서 이룩한 봉건왕조 퇴출과 한일합방이다. 그 외에는 오늘의 대한민국이 있기까지의 거의 모든 발전들이 외세에 의해 거져 얻어진 것이다.

제국의 붕괴는 보통 그 구성원들에게 무법천지의 전쟁과 살육의 재앙으로 다가온다. 만약 일본 제국이 붕괴 되어도, 로마의 경우처럼 미개한 세력에게 망했다면 무법천지 중세의 암흑기가 되었겠지만, 오히려 더 우수한 세력에게 점령 당했다.

반면에 북한과 중국은 야만적인 공산 좌파가 집권한 결과 수천만 명이 죽임 당하는 암흑기로 몰락한 것이다.

세상에 부패하지 않는 독재 권력은 없다.

국민의 피를 빨고 국민을 굶겨 죽여도 아무도 저항을 못하는 상태가 되면 독재 권력은 얼마든지 부패할 수 있는데,

미국의 힘이 없었다면 박정희가 계속 깨끗할 수 있었을까?

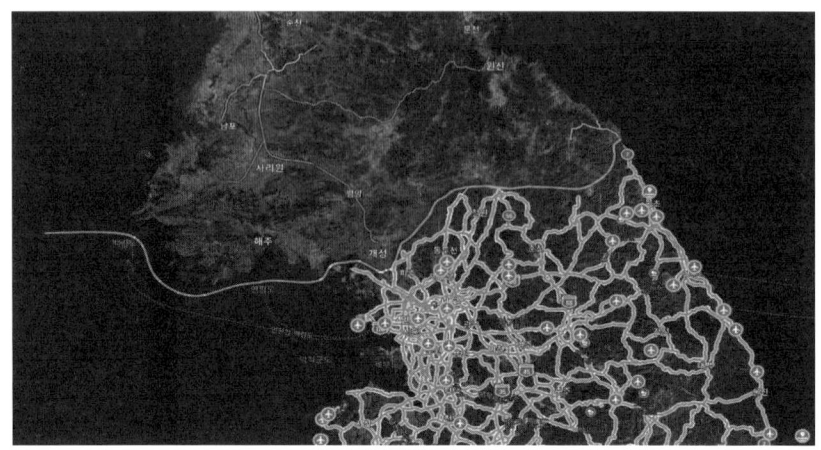
남북한의 도로

국민을 망치는 권력이라 낙인 찍히면 미국은 권력 퇴출을 강제하거나 미국 시장이라도 닫아버렸을 것이다. 그리 되면 권력도 망한다.

만약 이승만이 집권 당시 김일성처럼 34살이었고, 미국 눈치 안봐도 되는 처지라면, 김일성처럼 타락하지 않았다고 누가 보장할 수 있을까?

김일성 김정일처럼 전국 40여 개의 특각에서 10~20대 기쁨조들과 호화방탕 생활을 하지 않았을 거라고 누가 장담할 수 있을까?

한국은 미국이라는 외세 때문에 부패하기 어려운 구조였다는 것이다.

이승만과 박정희가 조선에서 교육 받은 조선식 인물이었다면 절대 깨끗하지 못했을 것이다.

한국 지도자의 깨끗함도 경제 발전도 지적 능력의 향상도 미국과 일본이라는 외세를 빼고서는 설명 될 수 없다.

500년의 부패와 무능이 골수에 밴 나라가 외세의 개입 없이 스스로 깨끗해지고 유능해지기는 어렵다.

북한의 비극도 미국이 없었다는 것이며, 만약 북한에 미군이 주둔하고 미국 시장을 북한에 개방한 상태였다면 김일성 김정일은 인민들을 그토록 굶어 죽게 방치하진 못했을 것이다.

북한이 딱 자기 실력 만큼만 사는 이유는 중국 편에 붙었기 때문이다. 김씨 입장에선 인민보다 제 권력이 중요하니 그럴 수 밖에 없긴 하지만, 어느 줄에 설 것인가는 지도자의 중요한 선택 과제다.

주도할 능력이 있는지를 분별하는 것이 우선이지만, 주도할 능력이 없다면 그걸 키울 때까지 줄을 골라서 따라가는 법이라도 알아야 한다.

진보간판 좌파 진영의 한일협정 반대투쟁, 경부고속도로 반대투쟁, 반미반일투쟁, 주한미군철수투쟁, 파업선동, 반기업투쟁, 공산·사회주의 투쟁 등에 민주적으로 끌려 다녔다면 오늘의 한국은 참 가관이었을 것이다.

좌파 노선대로 꼴난 민족주의와 낡은 이념에 매몰되고, 마르크스·김일성 숭배하는 반미 반일 종북 친중 좌파가 과거에 득세 했다면 진작에 북한 꼴 났을 것이다. 아니 그보다 훨씬 낮은 조선 꼴로 돌아갔을 것이다. 좌파가 진작에 득세했다면, 북한처럼 미래의 이건희도 정주영도 애초에 싹을 잘랐을 것이고, 경부고속도로도, 삼성도, 현대도, LG도, 포스코도 없었을 것이다.

물론 반일 선동으로 인기만 유지하기 위해 일본에게서 돈을 받지 않았겠지만, 설령 받았더라도 닭을 키우는 대신에 생색 내면서 계

독일계 미국인 서서평 선교사(좌측)와 불우한 조선인들

란만 나눠 먹고, 닭을 잡아먹고 끝냈을 것이다.

좌파가 그러는 이유는, 그런 정치인을 좋아하는 국민의식 때문이다.

좌파 지지층은 미래야 어찌 되건 말건, 당장 내 손에 몇푼 들어오는 것을 선호하는데, 그런 지지층과 함께 나라는 망하는 것이다.

좌파의 노선은 하나도 예외 없이 나라를 망치는 길들이며, 무능한 자들이 벌이는 '민족자주' 합창은 나라와 국민을 망친다.

민족 자주식 '나잘났어 사상'의 좌파에 끌려 다녔다면 조선과 북한의 중간 정도가 우리의 능력으로 도달 가능한 최선의 고지였을 것이다.

한국 발전의 요인에는 서양 선교사들의 노고도 결코 빼놓을 수 없다. 제임스 홀 선교사는 과로 누적과 풍토병으로 3년만에 사망했고, 28세인 그의 아내 로제타 홀은 미국에서 모금운동을 한 후 조선으로 와서 최초의 근대식 병원, 맹인 농아학교 등을 설립했으며, 자신의 딸(에디스)을 이질로 잃는 등의 고통 속에서도 이 땅의 의료와 교육에 몸을 바쳤다.

독일계 미국인 서서평 선교사는 1912년에 이 땅에 와서, 14명의 아이들을 입양해서 키우면서, 고아와 과부, 한센씨 병 환자들을 돌보는 등, 평생을 헌신하고 시신까지도 의학 발전을 위해 기증했다.

여성은 교육도 시켜주지 않던 나라에 최초의 여학교를 세운 것도 미국인 메리 스크랜턴이며, 암흑의 이 땅에 광명의 빛을 전해 준 세력은 우리의 고마운 두 우방 미국, 일본, 서양의 선교사들과 그 국민들이었다. 이런 분들이 조선시대부터 한일합방 시대에 이르기까지 아주 많았다. 고마운 두 우방과 선교사들…그 분들의 노고로 오늘의 우리가 존재한다.

지구 최악의 굶어 죽는 노숙 거지였던 한국이 자기 실력에 비해 너무 잘 사는 이유는, 좋은 이웃을 만나서 큰 도움을 받았기 때문이다.
물론 그 바탕에는 지정학적 위치가 있었지만, 만약 일본이 발전하지 못했다면 한국의 지정학적 위치는 소용 없었다. 문맹의 거지가 이건희 정주영의 지원을 받아 중견 기업인이 된 셈이다.

한국인의 행운은 속된 말로 줄을 잘 섰다는 것이다.
그게 단순한 게 아니라 대단히 중요한 일이다. 그런 큰 줄기를 판단하고 결정하는 게 바로 지도자가 할 일이다.
한국인에게는 조선 말기같은 민중의 현명함이 없지만, 그래도 한국은 많은 위험들을 아슬아슬하게 극복하며 위기를 용케 잘 넘어 왔다.

많은 한국인들은 분별력 부족으로 반미·반일·종북·친중을 진보니 민주화 투쟁이니 부르고, 공짜 몇 푼 대신 자기 일자리 사라지게 만드는 사기꾼들에게 쉽게 속고, 요즘에는 그런 국민 수준에 딱 맞는

지도자들만 나오지만, **국민 의식보다 훨씬 높은 수준의 리더의 출현과** 고마운 두 우방의 도움으로 오늘의 한국이 있는 것이다. 한국의 발전은 박정희도 이승만도 김대중도 노무현도 아닌, 우리의 고마운 두 우방, 바로 미국과 일본의 도움이 **첫째** 이유다.

⊙한국이 염치라는 것을 안다면...

일본이 한국인들을 많이 희생시킨 것은 맞다.

일제시대 40년간 태평양전쟁, 중일전쟁, 3.1운동, 관동대진재, 위안부, 징용 등으로 죽은 조선인 총 수가 2만2천명, 원폭 희생자까지 총 6만 2천 명을 죽게 만들었다. 그러니 원인 유발자인 일본은 이 점을 사과해야 하고 이미 사과 했다.

그러나 조선은 일제시대 40년간 희생된 인원의 2배인 12만 명의 생명을 해마다 굶겨 죽였고, 그런 굶어죽음에서 해방시켜 준 게 일본이다.

우리 국민 600만 명을 살리고 6만 명을 죽게 만든 것이며, 우리 국민의 절반은 일본이 살려낸 그 600만 명의 후손들이다.

그런데도 일본은 과거를 깨끗이 사죄하고 배상+지원까지 했다.

우리가 인간이라면 최소한 일본 국민들이 안줘도 되는 큰 돈과 기술들을 제공해 준 것 만큼은 고맙다고 말해야 하지 않는가?

물론 고마워하지 않는 것은 자유지만 '염치'라는 것을 안다면, 적어도 욕하지는 말아야 한다. 그게 최소한의 양심 아닐까?

북한과 중국은 반일 증오심을 키워야만 권력에 유리했던 점은 있지만, 반일 포지션을 위해서 돈을 받지 않았고, 그들은 적어도 돈 받고서 배신 때리지는 않았다. 그들은 한국과 달리 염치를 안다는 것이다.
하지만 한국은 돈 받고 나서 욕하는 짓을 계속 해 왔다.
우리는 얻어먹기만 했고, 보은 대신 배신 하는 것을 진보라 부른다.

내 자식이 옆집 아이에게 두둘겨 맞고 다쳤어도, 합의금을 넉넉히 받고, 그 돈으로 사업 성공까지 했다면, 그 옆집 사람의 후손을 계속 쫓아다니며 욕하는 더러운 짓은 뒷골목 양아치도 하지 않는다.
한국은 그 양아치보다 못한 나라다.
너무 비열하고 몰염치하다. 이런 못된 짓들을 해도 잘 되는 것을 보면, 사필귀정이라는 말은 진리가 아니다.

⦿잘난 조선과 못난 일본

역사를 좀 더 거슬러 올라가서 역사의 분기점으로 돌아가 보자.
1653년 8월 15일 제주도 모슬포 연안에 하멜 일행이 폭풍으로 인해 표류 되었고, 선원 64명중 36명만이 살아서 해안으로 올라왔다.
이 소식은 조정(효종)에게 보고 되었고, 그들은 한양으로 불려갔다.
그런데 그들이 가지고 왔던 물품들은 약탈되었고, 총포들은 녹여서 농기구 만드는 데 쓰여졌다.
그들이 조선에서 하는 일은 겨우 광대놀이에 불과했고, 근대 문명의 서양인들은 고관대작의 집에 불려가 서양의 춤과 노래를 들려주는 거의 동물원 원숭이 신세가 되었다. 그들은 남쪽으로 강제 이송되어진 후, 거지나 다름 없이 유리걸식했고, 구걸과 품팔이로 연명하면서 14명이 죽었으며, 살아 남은 22명은 혼신을 다해 모은 돈으로 배 한척을 마련하여 일본으로 도망쳤다.

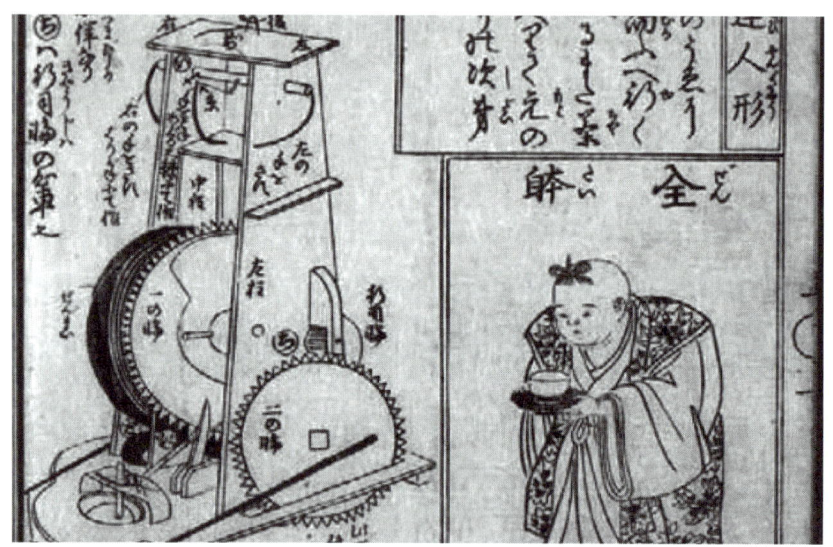
시계의 원리에 대해 설명하는 에도시대의 책
(일본은 1598년에 서양식 시계를 처음 제작했다)

그러나 서양 문명을 대하는 일본은 조선과 달랐다.

1543년 한 포르투갈 태풍을 만나 규슈섬 남쪽 가고시마에 표류한다. 당시 일본인들은 그들을 우호적으로 대하고 향후 정기적인 교류를 약속하며 일행들을 무사히 돌려보냈다.

일본은 그들에게 구입한 조총 두자루를 녹이거나 농기구로 만들지 않았다. 분해해서 연구하며 유사하게 만들었고 서양에게 **또 배웠다.** 조총 뿐만 아니라, 조선술과 항해술,의술 등도 지속적으로 배워 이른바 '난학'이라는 독특한 학문체계를 완성했고, 이러한 것이 일본의 근대문명 발전에 중대한 역할을 하게 된다.

조선은 스스로 잘났다고 여기는 소중화 사상, 자기들은 중국이 제일 이뻐하는 나라라는 꼴난 유교적 자만심을 가지고 서양과 일본을 오랑캐라 업신여기면서 세월을 허비했다. 자기들은 이미

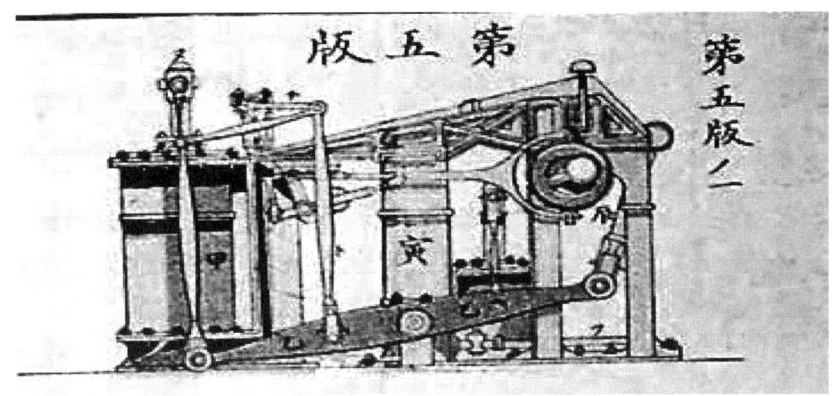
에도시대에 만들어진 기관의 도면

잘났으니 미개 오랑캐 따위에 관심 가질 필요가 없었다.
하지만 일본은 자신의 부족함을 인정하고 머리 숙여 가르침을 구했다. 역사의 갈림길에 섰던 잘난 나라와 못난 나라, 그 마인드 차이가 국가의 미래에 엄청난 차이를 만든 것이다.

일본어에는 한국을 욕하는 단어조차 없다. 조센징이라는 말이 한국을 욕하는 단어인 줄 알기도 하지만 그냥 조선인을 뜻하는 단어다. 반면에 한국어에는 외국을 욕하는 단어가 많다.
쪽바리, 왜놈, 뙈놈, 짱깨, 양놈, 양년, 튀기, 껌댕이....
남을 욕하는 단어 속에는 자신이 잘났다는 의식도 내포되어 있다.
**못난 자가 '나 잘났어'라는 착각 속에 빠져 살면 미래의 희망은 없다. 못난 자가 발전할 수 있는 유일한 길은 자신이 못났음을 깨닫는 것이다. 자신이 못났음을 깨닫고 배울 자세를 갖추는 것, 그리고 머리 숙여서 가르침을 구하는 것,
진정한 진보는 거기에서부터 시작되는 것이다.**

⦿우리가 잊어서는 안되는 사실

우리 한국인들이 꼭 알아야 할 사실이 있다.

미국은 우리의 안보와 경제에 큰 도움이 되고 자유라는 가치를 공유하는 우리의 소중한 우방이지만 세계의 경찰국은 아니다.

때문에 주한 미군의 주둔 기간은, 단지 미국의 국익에 부합한다고 여길 때 까지다. 즉 언제든지 철수할 수 있고, 때가 되면 우리가 바짓가랑이 붙잡아도 떠날 것이다.

방위비 왕창 증액 요구를 해 오면 그게 신호탄일 수 있다.

우리가 미국이었어도 무작정 한국을 지켜주진 않을 것이며,

손익계산상 우리에게 이득이 되는 시점까지만 지켜줄 것이다.

미국도 바보가 아닌 이상 우리와 같을 수 밖에 없다.

반미·반일 노선의 좌파 진영도 어리석지만,

미국만 쳐다보는 우파도 정신 차려야 한다.

미국은 시종일관 비즈니스 개념으로 우리를 대하고 있을 뿐이다.

다만, 자유를 지키고, 이를 위해 자유우방을 지키는 것이 자신들의 이익에 부합한다고 보기 때문에 우리를 지켜주는 것일 뿐이고, 그 또한 비즈니스 개념일 뿐, 미국은 '아낌없이 주는 나무'가 아니다.

만약 미국이 떠나거나 멀어지면 그 다음 대책이 있는가?

우리와 안보 이익을 함께 할 우방, 유사시 우리를 도와줄 나라는 일본 밖에는 없다.

그게 바로 북한·중국과 남한 내 종북친중파 좌파 진영이 일본 악당화 역사조작 선동과 한일 이간질을 하는 주 이유일 것이다.

한국은 간첩단이 잡혔어도

주요 미디어가 두루뭉술 넘겨버리는 나라다.

대남간첩 경력을 가진 탈북자들의 폭로에 의하면,

간첩단은 남한 각계각층에 포진되어 있고,

북한은 남한 내 간첩단의 활동 공작금마저도

경제 간첩단 그룹에 의해 남한 내에서 벌어서 쓴다고 한다.

개인적인 판단으로는,

방송, 영화, 연극, 소설, 각종 서적판매 등의

문화사업 비중이 클 것으로 여겨지며,

반미 반일을 선동하는 국내 세력 속에는

북한·중국 정권과 좌파 진영이 함께하는

거대 간첩단 그룹이 많을 것이다.

그들 세력은 공통 이해관계 그룹이기 때문이다.

인류사적 거대한 문명전파 물결의

참진보 혁명세력인 해양세력 그룹과

그 물결을 가로막는 대륙 수구진영의 그룹 중에서

우리는 선택을 해야 할 것이며,

간판 이름이 아닌 실체를 보아야 할 것이다.

선한 체제와 악한 체제 간의 전쟁터에서 중간 지대란 없다.

자유와 인권을 말살하는 주적을

민족이라는 망상에 빠져 쫓아가는 것을 진보라 믿는

어리석음 정도는 좌파 스스로 깨닫게 해 주어야 한다.

일본이 한국을 도운 것도

한국이 이뻐서가 아닌 구조적 이유임을 정확히 알아야 한다.

한국이 망하면 자신들도 손해이기 때문이다.

망하기 직전의 한국을 대량 지원으로 살려 놓으니,

대륙으로부터의 안보적 이익도 향상되고,

경제적 이득도 공유하게 된 것이다.

미국 일본이 한국을 도운 게 그 때문이며, 우방이란 그런 관계다.

상대 나라가 우리가 잘 되기를 바라는 나라인지 우리가 망하기를 바라는 나라인지를 분별하는 것은 중요하며 그 이유도 중요하다.

과거의 원수가 아닌 은인의 나라이고,

현실에도 이웃이자 자유우방이며,

절친이 되어야 국익에도 맞는 이웃 나라를,

마치 철천지 원수인 것처럼 국사를 조작하여

한일 이간질을 유도하는

좌파 사기꾼들의 농간에서 국민들이 벗어나지 못한다면,

그 이득은 김씨 봉건 왕조와 중국 공산정권 및

자유민주주의 체제의 전복을 노리는

극소수 좌파 세력만 얻을 것이고, 그 여파는

우리 국민 모두에게 회복 불가능한 재앙으로 돌아올 것이다.

제2장 피해자 행세하는 침략자, 이제는 한국이 사죄할 차례다

08 한반도 전역을 휩쓴 한국인들의 광적인 전쟁참여 열풍…150

09 피해자 행세하는 침략의 공범 부도덕한 한국…167

10 숨겨진 진실, 한국이 발전한 또 하나의 이유…179

11 참 허접한 역사조작, 난징대학살 사기극……192

12 허접해도 통해 먹히는 역사조작, 관동대학살 사기극…204

08.한반도 전역을 휩쓴 한국인들의 광적인 전쟁 참여 열풍

한국이 일본에게 계속 사과를 요구하고 욱일기에 흥분하는 행동들을 모르는 사람이 보면, 일본이 한국을 상대로 전쟁이라도 한 줄 알 것이다. 한국사 교과서는 국민들을 자기들이 피해자인지 침략자인지조차 모르는 눈뜬 장님 국민으로 만들어 놓았는데, 국민은 진실을 알 권리가 있다.

"국내 진공 작전을 하려던 중 일본이 항복해서 탄식했다"라는 김구의 말을 믿는 사람들이 많은데, 이는 "그런 거 한 적 없다"는 자백이다. 광복군 339명 미만으로는 그런 거 불가능하고, 능력 있다면 항복하건 말건 밀고 내려오면 그만이다.

능력이 있었다면 왜 아무 것도 못했을까? 대다수의 국민들은 임시정부와 광복군이라는 게 있는지 조차 몰랐다.

독립투쟁 서적들을 보면, 일제 말의 독립투쟁이라는 게 파업, 유언비어 살포, 낙서, 지하조직 구성, 공산주의 좌파이념 유포 정도이며, 승리한 전투도 패배한 전투도 없다.

일본의 항복 직전에 공격하려는 움직임은 있었다고 강변 하지만, 총 맞은 코끼리가 숨 끊어지기 직전에 바늘로 콕 찔러서 "내가 죽였다"고 외쳐도 그건 내가 죽인 게 아니며, 바늘로 찔러보는것 조차 못했다. 그러면 나머지 2500만 국민들은 뭐 했을까?

한국사 교과서는 일본군에게 총 쏴본 적도 없는 339명 미만의 독립 투쟁은 열렬히 띄우면서

나머지 2499만 명이 뭐했는지는 왜 알려주지 않을까?

▲1934년 대전역 만주 출정 환송인파(모두가 일장기를 들고있다)

⊙코피 터지는 조선인 일본군 자원입대 경쟁

◆부산일보에서 일부 발췌한 혈서 지원병 열풍(일부만 발췌)

★[1940-02-06] 잇따라 쓰는 애국의 **혈서** (지면관계상 전략)

★[1940-02-11] 또 애국 2청년이 **혈서**탄원, 부산의 지원병 3백여명 넘다

★[1940-02-13] 애국청년의 적성, **피**의 흔적이 생생한…지원병

★[1940-02-14] 지원병 미담의 꽃이 피다 약지를 베어서 적신 **혈서**

★[1940-02-21] **혈서**의 지원병, 합천 경찰서장의 감격

★[1940-02-22] 2600년을 맞이해서 감격, **혈서**의 안영석군이 말하다

★[1940-02-22] 기원절 가절에 두루마리 **혈서**, 동경에 있는 반도 동포의…

★[1940-02-22] 지원병 속속 **혈서**로 지원, 타오르는 애국열(여수)

★[1940-02-23] 동경[憧]의 조종 지원자, 모집 360명에 1,300여명이 응모

★[1940-02-28] 또 **혈서**, 지원병 희망 점원

★[1940-02-28] 애국 **혈서**의 지원병 ; 포항경찰서로 5명이 나오다

★[1940-02-29] 지원병의 탄원서와 적성의 **혈서**, 당국도 감격하다

★[1940-02-29] 초지 관철을 위해 **혈서**의 탄원, 애국청년 조기찬군

▲조선인 일본군과 일장기를 흔드는 환송인파

.....(지면관계상 중략).....

★[1941-11-05] **혈서**의 지원, 진전면의 임[林]군
★[1941-11-09] **혈서**로 지원, 이곳에도 지원병 미담
★[1941-11-09] 속속 **혈서**의 지원자, 열열한 반도 청년의 의기
★[1941-11-11] 경남 제1위인 울산의 지원병 열기, **혈서**와 탄원이 이어져
★[1941-11-12] **혈서**의 지원이 속출, 경남의 젊은이에게 솟구치는 애국보
★[1941-11-13] 적성[赤誠]의 **혈서**, 경남 당국 특별취급 적격 편입
★[1941-11-14] 통영경찰서 관내의 지원병 응모자 570명, **혈서**4개,중졸이6
★[1941-11-15] 열렬한 **혈서**의 지원, 함양에서는 5명에 달하다
★[1941-11-16] 여기에도 두 사람, 밀양군에 **혈서**의 지원병
★[1941-11-16] 마감에 즈음해서 **혈서**로 부랴부랴 달려오다
★[1941-11-18] **혈서**의 지원병(산청) ...(지면관계상 후략)...

☞**"제발 나도 군대 보내 줘 플리즈. 나는 왜 안보내 주는거야?"**

강제로 끌려갔다고?

일제 39년간 지원자 외에는 군대 보내지도 않았었다.

일제시대는 청년들이 군대 가고 싶어 난리 치던 전무후무한 시대였다.

한국인이여. 열정적인 지원입대 일제시대 만큼만 하자!

◆동아일보에서 일부 발췌한 조선인 일본군 지원병 열풍

.....(지면관계상 전략).....

* [1940-02-01] 특별지원병에 형제가 응모
* [1940-02-02] 지원병 되고저 혈서로 애원(보령)
* [1940-02-03] 애국열 고조, 응모자 2,600명(대전)
* [1940-02-04] 지원병지망자 안성만 571명
* [1940-02-07] **지원병 53,000명, 期日 닷새 남긴 오늘 정원의 8배 쇄도**
* [1940-02-07] 정읍 국군열 고조 응모자 150명
* [1940-02-07] 손자 3인 지원병에 김종태씨의 장거(壯擧)
* [1940-02-07] 괴산의 지원병만도 402명 응모
* [1940-02-08] 지원병후원회에 현금 10원을 희사
* [1940-02-08] 지원병 희망자 평택에만 300여명
* [1940-02-10] 지원병응모자 하동에만 200명
* [1940-02-10] 지식인지원병 환영 지원병 희망자 거배수가 소학졸업생 뿐
* [1940-02-13] **지원병응모 79,600명 함남이 수위로 10,900명 중등졸200명**
* [1940-02-13] 홍성군내 지원병 170명 돌파
* [1940-02-13] 54명이 희망 완도 지원병
* [1940-02-14] 장성군 지원병 5백여명 돌파
* [1940-02-14] 충남의 지원병 응모 4천명 적격자는 5할 정도(대전)
* [1940-02-15] 성주 지원병 응모 362명
* [1940-02-16] 거창에 지원병 3백여명 다수
* [1940-02-16] **마감후 지원병 쇄도, 84,000명 돌파**
* [1940-02-16] 지원병 후회에 50원을 기부(新泰仁)
* [1940-02-17] 조선 지원병 채용자 증가 방침 육군상 답변(동경)
* [1940-02-17] 아버지 격려로 형제3인 지원병
* [1940-02-17] 소학교 訓導(훈도,교사)가 지원병에 응모
* [1940-02-18] **해남 지원병 응모자 1,800명 돌파 전남도에서 1위**
* [1940-02-24] 지원병 혈서 탄원 월곶면 이경천 군(김포)

★[1940-03-02] 조선 출신 장교 해마다 증가
★[1940-03-13] **귀향 지원병 강연에 청강 16만여명**
★[1940-03-14] 경주 지원병 지원자 581명
★[1940-03-20] 혈서로 지원병 간원(懇願) 강화 소년의 의기
★[1940-03-21] **충남 지원병 응모자 일제시험 개시**
★[1940-03-27] 혈서로 지원병 지원(거창)　(지면관계상 후략)····

☞독립투쟁 열심히 했다고? 한국사 사기 교과서 과연 믿어야 하나?

제발 나도 군대 보내 줘. 입대 경쟁률 62:1이 뭐냐고, 더 뽑으란말야.!

◆**부산일보를 통해 보는 조선인일본군 지원병 열풍**

[1939-08-05] 지원병 최초의 전사자 이인석 상등병에게 각 방면에서 조문
[1939-08-11] "군국의 아버지" 지원병에게 죽음을 알리지 말라고 유언
[1939-08-24] 고 이 지원병 영전에 전남 노동자 90명 진심 어린 조위금
[1939-08-27] 감격 미담 ; 지원병의 집에 농사 일 도와주다
[1939-09-13] 빛나는 무훈 세우고 장렬하게 전사; 전남 출신 李지원병
·····(지면관계상 중략)·····
[1940-02-04] 궐기하는 전남의 건아, 전남의 응모자는 1,500여명
[1940-02-08] 부인과 노인까지 의기 투합하는 열의; 충북 지원병 감격편
[1940-02-09] 전남 진진포포에 끓어오르는 지원병 열기, 5천여명 응모
[1940-02-13] **지원병 지망자 7만9천여명, 수용 정원의 12배를 돌파**
[1940-02-14] **전남 지원병 응모 1만을 돌파**
[1940-02-15] **응모자 8만돌파** ; 10일마감 반도지원병, 청년층의 애국심이
[1940-02-17] 부친 격려로 형제 3명이 나란히 지원 부락민을 감격시키다
[1940-02-17] 전북 응모 지원병은 3천 2백 16명
·····(지면관계상 중략)·····

[1941-11-01] 경남 지원병 응모자는 6천명에 가깝다, 제2차 중간마감에서

[1941-11-08] **지원병 응모자가 14만 8천명**, 타오르는 애국 지정[愛國至情]

[1941-11-09] **경남 지원병 응모 1만명 돌파**, 마감 임박하자 더 늘어나다

[1941-11-09] **혈서**로 지원, 이곳에도 지원병 미담

[1941-11-12] **전선 지원병, 최고는 경북 3만여명**

[1941-11-12] 양보다는 질, 경남의 지원병 적격자가 4,949명

[1941-11-12] **강원도의 지원병 2만을 돌파**

[1941-11-15] **끓어오르는 지원병, 25만 명을 돌파, 반도의 특별 지원병**

[1941-11-14] 통영경찰서 관내 지원병응모자 570명, 혈서가 4개 중졸이 6

☞당시의 중졸은 출세가 거의 보장될 만큼 대단한 학력이었다.

[1941-11-19] *지원병에 탈락하여 비관자살*, 전남 고성 출신의 김소년

[1937-01-12] *지원병 탈락하여 비관자살*, 애국심 불타는 조선 청년의 유서

........(지면관계상 생략)........

◆조선인일본군(육군) 지원자 현황

연도	지원자	입소자	선발율	입대경쟁률
1938년	2,946명	406명	16.2%	7.3 : 1
1939년	12,348명	613명	4.9%	20.2 : 1
1940년	84,443명	3,060명	3.6%	27.6 : 1
1941년	144,743명	3,208명	2.2%	45.1 : 1
1942년	254,273명	4,077명	1.6%	**62.4 : 1**
1943년	303,394명	6,000명	1.9%	50.6 : 1
계	**802,147명**	23,364명	2.9%	34.3 : 1

[한국 독립 운동의 역사/독립기념관 독립운동사연구소]

☞강제로 끌고갔다고? 지원병 총 수는 802,147명. 평균 입대경쟁률 34:1, 임시정부 광복군보다 조선인 일본군 지원자가 3,000배 이상 많다.

▲전투기 조종사 김정렬 대위　　▲대륙을 행군하는 일본군

◉한반도 전역에 불어닥친 사변국채 매집 열풍

[부산일보 1938-11-08] 사변국채 드디어 매진

[부산일보 1939-08-08] **매진되는 사변국채 이번에는 총액 5억엔**

[부산일보 1939-08-17] 사변국채, 조속히 예약 끝나

[부산일보 1940-03-04] 나타나는 애국열 ; 제14회 사변국채의 판매 할당액을 돌파

[부산일보 1940-12-22] **애국심의 발로 사변국채 이미 판매 완료**

[부산일보 1941-09-04] 사변국채 판매 10할을 돌파, 전 조선 후방국민의 애국심

<주>사변국채: 전쟁이 잘 되면 이자까지 받고 패전하면 휴지가 되는 국가상대 채권증서

☞전 국민적 사변국채 매집 열기가 있었으나, 패전으로 사변 국채가 휴지가 되어 많은 국민들이 거지가 되었고, 이는 독립 후 경제 붕괴의 요인 중 하나다.

전쟁채 매입은 재산을 건 도박이며, 이는 우리 국민들이 당시의 자기 나라였던 일본의 승전을 간절히 원했다는 증거다.

▲조선인 일본군 지원병의 가족들

조선 서울의 찬란한 초가집들과 위 사진의 배경도 비교해 볼 필요가 있다. 조선에 없었던 적벽돌 주택,유리창,샤시, 그리고 사라진 짚신 등을 말이다.

식근론은 따질 필요 없다. 저들의 배경이 조선과 현대 중 어디에 가까운가? 저들이 왜 그토록 자기나라 일본에 충성했는지 조금 이해 될 것이다. 굶어죽던 조선의 노예인데다 수탈까지 당했다면 그리 충성 하겠는가?

⊙부산일보에서 일부 발췌한 한반도 전역의 국방헌금 열풍

[1939-06-06] 일당을 가지지 않고 임기 만료까지, 양산면의원 일동의 저축보국
[1939-06-26] **제주도 해녀 등의 저금 보국**
[1939-08-17] 소유하고 있는 쌀 방출 결의 지주보국회원 미거
[1939-09-07] **노동자의 헌금 ; 105명의 열성(전주)** ....(중략)....
[1944-01-23] **전남 도민의 애국심, 육·해군기 각 병기 등 8077천원 헌금**
[1944-01-24] 거리의 헌금 부대, 해군 무관부로 몰려들어

[1944-01-28] 싸우고 있는 우리들의 헌금, 비행기에 4200 해방함도 이미...

[1944-01-29] **사천의 헌금 치열**

[1944-01-30] 전과에 감격, 아름다운 익명의 헌금, 이른 아침 본사에

[1944-01-30] 축하금을 헌금으로

[1944-01-30] 결혼비를 없애고 ; 부천[富川]○○씨 헌금

[1944-02-01] 경남교육호에 진주고녀 헌금

[1944-02-02] 방어진 헌금

[1944-02-19] 야식 절약해 헌금으로

[1944-02-22] 고성 일부 회원 옥쇄구토헌금

[1944-02-27] **심야까지 계속된 헌금부대, 비행기로 위탁하는 뜨거운 진심**

[1944-03-01] 부인도 근로전선에 수입은 저금이나 헌금으로

[1944-03-01] 전원 전사[戰死]에 분기 ; 통영의 비행기 헌금 미담

[1944-03-04] 성스러운 땀이 훌륭하다, 헌금 창구 부쩍 상승

[1944-03-11] 정성스러운 마음을 담은 헌금의 여러 가지

[1944-03-19] 비행기 헌금 100원 ; **부산침구[鍼灸]조합 총회**

[1944-03-23] 마산고등여학교 동창회 비행기 정성스러운 헌금

[1944-03-25] 학원도 열심히 노력 ; 마산에 속속 비행기의 헌금

....(후략)....

▲반일좌파 민족문제연구소의 헌납기 자료 중 일부
각 지역의 친일파 유지들만 국방헌금을 한 것처럼 조작하지만,
사실이 아니다. 민심의 결집 없이 어떻게 그게 가능 하겠는가?

⦿한반도 전역에 불어닥친 애국기(애국전투기) 헌납운동 열풍

◆ **애국기**(애국전투기) **헌납운동의 헌납 전투기 목록**(1700여 대 중 발췌)

보국기(전투기) 헌납열풍으로 만든 전투기 수천 대 중 일부 목록만 보자.

*보국 137호(제1경북호)
헌납자-경상북도 지방 유지들
*보국 138호**(제2경북호)**
헌납자-경상북도 민유지
*보국 151호**(전북호)**
헌납자-조선 전북호 헌납 기성회
*보국 160호**(강원도호)**
헌납자-강원도 고성군 주민들
*보국 164호**(황해도호)**
헌납자-황해도 도민회
*보국 189호**(함남호)**
헌납자-함경남도 도민
*보국 196호(제1전남호)
헌납자-전남 군사 후원 연맹
*보국 197호(제2전남호)
헌납자-전남 군사 후원 연맹
*보국 198호**(제3전남호)**
헌납자-전남 군사 후원 연맹
*보국 199호(전남면화호)
*헌납자-전남 군사 후원 연맹
*보국 200호(전남생업호)
헌납자-전남 군사 후원 연맹
*보국 207호**(제2조선미곡호)**
헌납자-사단법인 조선 곡물협회
*보국 213호**(충남호)**
헌납자-충남 애국기 헌납 기성회
*보국 221호**(부산호)**
헌납자-경남부산부 애국기헌납회
*보국 223호(제1경남지성호)
헌납자-경남도청 경남총후지성회
*보국 224호(제2경남지성호)
헌납자-경남도청 경남총후지성회

*보국 227호(제2평남호)
헌납자-평남도 국방자재헌납기성회
*보국 228호**(제3평남호)**
헌납자-평남도 국방자재헌납기성회
*보국 281호(조선충남호)
헌납자-충남도애국기헌납 기성회
*보국 501호**(인천제일호)**
헌납자-인천 주민들
*보국 557호**(제주도 해녀호)**
헌납자-제주도 해녀들 외
*보국 745호 **(조선장로호)**
헌납자-조선의 장로교단
*보국 815호(경남사천호)
헌납자-경상남도 사천군민
*보국 870호(홍원호)
헌납자-함경남도 홍원군 주민들
*보국 877호**(함남수산호)**
헌납자-함경남도 수산조합(?)
*보국 878호**(원산 삼산호)**
헌납자-함경남도 원산시 주민들
*보국 923호(조선부 읍면 직원호)
헌납자-조선부 읍면 직원들
*애국 936호(전남목포제일호)
헌납자-국민총력 목포부 연맹
*보국 1053호(전남해태호)
헌납자-**전남 김양식회 어민들**
*애국 1751호(조선석유 제3호)
헌납자-조선석유
*애국 1704호(종연조선호)
헌납자-종연방사사업회사
*애국 2988호(부산카시이호)
헌납자-불명
*애국 3042호(총력조선호)
헌납자-**조선 관민**

"친일파 청산"을 떠드는 자들의 조상이 죄다 친일파인 이유가 보일 것이다. '좌파의 코미디 대행진'의 예를 들면, 자기 종교는 빼고 특정 종교의 헌납기만 꺼내서 "쟤들이 이렇게 친일했어"라거나, 자기 지역은 빼고 특정 지역의 헌납기만 꺼내서 "쟤들이 이렇게 친일했어"라고 떠든다는 것이다.
노무현이 독립투사 후손을 앞세워
친일파 vs 독립군의 이미지 구도를 만들려다가 자기 편이 줄줄이 친일파였던 게 들통나서 망신 당한게 그 사례다.
그래서 서로 욕하기 쉽도록 골고루 지역별 안배를 했다. 필요하면 자기 지역은 빼고 미운 지역만 뽑아서 친일파라 욕하면 된다.^^

지면관계상 못 실었지만, 이 외에도, 장로호·감리호·불교호 등 모든 종교 교단, 모든 지역명, 그리고 회사, 조합, 농민, 어민, 심지어 기생의 화대까지 모으는 애국기 헌납 열풍이 이어졌다.
신문에 수많은 애국기 헌납 청원 광고를 기명으로 게재했고, IMF 시대의 금 모으기 열기보다 훨씬 열렬했다.
최소 1700대 이상으로 알려지지만, 일제 패망 직후 자료를 많이 파기 했으니, 1700대를 훨씬 넘어설 수도 있다.

독립 후에는 T-6연습기 10대조차 구입할 능력이 없을 만큼 경제가 무너졌지만, 일제 시대에는 그런 전투기 수천 대를 우리 국민들이 자발적으로 모을 만큼 경제가 좋았다는 점도 눈여겨 볼 부분이다.

▲출병 준비 중인 조선인 일본군과 그 가족들

◆동아일보에 실린 한반도 전역의 애국기 헌납 열풍

·····(지면관계상 전략)·····

★[1937-08-12] 답지하는 국방헌금, 영주,魯城,함흥,舒川,김천,중강진,釋王寺…

★[1937-08-12] 국방헌금 공사립에도 답지,강원호 애국기 헌납키로 결정 원임시 도회서 결의,안주,신포,철원,신동…

★[1937-08-15] 재만 동포들도 애국기 헌납 운동

★[1937-08-18] 답지하는 국방헌금 애국기 평남호에 기금태씨 천원기부(평양)

★[1937-08-18] 황해기 건조자금 헌납(황주),신안주,영주,만포진,영변,신흥,강릉…

★[1937-08-21] 애국기헌납연주, 益金 100여원 헌납(兼二浦)

★[1937-08-24] 애국기 평남호에 사우회에서 3만원(평양)

★[1937-09-08] 국방헌금·위문금, 맹산,穩城,애국기,간도호,건조금 답지(용정)

★[1937-09-09] 국방헌금·위문금,兼二浦,新高山,양구,진남포,勞役賃金을 헌금

★[1937-09-10] 국방헌금·위문금, 이리,康津,태안,애국기 충남호 헌납

★[1937-09-11] 愛國機 평남호 건조자금 헌납 (진남포)

★[1937-09-15] 국방헌금·위문금; 애국기함남호 헌납금 800원(함흥)

★[1937-09-17] 국방헌금, 위문금 ; 황주,車輦館,강동일 농부 평남호에 지성헌금

★[1937-09-19] 국방헌금 위문금 江界,滿浦鎭,애국기에 김진홍,김종숙氏 赤誠

▲남경 함락을 자축하는 조선인 인파와 기행렬

* [1937-09-21] 애국기헌납 야구 참가단체의 대진결정
* [1937-09-21] 국방헌금·위문금,長淵,애국기 함흥호에 新高山시민
* [1937-09-22] 애국기 간도호 연길 기생 연주회
* [1937-09-26] 對은행 회사단戰에 고려俱선전 석패, 애국기 헌납야구
* [1937-09-26] 군사후원대전지부 기부금 답지,각학교 위문대 발송,애국기
* [1937-09-28] 애국기함남호에 新加坡有志特志
* [1937-09-29] 국방헌금·위문금, 兼二浦,廣梁灣,애국기 함남호 기금 헌납
* [1937-09-30] 애국기 평남호에 劉丙건씨 오백원(안주)....(지면관계상 후략)....

☞ **국방헌금 납부 인원은 밝혀지지 않고 있지만, 군 입대 지원자만 80만 명이 넘으니, 적은 돈이라도 헌금한 사람은 그보다 훨씬 많을 것이고, 아마 그 10배는 넘을거라 본다면, 1천만 명은 족히 될 것이다. 천만이 넘는 친일파 악당들과 339명의 독립영웅, 승자와 패자의 차이다.**

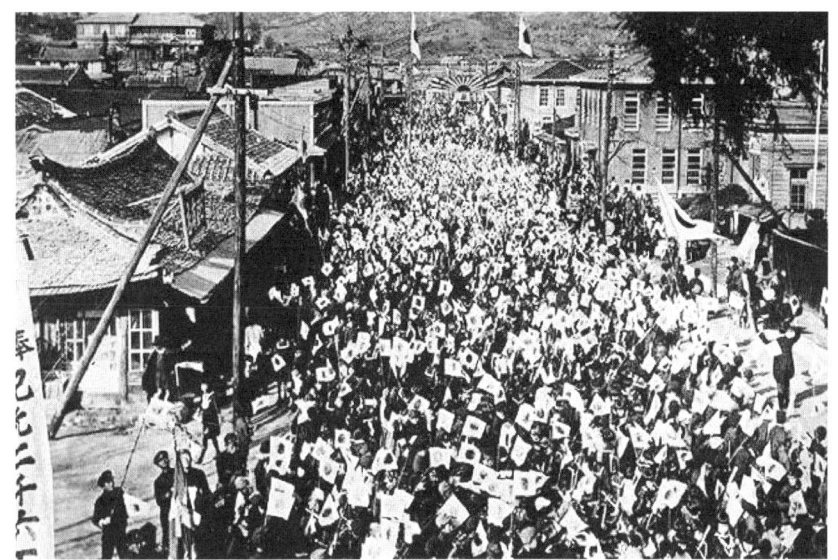

▲중국전선 연전연승에 환호하는 조선인들

3.1운동 사진? 천만에, 그 22년 후의 사진이다. 맨 뒤의 커다란 벽을 보자. 3.1운동은 당시에 기억하는 사람조차 거의 없었다.

영웅과 악당은 종이 한 장 차이여서, 세상이 바뀌니 점령군에 임명된 승자에 의해 나라 사랑하던 '당시의 애국자'들이 악당으로 만들어진 것일 뿐이다.

* [1938-10-23]**승전의 환호, 밤거리에 찬연한 10만등화**[축하 제등행렬]
* [1938-10-29]○○부대 한구 입성 환호성 蔣정권 최대 거점을 상실
* [1938-10-29]대망의 大提燈 행렬 세기적 승전의 북소리에 1만여 등화 생동, **환호만세 장안을 진동. 무한함락 축하행사 성대, 꽃전차·가장행진도 이채, 불야성 이룬 승전축하 거리, 금일은 旗행렬**
* [1939-12-29]무훈(武勳) 이룬 ○○부대 환호리 귀향
* [1938-04-24]맹방伊國 사절단 동아대륙 조선에 제1步, 열광적 환영
* [1938-04-26]伊國 사절 통과 3천 군중 환호리에(개성)

◉언론 보도를 통해 보는 중일전쟁 당시의 국민 여론과 상황들

언론은 여론을 움직일 수도 있지만, 여론을 거스르기도 어려운 존재다. 동아일보의 보도를 통해 당시의 국민 여론을 알아보자.

* [1937-08-28] 열렬한 백병전, 결국 적의 제2선을 돌파 적속속 철퇴
* [1937-09-02] 아군의 일제공격 전진으로 적 후퇴 전선에 亘하야...
* [1937-09-05] 진포선의 적군에 대하야 총공격 격전 재개
* [1937-09-24] ○○선두부대 保定城壁에 肉薄 적 속속 궤주(潰走)중(호외)
* [1937-10-07] 남경 2회 공습, 장렬한 공중전을 연출, 적22기 격추
* [1937-10-19] 풍락진의 적과 교전, 요충 창덕 공격도 근박,
* [1937-11-26] 장흥 함락도 시간문제 상주·강음·장흥·선흥 등 공습
* [1937-12-02] 伊만주국 승인으로 지나정부 항의 국교상 滋味 없다고(上海)
* [1937-12-07] 남경까지 근 5킬로 전차○대 선성(쉬안청,宣城)에 돌입
* [1937-12-09] 남경사령관, 함락은 시간문제, 입성까지엔 일정 기간을 요할 듯
* [1937-12-11] 10만의 적군 완전히 籠城, 當塗함락은 시간문제
* **[1937-12-12] 남경함락**
* **[1937-12-12] 전조선 일제히 남경함락축하 주간은 기행렬, 야간은 제등행렬**
* **[1937-12-13] 남경함락전승 축하, 3만의 장사기 행렬, 밤에는 제등행렬**
* [1937-12-13] 각지 남경함락 축하
* [1937-12-14] 激烈한 市街戰 展開! 東南城壁 전부 점령
* [1937-12-15] 경성상의에서 남경함락 축전
* [1937-12-15] 부여 남경함락 축하
* [1937-12-16] 남경함락奉告祭(상주)
* [1937-12-27] 보은, 남경함락 축하
* [1937-12-31] 산서 正太線 남부의 패잔병을 大掃蕩...적병4천을 격멸

*[1938-01-18] 古城附近의 殘敵殲滅(남경) 산동남부요지 沂水 空襲
*[1938-02-02] 진포선 북진부대 臨淮關 완전점령 鳳陽함락도 시간문제(남경)
*[1938-02-09] 적 사체 250(蚌埠) 진포선 남단 전투상황 발표 (남경)
*[1938-04-22] 田上부대 1천적군 격파(남경)
*[1938-06-09] 장개석 정권 최후의 아성인 정주 함락도 시간문제
*[1938-06-15] 지나군 황하제방 파괴로 십수만 주민익사설 침수방지 노력(북경)
*[1938-06-16] 廣西桂林을 공폭, 적기 십수기 분쇄
*[1938-10-29] **대망의 대제등 행렬, 10만여 등화가 생동, 환호 만세성 장안을 진감, 무한 함락 축하행사 성대,**
*[1938-10-29] **외국인 축승(祝勝)행사, 화교와 회교대표 등…지나 거류민, 만주국인, 회교도 등은 모두 제등행렬에 참가하여 축의를 표하였다.**

*[1937.12.13] **뛰어나온 30만 전승축하 인파와 3만의 일장기 행렬**

남경함락의 전승축하의 대 '데몬스레이션'은 하늘도 새파랗게 맑은 12일 오후 1시를 기하여 다음의 5개소에서 전승을 칭송하는 환희의 태풍권으로부터 뛰어나온 30만을 넘는 학생과 단체의 참가를 보아, 천황폐하만세를 화창한 후 전승 기분에 들뜬 장안 거리거리로 기행렬의 장사진을 느리어 한껏 환희의 폭한을 던지었다. 굽이치는 인산인해, 우에는 울긋불긋한 축 남경함락, 황군만세의 기다란 기치와 손마다에 들린 일장기는 춤추고… 완전히 전승 기분의 폭풍권을 이루고 하늘에는 육군기 2기가 은익도 눈부시게 기치를 나란히 하여 붉고 푸른 삐라의 색종이를 시민 위에 뿌려 **전승을 축하하며, 3만의 장사기 행렬과 뛰어나온 30만 인파, 장안은 전승기분 일색** [1937.12.13]

*매일매일 일본군의 승전 소식이 전해지고, 밤에 자축의 등불이 장안을 누볐다. 남양군도 하나하나 점령하면서 전국의 국민학생들에게 고무공 하나씩 선물이 주어졌다.[박완서]

☞ **월드컵 우승보다 10배 이상의
국민적 열기가 넘쳤다는 게 진실이다.**
남경 함락에 성공하니 한국인들은
전쟁을 다 이긴 줄 알았었고,
우리가 아시아 통일의 공동 주역이라 여기며
다들 들떠서 만세 불렀다. 그랬던 사람들이……

패전 즉시 독립투사와 반일 투사로 돌변…순발력 만점!

우파는 미국 아부파로,
좌파는 소련 아부파, 독립투사, 친일청산파로 돌변…
미국·소련의 적이었던 일본 욕하기 경쟁 시작,

"우린 강제로 끌려 갔을 뿐이야.
우리는 강점당했고, 수탈당했고, 학살당했어. 우린 피해자야.
일본 놈들이 나쁜 놈들이야…!!!"

변신술의 달인들,
세계인이 배워야 할 삶의 지혜,
앗싸 원더풀 대~한민국…!!!

09.피해자 행세하는 침략의 공범, 부도덕한 한국

◉보복 당하지 않은 패전국

'한국사 교과서'는 악당 일제가 우리 젊은이들을 강제로 전쟁터에 끌고 가서 총알받이 시켰다고 가르치는데, 일본인 전사자 230만명과 조선인 전사자 2만1천명이라는 숫자가 그 거짓말을 반증한다.

*내가 처음 본 한국 사람들은 일본 군복을 입고 있었다. 그 때문인지 한국에 대한 나의 첫 인상은 그렇게 좋은 편은 아니었다. 그 한국인들은 일본군이 싱가포르를 점령할 당시 이끌고 온 두 외인부대 중 하나였으며, 다른 외인부대는 타이완인들로 구성 됐었다. 일본군을 돕고 있던 **한국인들은 몹시 거칠게 행동했고, 일본 군인들 만큼이나 고압적인 태도를 보였다.**
제2차 세계대전 이후에 한국 경제가 보인 비약적인 발전상은 나로 하여금 일본군 점령 시대에 갖게 됐던 한국인에 대한 부정적인 인상을 벗어나게 했다. [싱가폴 리콴유 수상의 '내가 걸어온 일류국가의 길' 중]

*전투에 나가는 것이 너무 가슴 벅차 이루 말할 수 없습니다.지금 특공대로 뽑혀 명예스러운 마음을 어떻게 표현할 수가 없습니다. 적군 함대에 돌격하여 그들을 가루내어 보여드리겠습니다. 동포들이여, 한사람, 한사람 모두가 특공대가 되어 이 역사를 지켜주오. 어머니 아버지 용서하세요. 저를 용서해주실 걸 믿고 씩씩하게 나가겠습니다.[조선인 가미가제 특공대 박동훈의 육성 기록]

싱가폴 함락 축하행진(서울.1942)

일본 공군 카미가제 특공대로 지원하여 전쟁 승리를 위해 산화한 조선인 용사가 16명이고, 전범죄로 유죄 판결 받은 조선인도 148명이며, 사형 당한 조선인 전범도 23명이다.

일제말기 일본의 승전보가 들리면 극장에서 영화 보던 조선인들이 일제히 일어나 '대일본제국 만세'를 불렀고, 전국 곳곳에서 일장기 물결이 휘날렸으며, 전국적인 '애국기(전투기) 헌납열풍'이 불어 전 국민이 승전을 위해 죽을 힘 다해 싸우다가 패했다는 게 진실이다.

조선인 장교도 230명으로서 대부분 평민 출신이고, 평민 출신으로 3성 장군까지 오른 이도 있었다. 양반 상놈 하던 신분제 조선에서는 상상 못할 일이었다.

노비 출신이 장교가 되어 일본군을 지휘하고, 판검사가 되어 일본인을 재판하고, '알아야 면장을 하지'라는 말이 생겼듯이, 노비 출신이 면장과 도지사도 하면서 일본인들을 지휘하는 세상이 되니, '우리에게도 이런 좋은 세상이 올 수 있구나' 하면서 뭉쳤던 것이다.

▲위문품 받고 기뻐하는 한구 전선의 조선인 일본군(동아일보)

우리는 한일합방 시대를 '항일독립투쟁의 시대'라 교육 받지만 그건 거짓말이고, 일본과 함께 중국을 침략 했다는 게 진실이며, '보복 당하지 않은 패전국', '패전하고서도 도움 받은 나라'라는 게 진실이다.

한국은 아시아에서 전쟁 피해가 가장 적은 나라다. 일본은 패망 1년 전까지도 조선인을 징집하지 않고 지원병만 받았기 때문이다.

최전방에는 일본인들을 위주로 보내고, 조선인들은 대부분 후방으로 보냈으며, 종전 1년 전부터 조선인을 징집 했지만, 대다수가 훈련소에서 훈련 받는 중에 전쟁이 끝났다.

⊙미국에게 원폭 공격을 당할 수도 있었던 나라

만약 일본이 항복하지 않았다면, 3차 4차 핵투하 장소는 한반도가 될 가능성도 있었다. 그런 결정적인 대폭격은 항복 강요용이므로, 보통 수도를 제외한 문화유산이 적은 외곽지의 거점을 택하는데, 요충지인 한반도가 그 대상에서 제외라고 보기는 어렵기 때문이다.

어쨌든 운 좋게 핵무기 공격도 피했고, 침략만 했을 뿐, 공격 받은 적도 없다.
(자기들 끼리 싸운 6.25빼고)
도시 폭격조차 받지 않고, 미국에게 공격은 커녕 도움만 받았지만, 앞뒤 상황조차 분별 못하는 국민이 되어서는 안되는 것이다.

▲당시의 한국인들이 '우리나라 땅' 이라 부르던영역

한국은 피해자 행세 하면서 사과 요구할 입장이 아니라, 함께 침략했던 침략의 공범으로서, 피침략국에 일본과 함께 사죄할 입장이다. 한국은 침략의 공범인 '아시아의 오스트리아'였다.

그 당시의 한국인들은 자신을 '일본인'으로, '우리나라'=일본'이라고 알던 사람들이며, 위 지도는 당시의 한국인들이 '우리 나라 땅'이라고 여기던 영토다.

자기 나라 땅 넓어지는 것을 싫어할 사람은 세상에 없다.

우리는 남이 한건 침략이고 자기가 한건 진출이라 부르는데, 당시의 한국인들에게는 우리 나라의 대륙 진출이었고, 아시아 통일전쟁이었다.

광개토대왕이 요동과 대륙으로 진출한 것처럼 당시의 국민들은 우리의 대륙 진출로 '우리 영토'가 넓어진다며 다들 반겼던 것이다.

서양의 침략에 대한 아시아 수호와, **아시아 통일의 주역이 우리라는**

사실에 흥분했고, 대륙의 대부분이 '우리나라 땅'이 되고 대륙 통일이 가까워진 것에 모두가 열광했다.

한국인들은 일본과 함께 중국과 아시아 곳곳으로 뻗어 나갔고, 방송에서도 계속 승전보만 보도하니, '우리나라'가 대륙을 통일하길 원했고, 수도까지 점령했으니 당연히 대륙 통일을 할거라 믿었다.

그 때문에, 거의 전 국민이 열렬히 전쟁에 동참하며 함께 싸웠지만, 난데 없이 갑자기 원폭 맞고 패전 했다는 게 진실이다.

◉일본군을 등에 업고 대륙에서 못된 짓들만 골라서 하던 조선인들

조선인들은 국군(일본군) 점령지마다 다니면서 강대국 국민 신분에, 치외법권을 누리며 온갖 못된 짓들을 했다.

조선인 약 7만 명이 국군 점령지를 따라 다니며 중국인에게는 마약, 아편 등을 팔고, 국군 상대로는 위안부를 데리고 다니면서 위안소를 차려 떼돈을 벌었다.(위안부사기극은 뒤에서)

1940년 3월1일 '삼천리'의 기사는 총독부 출장소 사무관 임학수라는 사람이 북중국의 약 4만명에 달하는 조선인들이 태반이 아편 밀매와 유곽업 등에 종사하고 중국인들을 상대로 온갖 못된 짓들을 하여, 중국인들이 조선인에게 원한을 가지게 만들고 있다고 개탄하고 있다.

*"북지의 조선인은 대단히 평판이 나쁘다. 물론 예외도 있지만. 원인이 둘인데, 1은 모히, 코카인을 밀매하는 것. 2는 선량한 중국인에게 사기, 공갈 등 불량한 행위를 하는 것이다. 북지 거주민이 약 4만명인데 대개는 만주에 있다가 들어온 사람들로 9할

5분은 표면상 잡화점 등의 간판을 걸고 있으나, 실제는 태반이 밀매자다…이번 성전(聖戰.중일전쟁)의 목적하는 바는 인도적으로 그들을 지도하자는 것이요, '모히'를 팔아 자멸케 하는 것은 아니다. 그러니 단속 대상은 조선인이 된다.…그러나 이보다도 곤란한 것은 (일본군)세력을 믿고 불량한 행위를 하는 것이다.…

어떤 사람들은…세력을 빌어 가옥을 얻고 세전(貰錢)을 아니 내거나 미곡을 징발하는 수가 종종 있다. 그러므로 이러한 일들이 북지(北支.화북)에 있어서의 조선인의 발전에 큰 장해를 일으키고 있고, 또 중국인은 조선인에게 원한을 가지게 된다.'

사변 전부터 북지에 들어와 착실한 직업으로 상당히 성공한 이도 있었다. 그러나 사변 직후 일확 천금을 꿈꾸고 물밀듯 밀려든 그들은 기존의 사람들과는 달리 세상을 꾀와 속임수로 살아가려는 사람들이다.…

왜 우리는 우리 전체에게 욕되는 일을 감히 한다는 말인가? 자본 없고 취직 못하고 먹을 것이 없어 그 길로 나서는 건 동정할 여지도 있다. 그러나 대륙 진출의 뜻을 둔 후진에게 아니 여러 가지 의미로 너무나 영향이 큰 문제다. 그러면 어떻게 해야 명예를 만회할까? 자기의 힘으로 정당한 일을 개척하여야 할 것이다. 매일 북지로 북지로 밀려드는 그 많은 사람들을 일일이 관헌이 지도하고 생계를 세워줄 수는 도저히 없는 일이다. 다행히 당국에서 장차 농장을 베풀고 자본까지 융통하여 준다 하니, 부디.…신성한 개척자가 많이 나기를 축원한다."

▲평민 출신 육군중장 홍사덕 장군   ▲신사참배 하는 영친왕(좌,육군중장)과 형제들

용감한 독립군들이 '광야에서 말 달리며' 악당 일본군을 상대로 '독립투쟁'을 했다고 배웠는데, 오히려 강대국 국민 신분을 악용하여 중국인들에게 학대와 원한 살 짓들을 하고 있었던 것이다.

◉보복 당하지 않은 패전국 한국의 잊혀진 영웅들

조선의 황태자였던 이왕(이은)은 패전 후 일본 육군 중장으로 예편 했고, 조선인 일반인 중 최고위로 진급한 사람은 홍사덕 중장이다. 평민 출신의 3성장군이었던 그는 전범으로 몰려 처형 되었다.

그는 피신해서 살아날 기회가 있었음에도 불구하고, 자신이 도피하면 남아 있는 다른 조선인들이 불리해진다며 현실을 담담하게 받아들였다.

독립 후 이승만이 장개석(일본 육사 출신)을 만났을 때 지휘관 부족 문제를 말하자, 한국에 김석원이라는 군인이 있잖소? 라고 할 정도로 한중일에 알려진 인물이 있었다. 바로 김석원 장군이다.

1931년 만주사변 때 78연대 기관총대장으로 출정하여 마점산군을 격파하는 전과를 크게 올리면서 알려지기 시작했다.(그 때 7백원의 포상금을 받았는데, 이는 후에 원석학원 설립의 종자돈이 되었다.)

그 후 중일전쟁 때 사단의 최전위 부대로 나서 남원 전투를 승리로 이끌고, 동원 전투에서도 큰 승리를 거둔다.

그리고 진격을 거듭하여 1937년 7월, 1개 대대 병력으로 사단 부대를 완전 격퇴하는 등 많은 전공을 세웠고, 전쟁 영웅으로 떠오르고 그의 이름만 들리면 적이 도망가는 지경에 이른다. 이런 전공들은 종군 아사히신문 기자에 의해 김석원 부대의 남원전투 5시간 이라는 제목으로 보도되기도 했는데, 패전으로 인해 묻히게 된 이런 전쟁 영웅들이 많다.

그들 조선인 지휘관들은 모두 일본인 부하들을 이끌고 있었다.

▲김석원 장군의 귀환을 알리는 기사

◉한국사 교과서의 대표적인 거짓말, 독립투쟁 거짓말

광복군이 일본군에게 총 한발도 쏴보지 못한 이유는 무엇일까?

339명 미만의 광복군은 수백만 일본군과 싸워볼 만한 병력도 아니지만, 설령 100만 대군이라 쳐도, 우리 청년들 80만 명이 지원병에 나설 정도로 민심이 결집된 상태였고,

한국인 대다수가 자기 나라를 위해 열성적으로 전쟁에 참가하고 있었는데, 동족에게 총을 쏜다는 것은 있을 수 없었던 것이다.

지금은 한집 건너 하나 꼴로 독립투사 후손인 웃기는 시대지만, **당시에는 독립투쟁 운운했다간 배신자로 몰려 맞아 죽을 분위기였다.** "나라에 전쟁이 터져서 다들 뭉쳐 싸우는데, 이런 XXX" 하면서…

독립영웅 행세하는 김일성의 전과는 '보천보전투'로서, 민간인·경찰·어린아이 등 6명을 죽이고 털고 도망쳤던 보천보 무장강도 사건을 부풀린 것이고, 남한은 그런 사건마저 없어서 상해 임시정부 광복군 총 339명마저도 국민당 정부의 지원을 받기 위해 인원을 부풀렸다는 내부 폭로까지 있는 숫자이며, 임시정부 광복군은 일본군에게 총 한 발도 쏴본 적도 없다.

자기들도 일본군과 싸운 적 없고, 독립전쟁이라는 게 있지도 않으니, 민간인 약탈의 도적떼가 들끓던 만주에서 누구와 싸웠는지마저 불분명한 사람들을 독립투사라며 확인 곤란한 영웅들을 만든 것이며, 그래서 한국은 가짜 독립군 논란이 끊이지 않는다.

당시 만주는 너무 넓어서 일본 경찰만으로는 다 통제가 안되니 도적 떼들의 민간인 약탈 범죄와 살인이 들끓는 무법천지가 많았다.

수백 명의 광복군도 일본군과 싸워보지 못했는데, 도적들이 들끓던 만주의 일본 경찰만 있던 곳에서 독립투사들이 누구를 상대로 독립투쟁 했다는 것인지, 그들은 뭘로 먹고 살았는지도 의문이다.

독립 후에는 도적 짓 한 사람들은 전혀 없고, 다들 독립투쟁 했다는 시대가 되어버렸는데, 일본군과 열심히 싸웠다면서 승리한 전투도 없고, 패배한 전투도 없는 이상한 독립투쟁…

전사자도 부상자도 안보이는 이상한 독립투쟁….

'6.25전쟁 상이용사'와 '월남전 상이용사'라는 말은 있지만, 일본군과 싸우다가 죽거나 다친 '독립투쟁 상이용사'가 없는 이유는 무엇일까?

앞서 밝혔듯이, 조선 말기의 평균수명은 23.5세이고 일제 말에 45세까지 급증했는데, 당시 50살은 거의 늙어 죽을 나이였고,

일본 통치 40년은 10살짜리 아이가 늙어 죽을 때까지의 세월이다.

또 조선 말까지도 '민족'이라는 단어조차 없었고, 양반과 상놈, 지배층과 피지배층만 있었다.

'민족'이라는 단어는 사실상 3.1운동 때 쓰이기 시작한 단어인데, 독립 후의 남북한 집권 세력이 권력을 위해 그 단어를 악용했다.

봉건왕조가 권력을 잃었고, 양국이 평화적인 통일을 이룬 거라고 말하면 자기들이 영웅 될 구실이 생기지 않으니, '민족' 개념을 만들어서 '우리민족'이 나라 빼앗겼다고 지어낸 것이다.

다시 말해서 한일합방 시대의 한국인은, '따로 살자'라고 생각할 수는 있어도 '우리 민족이 나라 빼앗겼다'라는 의식을 가진 사람들이 아니었다. **'우리 민족이 나라 빼앗겼다'라는 개념은 독립 후의 남북한 집권파가 권력과 통치를 위해, 교과서권력을 동원하여 국민들에게 주입시킨 개념일 뿐이다.**

교과서에 적어서 가르치기만 하면 국민들은 믿게 되어 있으니까... 만약 한일합방 시대가 이어져 왔다면, 한국인과 일본인은 '한일민족' 이건 뭐건 불리게 되는 것일 뿐이고, 민족이라는 것은 존재하지도 않는 상상 속의 공동체일 뿐이다.

당시의 국민들은 자신이 태어난 나라도 일본이고, 자라난 나라도 일본이며, 국적도 일본인이고, 일본식 교육을 받았다.

당시 국민들의 '우리나라'는 일본이었고, '나라사랑'은 일본사랑이었다.

▲조선인 카미가제 탁경현

분단 남북한이라는 '미래의 나라'는 존재하지도 않았고, 조선왕조라는 수십년 전에 망해버린 왕조도 아무도 기억하지 못했다. **우리가 우리들이 태어나고 자란 대한민국을 '우리나라'라고 여기듯이, 그 당시의 사람들은 일본인으로 태어나서 살았던 일본인인 것이다.**

고려 백성이 조선 백성으로 바뀐다고 해서 나라 빼앗긴 게 아니듯이, 한일합방 시대의 국민들에게도 그들의 나라는 일본이었던 것이다.

그들은 자기 나라에 전쟁이 터지니까 자기 나라를 위해 싸웠던 것이다. 자기가 태어나고 자라난 자기 나라에 애국하던 사람들이, '우리 민족이 나라를 빼앗겼다'라면서, 자기 나라 국군 젊은이들을 쏴 죽이는 '무장독립투쟁' 열심히 했다는 소리는 애시당초 말도 되지 않는다.

젊은이들이 카미가제에 지원하여 산화하고, 전 국민이 모금 운동을 하고, 전쟁채 매집에 나서고 있는데, 자기 동족에게 총부리를 겨누는

▲1937.11.10 태원성 함락축하 기행렬

무장 독립투쟁 했다고? 거짓말도 정도껏 해야 하는 것이다.
한국은 피해자가 아니라 침략자다.
단지 보복 당하지 않고 도움을 받았기에 자신을 승전국이라 착각하는...
점령군에 아부하며 피해자 행세로 돌변한 약삭빠른 침략의 공범...

자기들이 침략 했는지 당했는지조차 분별 못하는 눈 뜬 장님들의 나라, 거짓의 나라, 국민을 바보 만들어서 세뇌교육 시키는 나라...
비통하지만 이것이 역사 정치 사기꾼들의 노예가 된 오늘의 한국이며, 국민이 분열된 이유이고, 통일을 못하는 근본 이유다.
과거의 기억을 모조리 삭제 당하고, 가짜 기억을 주입 당한 국민들, 누가 적인지조차 분별하지 못하는 국민이 어떻게 통일을 이루는가?

10.숨겨진 진실, 한국이 발전한 또 하나의 이유

⊙선구자의 원전 '용정의 노래'

'일송정 푸른 솔은~'이라는 가사로 우리 국민 누구나 아는 '선구자' 노래는, 원래 만주 벌판에서 일본과 함께 터를 닦는 '친일파 선구자'를 기리는 노래다.

오색기 너울너울 락토만주 꿈꾼다 백방의 전사들이 너도나도 모였네.♬
우리는 이나라의 복을 받은 백성들 희망이 넘치누나 넓은땅에 살으리.♪
끝없는 지평선에 오곡금파 금실렁 노래가 들리누나 아리랑도 흥겨워.♬
우리는 이나라에 터를 닦는 선구자 한천년 세월후에 천야만야 빛나리.♪

대륙의 곳곳을 개척해서 잘 살자는 노래다. 여기서 오색기란 1등·2등 국민인 일본 조선과 3등국민인 만주·한족·몽골 이렇게 합친 5족을 말하는 것이다.

⊙한국이 발전한 또 하나의 이유는 대륙 침략에 편승했기 때문

한국인들은 일제시대의 초비약적 발전 사실조차 모르지만, 알더라도 이유를 모르는데, 이는 세계사를 연계해야 알 수 있다.

첫째, 유럽 전쟁의 영향과 만주사변 및 중일전쟁의 특수로 인한 것이다. 1차 세계대전에서 일본이 승전국이 되면서 얻어낸 과실과 일본 경제의 급성장이 한반도에 상당한 투자로 이어졌고, 그 이후 벌어진 중일전쟁이 결정적인 계기라는 것이다. 옆집 사람이 부자가 되어서 사업을 확장하니 덩달아 이득을 본 셈이다.

▲흥남 공업도시

중일전쟁 발발 후 1938년에 조선은 전쟁 특수로 미증유의 호황을 맞는다. 경성방직은 50만 원의 국방헌금을 내고도 전 사원에게 연말 상여금을 100%나 주었고, 대동광업은 30%, 화신은 20%, 동일은행 20%, 동아증권 20%, 총독부와 기타 관공서까지도 15%의 연말 상여금을 주었다. 일자리 없어서 굶어 죽던 나라가 상여금을 팍팍 받는 세상이 된 것이다.

약진 흥남의 전모, 10년 전의 어촌이 동양 제일의 공업도시로
[동아일보 1937.12.22]

☞동양 제일의 공업국가였던 북한을 김씨 왕조가 말아먹었다.
고대 노예제 국가에서 일약 세계 수준의 중진국으로 비약했던 북한을 김씨 왕조가 막장 조선으로 되돌려버렸다.
그리고 자기 집안의 권력을 위해 인민 300만 명을 굶겨 죽였다.

*조선무역 15억 예상, 금년 무역액은…미증유의 대기록을 예상하고 있다. 이는 만주사변 당시(소화 6)에 비해 약3배의 약진이다.[동아일보 1937.12.10]

*조선미의 만주진출 전년의 13배 [동아일보 1933-05-05]

*무한 조선인의 생활은 대개 부유하며 일지사변(중일전쟁)으로 인해 막대한 물질을 적립하고 있다. 직업은 무역,여관…위안소업 등이다…위안소의 위안부 1인의 매일 수입금이 5,60원 이상이다."[1941년 5월1일 '삼천리'기사]

☞위안부의 수입이 엄청나다고 말하고 있다. (위안부 사기극은 뒤에서…) 대륙 침략이 가져다준 전무후무한 호황 때문에 조선인들은 일본이라는 강자에의 편승을 통해 강자의 동등한 일원이 되겠다며 나선 것이다.

한국은 대륙 침략에 적극 동조해서 실컷 얻어먹고, 꿩먹고 알먹은 나라다. 500년간 중국에 피 빨리며 끝없는 추락과 함께 6천만 명이 굶어 죽은 나라가, 그간 꾸준히 발전해 온 일본과 대륙과의 중간에 위치한 탓에, 일본의 침략에 동조하며 실컷 얻어먹고, 자기 땅에다 온갖 시설들을 짓게 만든 후 그것을 모두 빼앗아 먹은 꼴이다.

본의는 아니었지만…

한국사 교과서는 한일합방 시대를 항일 독립투쟁의 시대라고 가르치는데, 만약 한국인들이 친일적이지 않고 독립투쟁 하는 분위기였다면, 일본이 바보가 아니고서는 한반도에다 대규모 투자를 절대 안 하게 되어 있다.

우리가 소말리아를 합병했다 치고, 소말리아인들이 반한독립투쟁 분위기였다면, 우리가 미치지 않고서야 그 곳에다 대규모 투자를 할까? 한국인들이 워낙 친일적이었고, 대륙 침략에 열렬히 동조했기 때문에 일본이 대륙침략 관련 대규모 시설들을 한국에 계속 투자했던 것이다.

대규모 투자 사실 하나만으로도 속아 왔음을 분별할 수 있어야 하는데, 한국인의 대다수는 그런 분별을 전혀 할줄 모른다.
국민 바보 만들기 주입식 교육 때문이다.
한국에서는 의심할 줄 알 필요가 없다.
가르쳐 주는 대로 달달 외우고 시험 성적 잘 받아서 좋은 대학만 가면 되지 의심 따위가 무슨 필요?

일본의 패전 후 자기끼리 싸우는 6.25 전쟁으로 또다시 박살 났지만, 과거 일본이 만들어 놓은 물질적 정신적 터전과 일본이 길러 놓은 인재와 교육 탓에 6.25의 폐허 속에서도 다시 일어설 수 있었다. 이런 상황이라면, 일본의 대륙 침략에 편승해서 덕 좀 봤다고 떠벌일 순 없지만, 적어도 강점이니 수탈이니 하는 사기는 치지 말아야 하지 않겠는가? 뒷골목 양아치도 이런 짓은 하지 않는다.

⊙ 침략자에 대한 아름다운 면죄부

상황이 이러한데 중국이 자신들을 침략했던 조선인들에 대한 감정이 없다? 그건 말이 되지 않지만, 중국은 한국이 중국을 침략하지 않았다고 주장한다.
친일파가 나쁘지 한국은 중국의 절대적 우국이라고 말한다.

한국을 대하는 표정만 아름다울 뿐 현실적인 주적으로 대하는 중국.
만약 한국이 중국을 침략했었다고 말해버리면, 정신 차린 한국은 미국·일본에 찰싹 붙어 버릴 것이고, 중국으로서는 한국인들이 일본과 하나였을 때 자기들이 가장 강성했었음을 깨달아버리면 다시 일본과 하나 되어버리는 최악의 상황도 고려해야 한다.
또 '덩치 큰 거인이 쬐그만 초딩에게 얻어터져서 눈탱이 밤탱이 되었어'라고 말하기가 **창피**한 것이다.
그러니 중국은 한국에 전략적 면죄부를 주는 수 밖에 없다.
그래서 한국인은 중국을 침략한 것이 아니라 독립군을 토벌한 것으로 바꿔 놓는다.
결론적으로 중국은 한국인의 침략을 받은 적이 없었던 걸로...
너무 쉽게 속는 사람들이 많음을 아니까....
그래서 중국은 한국과 손잡고 일본과 싸운 것처럼, 우호적인 척 한다.

"니네는 절대로 우릴 침략 안했어, 우리는 광복군고ㅏ 혈맹이었어"
"너희는 잘못 없어, 니네들 중의 나쁜 친일파가 그랬을 뿐이야"
"우리의 적은 일본고ㅏ 미국이지 한국이 아니야." 이렇게···

반만 년간 종노릇만 하면서 굶어죽던 나라가 이웃들에게 공짜 도움 받아 굶어죽음에서 해방되고, 심지어 같이 침략 해서 못된 짓들을 저질러 놓고서도 보복 당한 것은 거의 없고, 오히려 여기저기서 도움만 받았다. 그러니 국민들은 자신의 과거도 모르고 누가 적이고 누가 우군인지도 분별 못한다.
그러나 한국이 주적(主敵)이란건 북조선과 중국의 기본이다.

중국을 침략한 한국인이 수십만 명인데, '한국인은 독립군을 토벌 했을 뿐'이라고 한다.
한국인의 총알은 독립군만 찾아가나? 독립군이 있기는 했고? 조선인들의 99.9%는 자신을 일본인이라고 믿는 일본인 내지는 친일파였고, 0.1%가 친중파·친미파 였는데, 광복군은 그 0.1%에 속한다고 보면 정확할 것이다.

*김구가 말했다 : "사실상 한국에 있는 모든 사람은 (일제) 협력자다…모두 감방에 쳐넣어야 한다"(Kim Koo said : "Practically everyone in Korea is a collaborator. They all ought to be in jail) [1948년 마크 게인의 <일본일기(Japan Diary)>433p]

⊙거짓의 나라, 코미디의 나라, 웃어야 하나 울어야 하나?
일본·한국과 싸웠던 미국은 일본·한국을 다 포용했다. 그런데 함께 침략에 가담해서 온갖 못된 짓들을 자행했던 한국은 "일본을 절대 용서못해" 이러면서 줄기차게 고성방가를 지르고 있다. 너무 웃겨서 '언제까지 저러나' 하며 구경하다가 늙어 죽은 사람 많을 것이다.
도둑질도 같이 하고 망도 봐 놓고서, 옛 동지에게 다 뒤집어 씌워서 거짓말 교육 하는 나라를 '인간들의 나라'라고 할 수 있을까?

Where is our conscience? oh my god !!!

⊙양심을 챙길 것인가, 계속 쓰레기통에 내버려 둘 것인가.
패전하고 나니 침략전쟁에서 같이 싸웠던 옛 동지 일본에 다 뒤집어씌우고 피해자 행세를 하는게 얼굴 두꺼운 한국이다.
일본의 과오는 일본 지식인들이 반성하고 있다.

한국의 과오도 일본 지식인들이 대신 반성해 주어야 하는 모양이다. 한국이 해야 할 사과도 대신 해주고...

한국에 양심이라는 게 남아 있다면 이제 한국이 판단할 시점이다. 거짓말에도 한계가 있는 법인데, 지금껏 계속 거짓말을 해 왔으니, 체면상 뒤집기도 그렇고 해서 터지기 전까지 '묻지마 고'할 것인지, 이제라도 솔직히 잘못을 인정하고 진심으로 반성하고 인간 답게 살 것인지를... 쓰레기통 속의 양심을 이제라도 챙길지 계속 처박을지 선택할 시점이다.

⦿ 설령 침략을 당했었다고 쳐도...

설령 우리가 침략을 당했다손 쳐도 과거에 매몰되어 국익을 희생하는 게 옳을까?

세상에 침략의 역사가 없는 나라는 없고, 중요한 것은 미래다.

일본은 과거 군국주의 일본이 아니라 아시아에서 가장 발달한 민주주의 국가이며 무엇보다 자유민주주의와 시장경제를 공유하는 우리의 소중한 우방국이며, 양국 모두 미국의 동맹국으로 한미일의 협력 강화는 매우 중요한 과제다.

최근 북한 김정은 집단의 도발이나 중국의 협박등을 보면 그 어느 때보다도 긴밀한 협조체계가 중요한 시국이다.

북한과 중국은 툭하면 우리를 협박 하지만, 일본은 지난 수십년간 우리를 도와서 오늘의 한국을 만들어 주었다.

이런 소중한 협력국과의 우호 협력관계를 강화하고, 한미일 3각협력을 강화하는 것이 우리의 국익인데도 불구하고 우리는 너무 몰상식한 행동들을 하고 있다.

일본의 혐한 감정도 "더러워서 못해먹겠다"는 거 아닌가?

니네들 정말 해도해도 너무한다 이거 아닌가?

당신이라면 "우리 물건 니들한텐 안팔어." 라고 안하겠는가?

'좌파 역사 사기꾼'들이여, 명예가 목숨처럼 중요한 것에 동의 하는가?

이제 필자가 제안을 하겠다.

일본으로부터 엄청난 배상금을 받고 악수한 것은 과거사의 불행한 일들은 모두 잊고 서로 좋은 사이로 잘 지내자는 뜻이었음이 기본 상식이다. 그런데 우리는 돈은 돈대로 받고 계속 일본의 뒤통수를 쳐 왔다. 때문에 받은 돈만 돌려줘 버리면 '돈받고 나서 배신 때린 양아치'의 불명예에서 벗어날 수 있다.

또 앞으로는 홀가분하게 일본을 욕해도 누가 뭐라 하지도 않을 것이다. 그러니 과거 일본에게 지원 받은 돈과 기술을 현 시가에 맞게, 그 돈의 이자와 그 돈을 통해 벌어들인 돈을 돌려주자는 양심 운동을 해 보라. 아마 전국 총 집값의 절반 남짓만 돌려주면 될 거 같다. 일본에게 받은 우주학적 지원금을 돌려주자는 운동을 해 보실 '수구 좌파님' 없는가?

바보가 바보에서 벗어나는 유일한 길은 자신이 바보임을 깨닫는 것이다. 간첩단과 좌파 사기꾼들이 아무리 교과서 조작, 미디어 장난을 쳤다고 해도, 도대체 어떻게 수천만의 국민들이 이 지경이 되어버릴 수 있는가?

⊙ 정치인이 문제가 아니라 국민이 문제다.

우리 역사에서 중국을 우습게 여겨볼 수 있던 시대는 2번 있었다. 바로 일제 시대와 박정희 시대인데, 둘 다 우리 능력이 아니었다. 수천 년간 중국에 조공 바치고, 처녀공녀 바치면서, 피 빨리다가, 일본을 등에 업고 대륙 침략의 공범이 되어, "뙤x들도 별거 아니었잖아? 우리는 2등국민, 만주국은 3등국민, 중국인은 미개인" 이러면서 대륙에서 온갖 못된 짓들을 하다가, 일본이 패전하니 언제 그랬냐는 듯이 돌아서서 일본의 뒤통수를 때리고서,

"미국형님, 소련형님, 우리는 일본편 아님. 형님들 편임. 딸랑딸랑" 이러면서 엄청 받아 먹었다.

독립 직후에 그러는 건 이해된다. 점령군이 패전국 국민들을 다 죽이건, 막대한 배상금을 때리건, 모두 점령군 맘대로니까.

하지만 적어도 지금 정도라면 정신 차릴 만도 하지 않은가?

이게 대체 뭔 꼴인가? 지금도 상황 분별 못하고 친일파니 토착왜구니 떠드는 멍청이들을 도대체 언제까지 봐 주어야 하는가? 자기들이 침략 했는지 당했는지조차 분별 못하고, 누구의 편에 서서 누구랑 싸웠는지마저 분별 못하는 눈뜬 장님들이 대체 무얼 할수 있을까?

설령 일본이 과거의 원수였어도, **강도 떼가 몰려오는데 증조부 때 적이었던 이웃집 후손들만 계속 욕하는 게 정상인인가?**

또 내 가족을 죽이고 내 목숨 노리는 인질강도를 민족이라고 떠받들면 되겠는가?

▲조선 말의 서울 중심가 전경

미국도 언제까지 우방이 되어줄지 확신할 수 없는 나라다.
미국 시장만 닫아버려도 부도 나는 게 우리이고, 일본과 거래만 끊겨도 버티기 힘든 사람들이 반미·반일을 진보라 선동하고 어리석은 국민들은 열광한다.
그러니 미국도 기가 찰 것이고, 떠날 날을 계산하고 있을지도 모른다.
그리 되면 우리는 중국의 마수에서 홀로서기 할 수 있을까?
이솝우화에 박쥐 이야기가 나온다.
박쥐가 이리 붙었다 저리 붙었다 하다가 평화 시대가 되어 모두에게 버림 받는다는 이야기인데, 한국에게 딱 맞는 이야기다.
이건 완전 박쥐 나라다. 문제는 똑똑해서 요리조리 잘 빠지는 박쥐가 아니라, 상황 분별을 전혀 못하는 '어리석은 박쥐'라는 점이다.
미국이 없었다면 한국은 진작에 손 봤을 나라라고 대놓고 떠드는 나라가 중국이다.

▲1930년대의 서울

좌파식 반미 반일로 미국도 일본도 적으로 만들고서, 구실 하나 붙여서 서해안 인근에 항모전단을 끌고 와서 구실을 붙여서 우리 군부대 하나를 초토화 시키고서 "꿇어"라고 요구하면 뭘로 막을건데? 제주도를 점령하면 뭘로 싸울건데?

또다시 조공·처녀 바치려고? 옛날처럼 탈탈 털려서 굶어 죽으려고? **"토착왜구" 떠드는 무개념 좌파여, 그대들 뇌가 있긴 한가?**

자신들의 생명줄인 두 우방을 욕하는 것을 진보라 착각하는 분별력 낮은 진성빠보들로 넘치고, '진보' 간판의 종북·친중파 세력이 갖은 수단으로 한일 이간질을 시키고, 이에 속아 자기들이 무슨 짓을 하는지조차 모르는 용감한 진성빠보들이 많으니,

우리는 대륙의 공산 독재 세력에게 티벳·신장·위구르 같은 꼴이 되는 것을 피하기가 점점 어려워져가고 있다.

▲조선 말의 서울 중심가 전경

진보간판 진영의 상당 수는 정신적으로 거의 어린아이 상태다.
'우리는 정의의 용사이고, 쟤들은 우주 악당이야'.라고 믿게 만드는
초딩틱한 정의감만 유발시키면, 열성적인 바보가 되는 것이다.
용감무쌍하게 촛불도 잘 들지만 순진하게 속는다는 게 문제다.
자신이 무슨 짓을 하는지를 깨닫지 못하고
세뇌당한 용감한 바보들로 넘치는 나라.
수구좌파여, 대체 언제쯤 자신의 처지를 자각 하려는가?

한국은 계속 받아 먹기만 하며 살았으니 원래 공짜로 다 주는 줄 안다.
그러나 세상은 공짜만 먹으면서 살 수 있는 곳이 아니다.
그런 마인드면 우방이건 친구건 다 떨어져 나간다.
개인 간이건 국가 간이건 똑같다.
우방들이 우리를 도와 준 이유가 뭔지, 우리와 우방들의 이익의

▲조선호텔 내부(사진은 조선호텔에서 커피 마시는 무용가 최승희씨, 훗날 북한으로 가서 죽임 당했다)

교집합이 뭔지 정도는 생각할 줄 알아야 한다.
국민은 잘났는데 정치인만 문제라면 해결은 쉽다.
정치인만 바꾸면 되니까...
그러나 국민이 문제라면 답이 없는데, 한국은 후자다.

옛날에는 고속도로 반대하며 드러눕는 것을 진보라 착각하고, 반미 반일을 진보라 착각할 때, 지도자가 그 어리석은 민주화 투사들을 강제로 끌고 가기라도 했지만, 이제는 그런 시대도 아니다.
선진 우방인 미국·일본도 다른 거라면 도와줄 수 있지만, 국민이 정신적으로 어린아이 상태인 것까지야 어쩔 도리가 없을 것이다.
정치인이 어리석은 것은 국민 탓이며,
사기꾼이 득세하는 것도 사기 당하는 국민이 있기 때문이다.
국민이 정신 차려야 되는 것이다.

11. 참 허접한 역사조작 난징대학살 사기극

⊙가짜 역사 사기극의 기본적인 원리에 대하여...

세상에서 제일 나쁜 놈은 누굴까? 살인강도? 연쇄살인마?
앞서 말했는데...바로 '전쟁에 진 놈'이다.
패전국 중 잔혹한 학살자 안되는 나라는 없다. 승자가 수천만 명 죽인 사건은 아무도 욕하지 않고 패자가 수백 명 죽인 사건은 수십만~수백만명으로 부풀리는 게 승자가 쓰는 '멋대로 역사'다.
세상 어디건 간에 수요가 있으면 공급이 있게 마련이고, 꼭 필요한데도 공급이 없으면, 가짜 상품이나 사기꾼도 생겨난다. 그런데, 일본 악당만들기 가짜 국사는 절대적 수요자가 있는 상품이다.
북한·중국 정권과 남한 내 좌파 진영이 그 가짜 역사를 원하는 수요자이며, 그들이 맘만 먹으면 얼마든지 만들어낼 수 있다.

예를 들어 증언 등을 조작해서 학살이니 군함도니 강제 징용이니 하는 저술을 만드는 것 쯤은 쉽고, 이를 토대로 영화까지 만들면 간단하게 자가발전식 가짜 역사를 만들어 대중을 속일 수 있다.
이미 정치권과 언론,방송,학계 등의 곳곳에 간첩단 세력이 포진해 있을테니 그들과 연계하면 가짜역사 제작 쯤은 일도 아니다.
북한+중국+남한 내 좌파...이 거대한 세력이 못할 일이 뭐가 있겠는가? 누군가가 먹여주는 국사만 받아 먹어서는 안되고 의심할 줄 아는 국민이 되어야 하는 이유가 그것이다.
강점, 수탈, 학살, 위안부, 강제징용 등의 모든 사기극들은 그 거대한 배후 세력을 빼고서는 이해 될 수 없다.

⊙너무 허접한 역사 조작 난징대학살 사기극

'난징대학살설'은 중국계 미국인 아이리스 장에 의해 주장되어, 60년 만에 세상에 공개되면서 세상이 떠들썩해진 사건이다.

난징(남경)을 점령한 일본군이 12월 12일부터 1~2개월 간 난징 시민 60만명 중 50%인 30만 명을 죽였다는 게 난징대학살설이다.

인터넷 자료를 보자.

"1937년 12월 13일 일본군은 국민당 정부 수도였던 중국 난징을 점령한 뒤 대학살극을 벌였다.

모두 죽이고 불태우면서, 난징을 인간 도살장으로 만들었다. 일본군 두 명의 소위가 목 빨리 베기 시합을 해 각각 106명과 105명을 참수했다는 신문 기사도 있다.

그들은 임산부의 배를 가르는 등 6주 동안 난징시민 30만명을 학살했고, 강간 피해여성도 2만~8만명에 달하는 것으로 중국 정부는 추산한다. 하지만 일본 정부는 난징대학살을 인정하거나 사과하지 않고 있다."

☞ 당시 난징의 인구가 약 60만 명인데, '난징대학살설'은 수도 인구의 절반인 30만 명을 대학살 했다는 것이다.

수도는 전 세계의 모든 외교관, 상인, 여행객들로 붐비는 곳이며, 수도 인구 중 절반을 죽였는데도, 60년 후에야 드러났다는 것이다.

그런데....

일장기를 두르고 있는 중국인들

위 사진은 일장기를 팔에 두르고 있는 중국인들이다.

끔찍한 학살을 당했다면 저들이 저럴 수 있을까?

무법천지의 대륙에 일본이 질서를 잡아서 살만하게 되니 저러는 것이다. 반복하지만 민족이란 건 없고 좋은 체제냐 나쁜 체제냐, 좋은 지배층이냐 못된 지배층이냐만 있다.

◆ **일본군의 남경(난징) 점령 전후의 국내 언론 보도들** [동아일보]

★[동아일보 1937-09-02] 수원,전주,奉化,보은,지나인(중국인) 국방금 헌금
★[동아일보 1937-09-04] 양산,포천,남지, 지나인 국방헌금을 헌납, 기생들도 쟁선(爭先)헌금
★[동아일보 1937-09-10] **谷山,延安,鎭興,新義州,지나인(중국인)의 국방헌금**
★[동아일보 1937-11-12] 경기 좋은 북지나(북중국)에 취업자 陸續진출(인천)
★[동아일보 1937-12-12] **남경 함락**
★[동아일보 1937-12-12] 남경함락축하, 주간은 기행렬 야간은 제등행렬
★[동아일보 1937-12-13] 각지 남경함락 축하
★[동아일보 1937-12-15] 경성상의에서 남경함락 축전

일본군과 함께 놀고 있는 중국인 아이들

★[동아일보 1937-12-16] 시내 질서 회복(남경)

★[동아일보 1937-12-16] **신정권 경축 지나(中國)지의 논설**

★[동아일보 1937-12-18] 전승의 대축연(남경)

★[동아일보 1937-12-18] 성대한 남경입성식 금일 國府 구내서 정식 거행(南京)

★[동아일보 1937-12-18] 지나(中國)군 사상 3만, 장개석 방송으로써 고백(香港)

★[동아일보 1937-12-18] 제2차 작전을 미언론 보도, 미국 기자들 아군을 예찬(뉴욕)

★[동아일보 1937-12-19] 육해군 공동의 위령제 집행(南京)

★[동아일보 1937-12-19] **남경 입성**

★[동아일보 1937-12-22] **지나 주둔군급 군함 철수는 시기 상조, 미 헐장관(워싱톤)**

★[동아일보 1937-12-22] **주지 영국 대사 경질은 근본적 극동 정책.**

★[동아일보 1937-12-23] **사리원 지나인(중국인) 신정권에 참가**

★[동아일보 1937-12-27] 신춘 1월1일발 회식 거행, 남경자치위원회

★[동아일보 1937-12-29] **미 남경 총영사관 재개**(上海)

★[동아일보 1938-01-03] 남경 치유회 탄생, 제남치유회 성립

★[동아일보 1938-01-08] **미 대사관원 최초 남경 입**(入)

★[동아일보 1938-01-10] **남경 함락 후 상해에서 남경에 도착된 열차**

∗[동아일보 1938-01-12] 파주 거류 지나인(중국인) 신정권 참가를 결의

∗[동아일보 1938-01-12] 남경치유회 경찰부장 왕춘생씨 임명

∗[동아일보 1938-01-12] 영·독 양국 영사 남경에 도착

∗[동아일보 1938-01-12] 군산 재류 지나인(중국인) 신정권 참가

∗[동아일보 1938-01-12] 고흥 지나인 오색기 게양, 본국 신정권에 참가키로

∗[동아일보 1938-01-13] 龜城 재류 지나인(중국인) 신정권 참가결의(方峴)

∗[동아일보 1938-01-14] 지나기선 승조원, 황군 위문의 헌금

∗[동아일보 1938-01-15] 상해~남경간 열차 개통

∗[동아일보 1938-01-16] 보은 在住 지나인 신정권지지

∗[동아일보 1938-01-20] 금산군 내 지나인 신정권 참가

∗[동아일보 1938-01-20] 지나인 신정권 참가 성명(무주)

∗[동아일보 1938-01-25] 남양 재주 지나인 신정부에 참가

∗[동아일보 1938-01-26] 예천 재주(在住) 지나인(중국인) 북지정권 지지

∗[동아일보 1938-01-29] 인천 지나 원염(原鹽)수입 7할이 격증 사변 후 더욱 증가

∗[동아일보 1938-02-11] 조선산 시멘트 북지나에 수출(인천)

∗[동아일보 1938-02-15] 중국회교도 성립위원회 7일 북경과 남경에서

∗[동아일보 1938-02-19] 이리(익산) 지나인(중국인)도 신정권에 참가

∗[동아일보 1939-02-25] 지나인의 헌금 조선 방공비 헌납

∗[동아일보 1938-03-09] 花輪新총영사 남경에 착임(着任)

∗[동아일보 1938-03-29] 중화민국 유신정부 ; 3성을 통치구역으로 3권 정립
의 입헌政體, 수도는 남경, 국기는 오색기,
28일 신정부 성립식, 농본입국 상공부흥...(남경)

∗[동아일보 1938-05-05] 상해 남경에 조선은행 진출

∗[동아일보 1938-06-12] 북경~남경 간 全線개통(固鎭)

∗[동아일보 1938-06-21] 난민 구제가 선결 복구공사는 무난

∗[동아일보 1938-06-22] 미(米) 불(佛) 양 제독 남경시찰

∗[동아일보 1938-06-23] 하문치유회 성립(남경)

∗[동아일보 1939-08-03] 長谷川町 지나인(중국인) 헌금

∗[동아일보 1940-03-13] 괴산 지나인(중국인) 황군 위문금

☞지나인(중국인)들이 '난징대학살' 시기에 일본 정부에다 국방헌금과 황군 위문금을 헌납하고, 곳곳에서 신정부 지지 선언을 하고 있다. 미국과 영국의 총영사관도 있었고, 상해-남경간 열차도 오가고 있었다. 만약 일본군이 수도 인구의 50%를 죽였다면, 전 세계 톱뉴스가 되었을 것이고 그런 짓 하는 일본군을 지지하는 중국인들은 없었을 것인데, 이런 뻔한 것까지도 설명이 필요한가? 기가 차서…

◉사기치는 사기꾼들과 쉽게 속는 멍청한 어른들

이 이야기는 그 당시에는 아무도 몰랐고, 따지는 사람도 없었다. 수도 인구를 거의 다 죽였는데, 그 당시에는 아무도 몰랐다가 60년 뒤에야 드러났다는 게 말이 되는지 정도는 의심할 줄 알아야한다.

첫째, 그런 대학살은 정치적 자살 행이며 그리 죽일 이유가 없다.
대다수의 점령군은 신 정부를 구성하여 통치하는 게 목적이므로, 저항하는 군대와싸울 뿐, 민심을 잃지 않으려고 노력하는 게 보통이다. 만약 점령군이 점령지의 수도 국민들 거의 모두를 죽인다면, 전 세계의 지탄을 받아 정치적 타격을 입고 전 세계를 적으로 만드는 행위인데, 그건 바보짓으로서 정신병자가 아닌 한 그런 자폭 행위를 할 이유가 없다.
일본은 공산주의 세력과 달리 계급대학살을 정당화 하는 이념도 없다.

둘째, 대학살 사진이 전혀 없다.
30만명을 죽였다면 도시가 시체 더미가 되어야 맞고, 시체 더미 증거가 넘쳐나게 된다. 그런데 난징 대학살의 증거라는 게 시체 수십구의 사진들과 증언들인데, 전시에 그 정도 시체 사진은 흔하고, 증언 쯤은 권력이 원하면 얼마든지 만들 수 있다. 전투 중 전사한 시체들을 모아서 일본군에 의한 학살 증거라는 식으로 꾸미는 '프로파간다'는 식은 죽 먹기인데, 덮어놓고 믿는 바보들이 문제다.

셋째, 그리 죽이는 것도 불가능하고, 시체 처리도 불가능하다.
대도시 인구의 절반을 쥐도 새도 모르게 죽였다? 믿는 사람이 바보다.

넷째, 당시의 피해 당사자인 장개석조차 언급한 적 없다.
그런 사건이 없었기 때문이다. 60년 후에야 학살을 주장한 이유는, 어차피 진실을 밝힐 수단이 없고, 쉽게 속는 사람들이 많기 때문이다. 좀더 정확히는 믿고 싶어하는 사람들이 있기 때문이다.

다섯째, 수도 인구의 절반을 죽였다면 당시에 몰랐을 리가 없다.
살아 남은 가족과 친지들이 가만히 있었을까? 수도 전체를 콘크리트 벽으로 수십년간 막아 놓았어도 알려지는 것을 막을 수 없다.
만약 6.25 때 도시 인구의 절반을 죽였다면 60년간 모를 수 있을까? 당시에는 창피해서 말을 못했다? 우리가 소말리아에게 공격 당해서 대도시 인구의 절반이 죽었다면 창피해서 말을 못했을까?
설령 정부가 막더라도 희생자 가족들의 입까지 막을 수 있었을까? 특히 패자의 만행은 승자를 더 빛나게 하니 패자에게는 없는 죄도 만들어 뒤집어 씌우는 게 세상인데, 전쟁 직후에 일본을 압박 할 수 있는 시기에조차 말 한마디 없었던 것도 거짓의 증거다.
국내 언론 보도에도 그런 대학살의 미세한 단서도 보이지 않고, 당시 황군 점령군을 따라 다닌 조선인들이 수만 명이었는데, 누구도 일언반구 없었다. 그 많은 사람들을 입 닫게 하는 것은 불가능하다.

여섯째, 당시에는 황군이라는 자부심을 가진 사람들인데 민간인들을 그리 죽이는 것은 있을 수 없다.

당시의 자료들을 보면, 조선인들의 나쁜 짓으로 인해 황군의 위신 실추를 우려하는 일본 당국자의 발언들이 많이 나온다.

일곱째, 중국인들의 신정부 지지 선언도 학살이 거짓이라는 증거다.

당시 중국인들 간에는 서로 통했을 것이며, 수도 인구의 반 이상을 죽였는데도 중국인들이 신정부 지지를 선언하는 일은 있을 수 없다.

☞ **결론: 사실 확인이 불가능한 시점이 되어 고의로 지어낸 소설이다.**

중국 공산당은 중국을 공산화 시키고 자기 동족 6500만 명을 죽였다. 난징대학살설은 중국이 "대학살은 우리만 한게 아니야, 일본도 죽였어" 라는 물타기 차원의 자작극이다.

"일본은 우리가 죽인 6500만 명보다 많은 1억명을 죽였어" 라고 하고 싶지만 난징 인구가 60만 명이니 30만이라고 최대한 부풀린 것인데, 중국은 너무 서투른 조작을 했다.

문제는 그런 '애들틱'한 거짓말에 속는 진성바보들이 많다는 것이다. 죽일 이유가 있을까? 라는 의문조차 품지 못하는 어리석은 좌파가 많을 것임을 알고 사건을 조작한 중국 지배층은 결국 똑똑한 것이다.

◆학살의 증거라는 100인 참수경쟁 기사

학살의 유력한 증거라는 일본 마이니치 신문의 100인 참수경쟁 기사가 잔학한 일본을 상징하듯이 나오는데, 그것도 '왜곡소설'이다. 필자의 어릴 적 TV삼국지 인형극 가사 중 '적의무리 100만대군 낙엽처럼 떨어진다' 라는 가사가 있었다. 100만 명을 죽였어도, 조자룡이 적군 수만 명의 목을 베어버렸어도 다들 용맹하다고만 인식한다. 만약에 우리가 타국과 전쟁 중이라 치고, 적군 10만 명을 죽였다는 기사가 나오면, 다들 환호할 것이다.

전시에 국민들은 적군을 악당이자 무찔를 대상으로 여기고, 적군을 많이 죽였다면 좋아한다. 그래서 전시에는 백병전으로 적군을 무찔렀다는 과장성 보도들이 많다.

[동아 1937-09-22] *火燒場 금가만 점령 총공격 3시간 만에, 각처에 장렬한 백병전*

[동아 1937-10-06] *삼의리를 점령, 백병전 연출 후, 적 전진근거지까지*

[동아 1937-10-09] *서북일대 점령 성벽에서 처참한 백병전 저항 중의 적 점차 퇴각 개시*

[동아 1937-10-16] *광동가 일대에서 백병전 전개, 격전 3시간 후 下王莊陣 진지를 점령*

[동아 1937-11-12] *상해엔 육군 최초의 시가전 전개, 남시 각처에 백병전*

[동아 1938-02-28] *미증유의 백병전, 산서성 요충 점령 20일 래 대격전 전개(彰德)*

전시에 국민들은 적을 많이 죽이면 영웅이라 여길 뿐, 끔찍하다고 여기지 않는다. 그 기자는, '용감한 일본군 소위 두 명이 흉악한 적들에게 돌격해서 조자룡이 적군 수백 명의 목을 추풍낙엽처럼 날려버리듯이, 적군의 목을 100명 먼저 베기 경쟁을 했다'는 소설

기사를 쓴 것인데, 당사자들은 포병 소위와 대대 부관으로서 검을 들일도 없는 사람들이며, 그 중 노다 츠요시 (野田毅)는 중국이 아닌 일본에 있었는데, 역사 사기꾼들은 이를 민간인 학살의 증거라고 왜곡하는 것이다.

검 대신 망원경이 주무기인 사람들이 '적군 목베기경쟁 했다'는 소설 기사를 '민간인 학살하기 경쟁을 했다'로 왜곡한 것이다.

⊙사기 치는 사람들과 사기 당하는 사람들

정치 사기판의 구조적 이해관계를 모르면 이 문제를 이해 할 수 없다.

공산화 후의 중국은 극도로 빈곤해졌고 수 없이 굶어 죽었다.

일본 국민 시대라면 죽지 않았을 수 있는 수천만 명이 죽임까지 당했다. 난징대학살설이 나온 1995년도는 중국 전체의 GDP가 대한민국의 GDP보다 낮던 시기였고, 굶주림과 함께 내부 불만이 많았던 시기다.

만약 국민들이 공산중국보다 일본 통치 시대가 살기 좋았다고 여기면 지배 권력은 흔들린다.

'일본에서 독립을 안했다면 6500만명 죽임 당하지 않고 선진국 국민으로 살 수도 있었는데 괜히 공산화 독립해서 이 꼴이 되었어' 라고 믿게 되면, 지배 권력과 체제가 흔들리는 것이다.

그러니 중국 지배층은 국민들이 자기들을 굳건히 따르도록 해야 하고 그러려면 천하의 극악무도한 악당이 필요했던 것이다.

"일본은 악당이고, 우리는 그 악당들과 싸워서 니들을 독립시켜준 독립투사야. 어때 우리가 존경스럽지? 만약에 급변 사태시 우리를 따르지 않으면 다들 난징처럼 끔찍하게 죽임 당하는 거야. 그러니 니들은 우리를 잘 받들어 모시고 열심히 충성해. 그래야 난징 꼴 안나" 이 소리다.

만약 북한이 미국과 전쟁이 터진다면, 북한 인민들은 미국과 열심히 싸우도록 교육 받을 것이다. 전쟁에 패하면 다 죽임 당한다면서...
그러나 만약 미국이 지휘권을 쥔다면 손해보는 것은 기존 지배층일 뿐 사회가 미국식 시스템이 되어 국민의 삶은 훨씬 나아질 공산이 크지만, 국민들은 지배층이 만든 국사교과서를 달달 외우면서 자신들을 노예로 부리는 지배층을 위해 봉 노릇 하며 죽게 되어 있고, 거기에 쓰이는 술수가 바로 국사 사기극, 이념 사기극과 민족주의 사기극이다.

아이리스 장은 중국 공산당의 사주에 의해 난징대학살 책을 내었을 공산이 크고, 그녀가 자살한 것도 입막음을 위한 타살일 공산이 크다.
만약 그녀가 중국 정부와 모의해서 거짓을 퍼뜨렸다는 고백이라도 하는 날에는 중국 공산당에게는 치명적이었을 테니까...
일본 우익의 압력 때문에 자살했다고?
당신이라면 자살 하겠는가? 그녀가 순진한 것일 뿐, 애초부터 자살 당하기로 결정되어 있었을 것이다.
설령 30만명 학살 주장이 다 사실이라 쳐도, 중국이 죽인 6500만명과 소련의 2,000만명 학살과, 김일성 왕조의 100만명 (6.25 빼고)학살과 300만명 굶겨 죽인 만행에 비교가 될까?

중국은 티벳과 신장위구르에서만 최근에 수십만 명을 죽였다. 하지만 좌파는 그런 것은 일체 입을 닫고 오로지 일본만 물어뜯는다.

속이는 좌파는 정치적 이념적 이유라도 있지만 속는 사람들이 문제다. 먹여주는 대로 받아먹고, 쉽게 흥분하면서 자신을 정의의 용사라 믿는 좌파적 사고는 속은 편할는지 모르나 자신과 국민의 삶을 망칠 것이다.

12. 허접해도 통해 먹히는 역사조작, 관동대학살 사기극

◉ 거짓으로 얼룩진 관동대학살 사기극

<잊지맙시다 관동대학살(1923) 관동대학살은 최소 6000여명 많게는 2만여명의 한국인이 일본인 자경단에 의해 학살된 중대 사건입니다.>

인터넷에서 검색 되는 문구다.

관동대진재는 12만 호의 집이 무너지고 14만 명이 사망한 일본 역사상 최악의 참사인데, 봤다 라는 말은 쉽지만, 가족이나 친척이 죽었다는 말은 조작하기 어려운데, 팩트부터 알자.

첫째, 6천 명이 학살 당했다면 자기 가족·친척이 학살 당했다는 사람이 수 없이 많아야 하지만, 가족이 죽었다는 사람은 거의 없다. '봤다'라는 말은 얼마든지 지어낼 수 있지만 내 가족이 죽었다는 말은 지어내기 어렵기 때문이다.

뒤에 언급될 '위안부사기극'을 포함한 모든 학살 조작은 피해자의 가족이 있는지를 보면 실마리가 보이기 시작할 것이다.

둘째, 한국의 '이승만 반일정부'에 의해 집계된 조선인 사망자는 289명이고(국가기록원), 지진 희생자 포함이며, 조선인 사망자는 일본인 사망자의 0.2%였다.

조선인 사망자 대부분이 지진 희생자이며, 수명 내지 최대 수십 명 이내의 피해 사건을 수백 배 부풀린 것이다.

일본 언론의 수백명 사망 추정 보도는 있었지만, 5.18의 수천명 사망 보도처럼, 언론 보도가 곧 증거가 되지는 않는다.

(관동대진재 공식 희생자가 290명이라는 보도 (2013.11.19 KTV) 후 필자가 국가기록원에서 289명이라는 자료를 확인할 수 있었는데, 최근에 다시 검색해 보니 일부 비공개 또는 별도로 신청해야 하는 방식이어서 쉽게 찾아 볼 수 없도록 되어 있었다. 그런 자료를 왜 감추는지는 의문이다.)

셋째, 당시 인구 변동 내역이 명확한 반증이다.
관동대학살을 했다는 1923년의 재일 조선인 인구는 80,617명에서 이듬해인 1924년에만 120,233명으로 1.5배나 급증했다. 이는 일제시대 최대의 인구 증가다.
6천 명이 학살 당했다면 재일 조선인의 10%가 죽은 것인데, 그러면 많은 조선인들이 귀국하는 게 맞지 인구가 1.5배로 초급증하는가? 만약 중국에 간 한국인의 10%나 학살 당했다면, 중국에 간 사람들이 돌아오게 될까, 아니면 중국에 경쟁적으로 왕창 더 들어가게 될까?
소설 역사에는 항상 허점이 있으며, 대학살 사기꾼들은 이런 기초조사조차 안하고 학살설을 지어냈다.

이 사건은, 당시에는 '관동대진재'라고 불렀는데, 자국민들이 14만 명이나 죽는 대형 참사 속에서 조선인 공산주의자들이 일본인들을 죽이려고 우물에다 독을 탄다는 헛소문을 누가 퍼뜨리니 이성을 잃은 사람들이 혐의 의심자들과 공산주의자들을 죽인 일이 일부 있었던 것은 사실이나, 너무 오래 전 일이라 확인할 길이 없으니, 좌파가 멋대로 수백 배 부풀린 조작이 관동대학살 사기극이다.

좌파는 일본과 미군의 학살을 터무니 없이 부풀리면서도 북한 중국 소련과 좌파의 대학살은 일체 빼버리는데, 양쪽의 학살은 차이가 있다.

미군과 일본의 학살은 당사자들이 살기 위해서 죽인 것이다.

일본의 경우는 가족을 잃어 이성을 잃은 사람들이, 자기가 먹는 물에다 독을 탄다고 하니까 한 짓이고,

6.25 때 미군의 양민 학살도 민간인들 속에 숨어서 미군을 죽이는 사건이 자주 발생하는 중에 또 다시 그런 세력이 숨어 들었다는 첩보가 들어오니 자기 살려고 민간인들을 죽인 것이다.

하지만 좌파의 양민 학살은 그런 살기 위한 학살이 아니라 이념형 계급대학살, 즉 특정 계급이라는 이유 만으로도 죽인다는 것이다.

좌파는 미디어 등을 통하여 미국과 일본의 악행만 반복 주입시킨다. 좌파의 양민 학살은 그 수천 배인데, 그런 점들은 빼고 작은 사건을 수백배 부풀려 반복 주입시키니 교육 당한 사람들은 그게 전부라 착각하는 것이다.

거대 배후에 의한 조직적인 역사 조작에 의해 국민들은 분별력 상실을 넘어 거의 '눈뜬 장님'이 되어 있는 것이다.

⊙또하나의 거짓말 731 부대의 마루타 만행

731부대 만행도 1500명의 무고한 독립투사들을 희생시켰다면서, 미군이 이면 거래로 증거를 말살 했다고 하는데, 이 또한 소설이다. 좌파 사기꾼들은 생체실험 사실을 관련자가 자백했다는 소리도 하는데, 생체실험은 대다수의 나라에서 있어왔던 일들이고, 보통 극악 범죄의 사형수들을 쓰며, 1970년대 미국에서도 그런 수백명 생체실험의 폭로가 있었다.

설령 그 사건이 있었다고 쳐도, 사형수들을 썼을 개연성이 높은데, 독립투사들을 잡아다가 생체실험 했다는 둥 대충 지어낸 것이다.

이런 많은 설들의 공통점은 증거가 없고, 증언만 난무한다는 것이며, 권력이 맘만 먹으면, 증언 쯤은 얼마든지 만들 수 있다.

이 문제도 한일 이간질 조작으로 정치적 이득을 얻는 북한 중국과 좌파 세력을 빼고선 이해 될 수 없다.

21세기 홀로코스트, 2000년이후 中 강제 장기적출 피해자 최대 250만명[헤럴드경제]

중국 인육사건, 정부 문건으로 확인...안후이성의 경우 1960년 한 해 동안에만 무려 1천289건의 '인육 사건'이 조사됐다[연합뉴스 2013.11.22]

☞"일본도 중국처럼 수백만 명 장기적출 했어"라고 물타기 하고 싶은데 빌미가 안보이니 1500명이라도 마루타 만들었다고 조작한 듯 하다.

⊙승자 맘대로 쓰는 역사, 히틀러의 유태인 600만 학살설의 진실

정의가 승리할 수 밖에 없는 이유는, 정의를 승자가 쓰기 때문이다. 몇 명 죽이면 살인마지만 수백만, 수천만명 죽였어도 승자는 영웅이다.

아니라고? 히틀러는 수백만 명 죽였는데 왜 영웅이 안되었냐고? 왜냐하면 그는 패자니까. 그리 죽이지 않았으니까.

이 사건은 '히틀러가 유태인 600만명을 죽였다' 라는 설이 너무도 유명하게 사실처럼 알려져 있어서 다들 진짜인 줄 아는데, 대부분 소설이다.

1990년까지 폴란드 아우슈비츠 기념관의 추모석에는 이렇게 적혀 있었다,

"1940년에서 1945년까지 이곳에서 수감자 400만 명이 나치 살인마들에 의해 살해되었다."

그러나 교체된 새 추모비에는 이렇게 적혀 있다,

*이 곳에서 나치스는 150만 명의 남자, 여자, 그리고 어린이를 살해했다.

1990년 5월 31일 프랑스의 시사지 National Hebdo 는 아우슈비츠 사망자 수(비유태인 포함)가 어떻게 수정되어 왔는가를 보도했다.

*'8백만(프랑스 전범조사국) – 5백만(르몽드, 1978년 4월20일자) – 4백만(1990년까지의 아우슈비츠 기념관 추모비) – 3백만(아우슈비츠 소장 Rudolf

Hoess의 자백) - *160만* (예후다 바우어 교수) - *125만*(Raul Hilberg 교수) - *85만*(제럴드 라이트링어, The Final Solution) - *7만5천*(소련 국립문서보관소가 소장하고 있는 아우슈비츠 관련문서들).' (Source: National Journal, 2003)

*전후 연합군은 아우슈비츠를 비롯한 강제수용소들과 관련된 수만 건의 문서들을 노획했으나 이 중 독가스로 유태인을 대량 학살하려 했음을 입증하는 문서는 전혀 없었다.
이에 대해 일부 유태인들은 관련 문서들을 소각했을 거라고 말하지만, **유태인 인종말살 계획을 입증할 문건이 없다는 점에 있어서는 역사가들은 이의를 제기하지 않는다.**

그런데 학살 주장과는 반대로 압수된 독일 측 문서들은 독일과 폴란드에 설치되었던 **강제수용소들이 사람을 죽이기 위한 시설이 아니라 유태인과 전쟁포로들을 동원한 강제노동 시설이었음을 보여주며**, 사망자 대다수의 사망원인은 전염병(특히 발진티푸스)과 영양실조 및 기아였다. (Arthur Butz, The Hoax of the Twentieth Century, 1976)

*이 세상에서 유대인만큼 그들이 겪었다는 수모와 고난과 순교에 대해 우는 소리를 하는 족속도 없을 것이다.
모르는 사람이 보면 이들이야말로 유럽의 정치와 경제, 주식시장, 그리고 국가의 도덕성을 좌우하는 실질적 군주들이란 사실을 알 수 없을 정도다.[도스토예프스키]

*유태계인 프린스턴대의 Arno Mayer 교수는 1942년 '반제회의'에서 도출되었다는 소위 '최종해법(Final Solution)'에 대한 그의 저서에서 아우슈비츠의 유태인 사망자들 가운데 처형된 숫자보다 각종 질병이나 기아에 의한 사망자의 숫자가 훨씬 더 많다고 밝히고 있다.

*1942년 12월 28일 수용소 관리행정국이 아우슈비츠 등의 수용시설들에 보낸 공문은 '전염병 사망을 줄이기 위해 수감자의 건강, 영양상태, 작업환경 개선에 총력을 기울일 것'과 '구체적 방안을 제출할 것'을 지시하고 있다.(Nuremberg document PS-2171, Annex 2. NC &A red series,)

*33년간 듀퐁社에서 화공학자로 근무했던 William B. Lindsey 박사는 아우슈비츠 가스실을 현지 조사한 후 1985년 캐나다의 법정에서 "독가스로 그 만한 인명을 살상한다는 것은 기술적으로 절대 불가능한 얘기"라고 증언했다.(The Globe and Mail - Toronto, February 12, 1985)

*캐나다 캘거리에서 대형화장터를 운영하는 Ivan Lagace는 1988년 4월 독일계 홀로코스트 연구가 Ernst Zundel 소송 심리에서 1일당 1만~ 2만구에 이르는 시신들이 화장되었다는 주장은 "한 마디로 비상식"이라고 증언했다. (Canadian Jewish News - Toronto, April 14, 1988)

◆ 국제적십자협회(International Red Cross) 보고서

*1984년 소련이 최초로 공개한 아우슈비츠 관련 문서들을 토대로 작성된 국제적십자협회의 12월 31일자 감사보고서에는 독일이 전쟁기간(1939-1945) 동안 운영했던 모든 수용소에서 발생한 총 사망자 수(모든 국적 포함)가 282,077명으로 나타나 있다.

아우슈비츠 사망자 수는 53,633 명이다.

◆ 2차대전 前後 세계 유태인 인구

World Almanac, 1929 - 15,630,000
World Almanac, 1936 - 15,753,633
World Almanac, 1941 - 15,748,091
World Almanac, 1947 - 15,690,000
INS(미국 이민귀화국) 1950 - 15,713,638

*2000년, 유태계 미국인 노먼 핑클슈타인(Norman G. Finkelstein)교수는 유태인 대학살 논란을 이렇게 요약했다.

"히틀러의 유태인 대학살과 관련된 책들의 대부분은 사료로서 아무런 가치도 없는 것들이다. 홀로코스트 연구는 뻔한 거짓말 아니면 넌센스로 채워져 있다...
신기한 것은 거의 모든 사람들이 별 의심 없이 그런 얘기들을 믿는다는 사실이다." (The Holocaust Industry, 2000)

'안네프랑크의 일기'로 유명한 안네 프랑크(Anne Frank) 부녀가 아우슈비츠에서 살아나왔다는 사실을 아는 사람은 별로 없다.

안네 프랑크는 일기를 쓰지 않았고, 다락방에 숨지도 않았고, 전염병으로 사망했으며 그녀의 부친 오토 프랑크는 1980년 스위스에서 사망했다.

'유태인대학살' 사건에 대해 분노하는 사람에게 "대학살의 증거가 있느냐?"라고 물으면, 아무도 대답하지 못한다.
자기들도 모르기 때문이다.
이런 사건들의 공통점은 소수의 증언만 가지고 거대한 사건을 조작한다는 사실이다. 증언이 꼭 진실이라고 믿어서는 안된다.
고의적인 왜곡조작 가능성이 있기 때문이다.

소련이 죽여 놓고 히틀러에게 뒤집어 씌운 후, 수십년 뒤에야 진실이 드러난 사건도 있는데, 소련이 폴란드인 4만 5천 명을 학살 해 놓고 히틀러에게 뒤집어 씌웠던 '카틴숲 학살사건'이다.
일제에 의한 한국인 학살 중 진짜 진실도 있는데, 29명 죽인 최대의 학살이었던 제암리 학살이지만, 이 사건 하나에서만 그 1500배를 죽였다.
1차대전 때 일부 유태인이 적의 편에 섰다는 이유, 고리대금업 횡포 등으로 인해 독일에 반유태인 감정이 많았고, 히틀러가 반 유태인 선동을 한것도 맞지만, 유태인에 대한 독일 정부의 정책은 국외이민이었고 1943년 이후로는 강제수용소에 수용이었을 뿐 인종 말살을 노린 genocide가 아니었다.
그러나 히틀러는 악당일 수 밖에 없다.
그는 '전쟁에 진 놈'이기 때문이다.

패자에게 다 뒤집어 씌우는, 승자가 쓰는 역사를 모르면 역사를 이해할 수 없고, 이 문제는 시대 상황을 알아야 이해 할 수 있다.

당시 팔레스타인에 정착한 유태인들과 기존 주민들과의 종교적 대립 등 마찰이 심할 때였고, 세계 곳곳의 유태인들은 경제력이 막강했는데, 그곳에 이스라엘 공화국을 세우려는 유태 지도자들이 국제 여론의 지지를 얻기 위해서는 많은 희생자가 필요했다.

즉 "나라가 없어서 우리가 엄청나게 죽임 당했어 그러니 우리의 건국을 지지해 줘"라고 하고 싶었고, 연합국 측에서도 패자 악당화가 정치적으로 유리하므로 피해를 과하게 부풀렸던 것이다.

◉진짜 학살과 진짜 살인마들

전세계의 공산 정권들은 이념을 구실로 대학살을 자행해 왔다.

1997년 프랑스에서 발간된 '공산주의 흑서'에서 밝히는.

공산주의 좌파의 학살 규모는,

구소련의 2천만명, 마오쩌뚱 치하에서 6500만명, 베트남의 2백만명, 북한에서 1백만명(3백만명의 아사자 및 6.25 희생자 300만명 제외), **캄보디아의 폴 포트 정권하에 2백만명, 동구 공산 정권 하에서 1백만 명, 아프리카에서 150만명 등**

총 1억~1억 2천만 명이며, 진보라는 이름으로 노동자와 서민의 편이라는 이름으로 학살을 자행해 왔다.

공산주의는 '진보'를 자칭하지만 실제는 무자비한 폭력과 살육으로 나타났고, 공산주의 정권들은 하나같이 계급대학살(class genocide)을 자행했다. **혁명의 이름으로 평등의 이름으로 무고한 시민, 지식인, 종교인, 군인, 경찰, 관료계급, 문화예술인, 언론인 등 거의 모든 사회 계층을 심지어 공산당원과 친공분자 노동자들까지 학살했던 것이다.**

공산당의 이데올로기 교육과 반복적 선전선동의 결과 인민들은 자유의지와 정치적인 행위 능력을 상실하였고, 공산 독재자들은 하나같이 모두 신격화됨으로써 인민들은 이들의 범죄에 대해 찬양하도록 강제되었다.

공산주의 진보 좌파의 잔혹의 역사는 자유가 없는 곳에 어떠한 비극이 일어날지를 실증적으로 가르쳐 준다.

자유는 다르게 생각하는 사람의 자유다.
그러나 공산주의는 이 원칙을 권력장악 수단으로 이용할 뿐, 공산좌파가 전권을 장악하는 순간부터 자유는 말살되고 참혹한 비극이 시작된다.
그리고 공산화 되었을 시 맨 먼저 처형되는 세력은 같은 이념 그룹의 좌파라는 사실을 한국의 좌파는 알아야 할 것이다.

제3장 독립투쟁, 한국인이 알아선 안되는 진실들

13 독립 영웅들 염장 지른 어느 친일파의 팩트폭격…216

14 어느 친일파의 일기를 통해 보는 우리가 몰랐던 진실…228

15 일기장에 적힌 생생한 3.1운동……………………267

16 8천만이 속아온 3.1운동과 유관순 열사 조작극…281

17 뒤바뀐 영웅, 뒤바뀐 악당, 한국의 역사조작 사기극…302

18 3.1운동과 함께 가르쳐야할 조선인들의 중국인 학살폭동…309

13. 독립 영웅들 염장 지른 어느 친일파의 팩트폭격

⊙ **친일 혁명가 박중양, 친일파가 왜 이리도 당당할까?**

*일정시대 조선총독부에 부역하거나 협력하던 자들이 해방 후 합심하여 일제에 저항한 애국자 행세를 하고 있다.

*니들 중에 창씨개명 안한 놈 나와 보라. [반민특위 재판에서]

*조선총독부의 정치와 관공리의 목표는 오로지 국민 복리와 위민정치였다. 나는 친일은 하였으나 민족 반역자는 아니다. 내가 반성할 이유가 없다.

조선 조정이 백성들을 위해 한 것이 무엇이냐? [반민특위 재판에서]

*소수의 독립운동가들의 노력으로 해방되었다는 시각은 허구이며 독립운동가들 때문이 아니라 미국 때문에 독립된 것이다.

*조선이 청국의 예속에서 독립한 것은 조선인의 실력이 아니고 청일전쟁에서 일본이 승리한 결과다. 명나라의 속국을 자처하고 그것을 자랑스러워한 조선인들에 대해서는 부끄러워하지 않으며 친일파로 지목된 사람들에게만 유독 가혹하게 구는 이유가 뭐냐?

명나라의 속국을 자처하고, 명나라와 청나라에 공녀와 인삼, 금은 등의 조공을 바친 것은 왜 아무도 비판하지 않는가?

*구한말의 암흑기가 일정시대에 근대 조선으로 발전하였다. 이토 히로부미는 사심과 욕심이 없는 정치인이었다. 이토는 조선을 구한 세계적 혁명가이고 나는 그와 함께 조선 개혁에 앞장섰

다는 자긍심이 있다.

*당신네들이 상해에서 무슨 독립 운동을 했는가? 헛소리 지껄이지 말고 3.1절 기념하는 위선적인 짓거리나 그만둬라.

토지조사사업을 보라. 1900만여 필지가 187만명의 소유주들에게 등기를 완료하였다. 조선 농민들을 봉건의 압제에서 해방시켜 준 주체가 누구인가? 일본이 조선을 구했다.

⊙조선의 어떤 청년

구한말 봉건 지배층의 압제에 허덕이던 조선 백성들의 끔찍한 고통들을 직접 보아온 한 청년이 있었다.

1894년, 혁명가 김옥균이 민비 일파가 보낸 자객에게 암살되어 노량진 백사장에서 그의 시신은 토막내어졌다.

김옥균의 가족들도 처형되고, 아내와 딸들은 노비가 되었다.

고종과 민비 일파는 김옥균의 갈기갈기 찢겨진 시체를 서울 종로에 내걸었다.

그리고 한 청년이 절규하고 있었다. 절규하던 중인 출신의 일자무식 청년, 그의 이름은 박중양(1872~1959)이었다.

"수구 매판 세력인 조선 왕실을 일본의 힘으로 타도하지 않으면 조선의 미래는 없다."

라는 소신을 굳혀오던 청년 박중양은 1897년 관비 장학생으로 일본 유학을 떠났고 이토 히로부미를 만나 호소한다.

"조선엔 희망이 없고, 미국 유학이나 하고 싶으니 도와 주십시오"

조선시대의 재판

그는 1905년 러일전쟁 당시 통역요원으로 나서서 일본군과 함께 전쟁을 수행하기도 했다.

⦿독립 영웅들을 비웃은 친일파 선각자 박중양

그로부터 반세기가 지난 1949년 1월, 77살의 노인 박중양은 '반민특위'에 체포되어 서울로 압송되어졌다.

그는 반민특위 재판정에서 표효한다.

친일파란 나같은 사람이다. 나 같은 사람을 처단하면 된다. 나도 표리부동한 위선자들이 우글거리는 이런 세상에서 더 이상 살고 싶지 않다. 그러니 시원하게 죽여라.

'친일 혁명가' 박중양은 '독립투사'를 자처하는 위선자들에게 독설을 퍼부으며 염장을 질렀다. 35세 연하의 일본인 부인이 감옥에 찾

조선시대의 재판

아와서 이불을 넣어달라고 눈물로 호소하기도 하였다.

대구의 가택을 수사한 반민특위 조사관들은 그가 수십 년간 하루도 빼놓지 않고 쓴 일기 20여 상자를 수거했다.

그 일기 속에는 일자무식, 돈 한푼 없이 일본으로 건너간 박중양의 살아온 역사가 그대로 적혀있었다.

우리 한국인들은 이토오를 죽인 안중근을 영웅으로 알지만, 그 이토오 히로부미를 '한국을 살린 은인'이라 여기며 존경하던 청년도 있었음을 알아야 한다.

"공공정신이 부족하고, 허세와 거짓말이 능하다. 일본의 통치를 받아야만 조선인들은 근대 시민으로 거듭날 수 있다"

구한말 조선 민중들을 이렇게 표현했던 그는, 일본인의 높은 시민의식과 덕성을 칭송하였고, 조선인들은 봉건의 압제에서 해방되기 위해서는 일본의 통치가 필요하다는 신념을 가지고 있었다.

*"일정시대에 일본이 조선인들의 고혈을 빨았다고 하는 말은 전혀 사실이 아니다."

*1945년 일본 연방의 해체, 20세기에 벌어진 가장 비극적인 사건이다.

*"조선인은 식민지 백성이 아니라 일본연방 국민이 되었다고 해야 옳다. 1945년 일본연방의 해체는 역사의 퇴보다.

일본 연방에 속해있던 만주인, 조선인, 대만인, 본토인들이 힘겨운 시기를 보냈고 여러 나라로 분단되는 비극을 겪었다.

대만에는 장개석 군대가 쳐들어왔고 만주인들은 야만적인 중국 문명권으로 귀속되었다. 북한에서는 김성주라는 악귀가 등장하여 한반도를 전쟁으로 몰아넣었다. 다행히 남한에서는 미군이 주둔하면서 민주 정치의 틀을 유지한 것은 다행이었다."

*(조선총독부의) **정치의 개선과 인재 등용을 모두가 아는 바이다. 조선에 넘쳐났던 지역감정을 없앴다.**

출신지 차별, 출신성분 차별을 없애고 공채 시험으로 인재를 등용한 점, 문벌과 학맥 등에 구애 없이 선발한 점만 보아도 조선총독부의 통치는 편파적인 통치가 아니었다.

*독립운동가를 사칭하는 강도부터 반탁 테러꾼들에 이르기까지 애국심을 구실로 범죄를 저지른다.

그들은 부끄러움과 염치를 모르는 자들이다.

*국가는 인민을 위해 존재하는 것이며 인민을 배려하지 않는 국가, 정부는 존재할 이유가 없다. 애국자를 박해하다 못해 처참하게 죽이는 그런 국가, 그런 정부에 왜 충성 해야 하나?

*조선이 과연 독립할 자격이 있는 곳이냐? (독립 직후의 이념대립을 보고)

'신념의 친일파' 박중양은 일자 무식의 무일푼에서 시작하여 이토오 히로부미와 일본인들을 만나고 가난한 학생들에게 차별 없이 대

한일합방 시대의 재판

우해 주는 이토오의 인격과 일본인들의 품성에 감복하여, 이토오를 스승이라 부르는 열성 친일파가 된 인물이다.

그는 일본인들에게 '조선인의 스승'이 되어 달라고 외치고, 독립 후에 반민특위에 의해 체포 되기까지 한일합방 시대를 치열하게 살아온 신념의 친일파다.

그는 한때 독립협회에 참가했다가 유학으로 일본에 체류 중 후쿠자와 유키치, 이노우에 가오루, 이토 히로부미 등 당대의 선각자들을 만나 가르침을 받았는데, 일본인과의 교제, 생활 등을 통해 그는 일본인의 신의와 우수성을 높이 샀고, 조선의 개선을 위해 위험을 무릅쓰고 자원하는 일본인의 의협심을 가슴에 담게 되었다.

일본에게 제대로 배웠던 그는, 관료 생활 중 사익을 취하지 않았으므로 일본인들도 그를 쉽게 다루지 못했다.

한일 합방도 "국민을 위해 존재하지 않는 정부를 위해 충성할 이유가 없다"며 적극 반겼다.

3·1운동 때는 자제단을 발기해 민중들에게 간곡히 자제를 호소한다. 그는 **"3.1 만세 군중은 봉건의 미망에 빠진 집단 최면의 객기일 뿐 시간이 지나면 일본을 받아들일 것이다."** 라고 했다.

"국민이 독립 생활의 능력이 없으면 부강해질 도리가 없다. 독립 만세를 외친다고 되는 것이 아니다. 능력을 키우는 게 먼저다"

그는 이렇게 주창하였고, 주도자를 제외한 나머지 참가자들에 대해서는 '선동당한 사람들'이라며 석방을 요구하고 기어코 석방 시키기도 했다.

관찰사로 재직시 언론의 자유를 대폭 부여하여 관찰사인 자신에 대한 비판을 최대한 허용하였다.

1923년 관동 대진재 때는 조선인 관련성을 부정하고 내지인들에게 유언비어에 현혹되지 말 것을 호소했다.

그는 "총독부가 조선인을 차별하는 정책을 계속한다면 조선인들은 자연스레 독립 운동에 동참할 것"이라며, 조선 백성이 일본의 신민이 되기를 바란다면 조선인에게도 내지인과 같은 기회를 부여하라"고 요구했다.

1920년대 초부터 그는 조선인에게도 참정권을 허용해 줄 것과 자치권을 허용해 줄 것을 조선총독부와 일본 제국 정부에 건의하였다. 1925년 경성일보 사장인 소에지마 미쓰마사(副島道正)는 "조선인 2천만 명을 대표해서 100명의 반도 출신 의회 의원을 일본의회에 보낸다면 의회가 민족적 색체를 띠게 될 것이므로 참정권은 반대한다"

친일파 선각자 박중양

면서 조선에 반도 의회를 만들어야 한다는 논지를 폈다.
이에 박중양은 적극 환영하였다.

*"요령과 패거리 문화, 속임수가 횡행하는 현 수준으로는 독립은커녕 인간답게 사는 것도 힘든 일이다."

*조선이 선진국 내지는 문명인으로 발전하려면 일본이 서양의 문물을 받아들여 개화하였듯 조선도 일본의 것을 받아들이는 방법 밖에 없다.

*두뇌가 공허하여도 아는 체 하는 것이 조선인들의 병이다.

*제사 문화와 허례허식 문화 등은 조선인들이 소신이나 의식이 있어서가 아니라 남들이 하니까 맹목적으로 따라 하는 의미 없는 행동들이다.

*조선 왕조는 암흑기였고, 고종은 무능한 인물이었다.

*몽골이 중국을 다스렸고, 여진족이 중국을 지배하고 금나라가 백년, 청나라가 3백년을 다스렸거늘 일본이 대륙의 주인이 되지 말라는 법이 있느냐?

*편협성, 배타성, 다른 사람 험담, 나태, 의존 생활, 놀고 먹기가 조선인들의 악벽이다. 형제숙질에게 의존하는 무위도식과 기생의 부끄러움을 모른다.

*한국인은 하루에 한 번 이상 욕설·험담을 하지 않으면 입에 가

시가 돋는다.

*다른 사람들이 하는 만큼만 노력하고 큰 결과물을 바라는 것은 망상이다. 그러나 그만큼의 노력도 하지 않았으면서 불평불만을 품는 자들이 많다.

*자신감도 능력도 없으면서 남을 비판, 악평하는 것이 조선인의 버릇이다.

*조선인들은 자신이 직접 나서서 할 자신도 없으면서 누군가 나서서 악습을 타파하고 개신하려 들면 방해하고 험담하여 좌절, 무산시킨다.

*조선인들은 자신은 더러우면서 남들에게만 깨끗함과 선량함을 요구한다.

*지금의 무지한 수준으로는 독립이 불가능하며 설령 독립을 하더라도 다른 외세의 식민지가 되거나 파멸을 당할 것이다.

*이 땅의 한국인들이 희망하는 바는 귀국 일본인들이 스승으로서 책임을 갖고 지도편달 하는 데에 달려 있습니다(1908년 12월 일한민간친회 모임에서 일본인들에게)

박중양은 일본인이라고 무조건 우러러보지는 않았다.

작대기를 들고 다니던 그는 억울하게 투옥된 사람을 석방 시키는가 하면 횡포를 부리던 일본인 관헌들을 작대기로 끌어내리거나 내리쳐서 호통을 치기도 했다.

그는 도지사나 고등법원장한테도 예사로 작대기를 겨누는가 하면, 조선인에게 횡포를 부리는 일본인들을 발견하면 작대기로 두들겨 패고 따졌는데, 일본 관헌들도 그를 함부로 대하지 못하였다.

1945년 조선인 참정권이 시행되자 그는 환영의사를 표명하였다. '조선 내 7인의 일본 귀족원 의원' 중 한 사람으로 선출된 박중양은, 윤치호 등과 함께 '처우감사 사절단' 대표사절로 선임되었다.

*김옥균, 박영효, 서광범, 서재필 등을 역적이라 조선 상하가 흉언하였지만 이조 말년의 선각자이고 애국지사다.

(그들은) 국정유신을 약모(계획)하려다 실패하였다. 당시 뜻대로 성사되였으면 분명 우리가 일본과 비견하게 되었을 것이다.

김옥균 등 개신파가 실패하고는 망명생활을 하다가 박영효 일인이 귀국하고 대개는 객사하였다. 그 유가족을 생각하면 눈물이 난다.

*국난을 당하여 자살하는 자가 있을지라도 사상계의 자극은 될지언정, 부국제민(扶國濟民)의 방도는 아니며 관직을 사퇴하고 도피하는 것도 무책임이다.

누구라도 이완용의 처지가 된다면 이완용 이상의 도리가 없을 것이다. 알지도 못하면서 비판하는 것은 쉽지만, 이완용은 매국노가 아니다.

*조선인의 민족성과 수준을 알수 있는 행위들이다 (이완용의 묘소와 그 자녀들의 묘소에 가해지는 테러와 분묘 훼손 행위를 보면서)

*조선인은 애국심을 핑계로 자유를 박탈하는 것을 당연하게 여기고, 애국심만 있다면 범죄행위를 해도 허용되거나 묵인하는 습성이 있다.

*한국인들의 '편협성, 배타성, 남 험담, 나태, 의존 생활, 놀고 먹기 등의 악질적인 습관 덕에 조선은 누군가의 식민지가 될 수 밖에 없는 운명이었다.

*한국인들은 공공 정신이 없고, 신뢰를 가볍게 여기고 사람 봐 가면서 뒤통수를 치는 악습을 갖고 있다.

*조선은 벼슬아치들 모두 부패 무능했고, 왕에게 바른 말을 하는 사람이 없었고, 자기 이해득실에만 몰두하여 민생을 외면했기 때문에 망한 것이다.

*이토 히로부미는 사심과 욕심이 없고, 관직이나 부귀에 연연하지 않는 분이다. 이토 히로부미는 일본만이 아니라 세계적 위인이다. 그를 표본으로 하여 한국의 중흥을 시도 했지만 대세를 역행 할 수 없어서 실패 했다.

*내가 조선총독부 치하에서 사적으로 축재한 적이 없음은 하늘이 안다.

*나는 구치소에서 죽을 것이며 죽어서 내가 결백했음을 밝힐 것이다.

그는 3.1절 기념식을 보고서 가가소소 하면서
"니들 중에 창씨개명 안한 놈 나와 보라"고 염장을 질렀다.
그는 '위대하신 독립투사' 넘들의 눈엣 가시였다.

*인재를 찾기도 어려운데, 왜 있는 인재를 없애려 하는가?
나는 친일파의 수괴이니 나를 처단하는 것은 감수하겠으나, 나머지 친일파는 처단하지 말고 잘 이용해 달라.

그들을 두고 누구를 데리고 일 하겠나. *(이승만을 찾아가서)*

미군이 퇴거하면 이승만 대통령은 봇짐을 싸서 도망가느라 바쁠 것이다[1957년 1월 1일 경무대에 보낸 신년소감 중]

☞그는 대통령에게 이런 글을 써서 보냈다.
북한이었다면 즉시 총살이었겠지만 한국은 그 시작부터가 봉건 북한과는 다른 나라였다.
그는 독립운동가 출신들의 부패와 무능을 조롱하며 비꼬다가 경찰에 불려가서 혐의없음 또는 고령을 이유로 석방되기도 했는데, 여기서 볼 수 있는 사실은,

우리는 건국 초기부터 거의 민주 사회였다는 것이다.
암흑의 조선 시대와 비교해 보자.
그 민주 사회는 누가 이루었나?
위대하신 독립투사 넘들이?
농담이 아니고 정말로 그리 믿는가?

14.어느 친일파의 일기를 통해 보는 우리가 몰랐던 진실

한국사 교과서와 모든 미디어에서 독립파는 모두 영웅이고 친일파는 모두가 악당이다.

역사는 승자 맘대로 쓰는 것이니 독립 된 나라에서 독립파가 영웅되는 것은 굳이 따질 필요 없을 수는 있지만, 패자의 발언권을 일체 차단 및 악당화 시키고 승자인 독립파만 위대하신 영웅으로 덮어놓고 믿는 자세는 국가의 미래를 위해서도 올바른 자세가 아니다.

적어도, 패자의 입장을 1%라도 들어보고, 그들이 무슨 생각을 하고 무얼 했는지라도 알아보는 게 정상적인 이성이다.

역사서나 교과서의 내용들은 승자의 입맛대로 편향될 공산이 크지만, 일기는 정제되거나 짜 맞추어지지 않은, 자신과의 대화이기 때문에, 진실에 더 근접할 공산이 크다.

악당이 된 친일파 한 명만 더 살펴보자.

한국 최초의 근대 지식인이자 한국 기독교계의 대부,
'반일 독립파'에서 시작하여 '친일파'의 거두가 된 윤치호,
그의 일기 속으로 들어가 보자.

⊙조선을 바라보는 윤치호

*천만의 생령이 자유롭게 생각하고 말하고 행동하지 못하는 나라, 능력이 발휘되지 못하고 사장되며 포부가 실현되지 못하고 애국심이 표현되지 못하는 나라, 지옥같은 전제 정치가 수세대의 굴종과 빈곤과 무지를 낳는 나라,

갑신혁명의 주역들(좌측부터 박영효,서광범,서재필,김옥균)

삶 속에서 죽어가고 죽음 속에서 살아가는 나라, 도덕적 물질적 부패와 더러움...이같은 정치적 지옥이 얼마나 계속될 것인가?

*세계에는 영국의 입헌군주제부터 조선의 지독한 독재 정치에 이르는 여러 형태의 정치 체제가 존재한다.

*(외국인들의)일본 칭찬이 자자한데 나는 내 나라 자랑할 일은 하나도 없고, 흉 잡힐 일만 많으매 일변 한심하며, 일변 일본이 부러워 못견디겠다. 내 평생을 우리나라 좋은 일에 힘을 다하여 비록 내 생전에는 내 나라가 남의 나라 같이 번성하는 것을 못 볼지라도...[1888년 12월 29일 미국에서]

***황제가 말했기 때문에 박영효를 반역자로 생각하는 인민이라면, 그런 인민은 보위에 있는 허수아비보다 더 나은 통치자를 가질 자격이 없다**

*조선이 지금의 야만적 상태에 머무느니 차라리 문명국의 식민지가 되는 게 낫겠다[1890년 5월 18일]

*무능하고 가렴주구를 행하는 조선인 정부와 유능하고 착취하지 않는 일본인 정부 중에서 택하라면 나는 일본인 정부를 택할 것이다.

*조선인의 특징은 한 사람이 멍석말이를 당하면 그 사람에 대해서 알아보려고는 하지 않고 다 함께 달려들어 무조건 몰매를 때리고 보는 것이다.

*결국 일본은 조선의 개혁을 지원하는 데 실패했다. 그런데 그 잘못은 일본의 잘못이 아니고 조선 정부의 잘못이다.

*황제는 조선의 광산을 모두 자신의 사유 재산으로 만들 작정이고, 그리 공표하였다. 조선인에게는 더 나은 정부를 가질 자격이 없다. 조선에서는 밥 한 그릇과 김치 한 가닥이 가장 높은 이상이다. 나라 전체가 지옥 같고 아무리 부당한 전제군주 통치를 받아도 밥과 김치만 있으면 평화롭다.

그 왕에 그 관료에 그 백성이다. 다 잘 만났다.[1899-2-10]

*저열하고 무능한 조선의 민족성으로는 자치를 손에 쥐어준다고 해도 독립적인 국가를 세우는 것은 불가능하다.[민권사상과 참정권 외침이 외면당한 데 대한 절망]

*나는 황인종의 일원으로서는 일본을 사랑하고 존경한다. 그러나 한국인으로서는 한국의 모든 것, 독립까지도 앗아가고 있는 일본을 증오한다.

◉일본에 간 윤치호

*일본말은 중국말이나 조선말에서처럼 나쁜 욕설들이 흔하지 않다는 것은 놀랄 만한 사실이다. 일본 사람들이 욕을 하기 위해서는 영어나 중국어의 나쁜 표현을 빌려 써야만 한다.[1893-11-1]

*일본 사람들은 아주 행복해 보였다....가난한 길거리에 가서도 조선이나 중국처럼 넌더리가 날 정도의 냄새가 나지 않았다. 호텔에서 일하는 사람들이나 가게에서 일하는 이들 그리고 노동자들은 아주 공손하고 자기가 할 바를 다한다. 그들의 봉사에 대가를 지불하는 것이 즐거울 정도다....

만약 내가 마음대로 '내 나라'를 정할 수 있다면 나는 지독한 냄새가 나는 중국이나 인종 편견과 차별이 극심한 미국 또는 악마 같은 정권이 존재하는 조선이 아니라 일본을 선택했을 것이다. 오, 축복 받은 일본이여! 동양의 낙원이여! 세계의 동산이여![1893년 11월 1일]

*도쿄에 온 이래....인력거 인부 사이에서조차 더럽고 상스러운 말이 오가지 않는다. 이 거대한 도시의 200만 명이나 되는 남자, 여자와 아이들에게 거리에서 가래나 침을 뱉지 말라고 누가 가르쳤을까?[1905년 7월 25일]

◉윤치호 일기에 나오는 독립 투사들

*상해 임시정부 관계자들이 몇 개의 분파로 쪼개졌다는 얘길 들었다. 앞으로도 그럴 거라면, 독립을 외쳐봐야 아무 소용이 없다.[1919년 8월29일]

*북부지역에 무장소요(무장독립투쟁)가 발생한 게 사실이라면, 일본인들은 이득을 볼 것이고, 조선인들은 손해를 보게 될 것이다. 왜? 일본인들은 거의 공짜로 땅을 사들일 수 있을 만큼 이 지역이 황폐화 될 것이다. 일본은 200명의 비무장 만세꾼 보다 2만 명의 무장 선동가들을 더 빠르고 쉽게 진압 할 수 있다.

'이토 히로부미' 공작을 암살한 게 병합을 촉진시켰던 것처럼, 이른바 독립소요(무장독립투쟁)는 일본인들의 조선의 토지와 자원을 장악하는 것을 촉진시킬 것이다. [1919년 10월17일]

*(독립투쟁파의) **시위계획 중 하나는 미국 의원 일행이 경성 역에 도착 했을 때 만세를 외치며 통곡하는 거라고 한다.**

그리고 미국과 일본 간의 전쟁을 유도하기 위해 미국 내의 반일 감정을 조장하려고 약간 명의 방문객을 죽이는 계획도 들어 있다고 한다. 독립운동 지도자들이 마련했다는 계획이 고작 이 모양이니 원, 통곡이야 한낱 유치하기 짝이 없는 행위로 끝나겠지만, 방문객들의 신변에 문제가 발생한다면 조선 독립의 대의명분은 돌이킬 수 없을 만큼 손상을 입을 것이다. [1920년 8월17일]

☞ 1920년 8월 21일, 경찰당국은 광복군 총영에서 파견된 10여 명의 결사대를 체포했다. 이 결사대는 두 조로 나뉘어 한 조는 미국 의원단에게, 다른 한조는 총독부와 종로경찰서에 각각 폭탄을 투척할 계획이었다고 한다.

*미국인들이 조선인들을 동정하고 있다고 가정하더라도 그들에게는 성사 여부가 불투명한 조선의 독립을 위해 일본과 큰 전

쟁을 감행할 만한 여력도, 의사도 없을 것이다. 미국인들은 몽상가들이 아니다. 왜 자꾸 쓸데 없이 일본을 정치적으로 자극하나? 일본이 조선인을 자극하는 언사와 정책 선전을 계속한다면 절대로 조선인들의 호감을 얻을 수 없다.

마찬가지로 조선인들이 필요 이상으로 일본인들을 적대시하게 되면, 상황은 더욱 악화될 것이다. 우리는 법보다 주먹이 가깝다는 속담을 기억해야 하고, **물 수 있을 때 까지는 짖지도 말라는 교훈을 유념해야 한다.** [1920년 8월20일]

*….그는 상하이에서 활동하고 있는 이들이 돈을 필요로 하고 있다는 얘기를 늘어놓았다.

그러나 교육, 종교, 온갖 분야의 기업을 위해서는, 상하이에 있는 그들보다 국내에 있는 우리들에게 돈이 더 필요하다. **텅 빈 머리와 더욱더 텅 빈 주머니를 가지고 만세를 외치는 것보다 교육, 종교, 기업 등에 힘쓰는 게 훨씬 더 중요하다.** [1920년 11월12일]

*오전 9시에 젠킨스 양을 방문했다. 이승만 박사에게 내 구두 메시지를 전해달라고 부탁했다.

"(1)우리가 심각한 경제적 압박에 처해 있는 이상 없는걸 보내줄 수는 없다. (2)상하이 임시정부는 어리석은 폭력 난동을 포기해야 한다. 폭력 난동을 시도해봐야 조선인들만 다칠 뿐이니까."

임시정부를 운영하기 위해서는 1년에 적어도 4만 원의 비용이 든다. 하는 거라고는 아무 것도 없는 정부를 유지해 나가는데 이 막대한 돈을 들이느니 청년들에게 견실한 교육을 시키는 데 쓰는 게 낫다고 본다. [1921년 1월6일]

*상해 임시정부가 정녕 양식 있고 충정 어린 정부라면, 우선 모든 조선인들을 밤낮으로 공포에 떨게 하는 자금확보 방식을 포기하겠노라고 천명해야 한다. 사람의 목에 권총을 들이대고 돈을 요구하는 건 정부 요원이 할 일이 아니라 강도나 할 짓이다.
조선인들은 상당히 가난하다.
조선의 갑부들을 골라 임시정부에 자금을 대주지 않는다고 죽이거나, 억지로 자금을 대게끔 해서 그로 인해 일본인에게 죽임을 당하도록 만드는 건 모든 조선인들을 거지 신세로 전락시키는 행위에 다름 아니다. 이것이 애국심이라면, 이것이 국민에 대한 봉사라면, 이것이 독립이라면, 주여, 우리를 이 모든 것들로부터 구해주옵소서! [1921년 2월 10일]

*'신일본주의'를 제창해온 민원식이 오늘 조선인 청년의 칼에 찔려 죽었다고 '경성일보'가 보도했다.
그는 조선인들에게 참정권을 부여해줄 것을 간청하는 청원서를 중의원에 제출할 요량으로 도쿄에 갔다. 그는 우리 조선인들이 철저하게 일본화 되어 현재 상황을 타개해 나가야 한다고 주장해, 독립운동가들의 적개심을 더욱 고조시켰다.
난 민원식을 높이 평가하지도 그의 정치노선에 공감하지도 않는다. 그의 생각은 조선의 독립을 팔아 넘기자는 게 아니라, 현 상황에서 최상의 이익을 얻자는 것이었을 뿐이다.
**설령 그의 의견에 동의하지 않더라도 거기서 끝나야지, 의견이 다르다는 이유로 사람을 죽이는 건 부질없는 짓이다. 조선의 역사, 특히 지난 500년 간의 역사가 당파간의 상호 살육의 연속이었다는 점이 서글프기만 하다. '우리와 의견을 달리하는 자는 제거하라!' 이것이 조선 정치가들의 좌우명이었다. 조선 청년들이 정치 선배들의 악습을 고스란히 답습하고 있다. [1921년 2월 16일]

☞민원식: 영친왕의 생모인 엄귀비의 조카사위로서, 대한실업협회,정우회 등을 결성해 친일 여론을 조성해 '한일합방'에 일조했고, 3.1운동 당시 매일신보에 연재물을 실어 3.1운동을 비판했다. 1920년 신일본주의를 제창하며 시사신문을 창간해 총독부의 시책을 옹호했고, 1921년 조선인 참정권을 청원하려고 일본에 건너갔다가 양근환에게 살해되었다. 이후 일본 중의원은 민원식의 사망에 자극 받아 내지 조선인 참정권 청원을 만장일치로 채택했다.

★(민원식 살해범에 대해)젊은 사람이 하찮은 데 목숨을 내놓다니 유감스럽다. **암살 따위를 통해 조선 독립을 쟁취한다는 건 불가능한 일이다.**[1921년 3월 5일]

★돈 가뭄이 점점 더 악화되고 있다. 조선에는 농작물이 종전 가격의 3분의1에 팔리는지 4분의1에 팔리는지 조금도 관심이 없는 세 부류의 인간들이 있다. 이들의 관심사는 오직 누군가에게 돈을 뜯어내는 일 뿐이다. 이들은 (1)아무 생각 없는 아녀자들 (2)탐욕스러운 식객들 (3)이른바 '애국자들'이다.

★이승만군이 상하이의 지도자들과 함께 일하는 게 사실상 불가능하다는 걸 깨닫고 실의에 빠진 나머지, 대통령직에서 물러나기로 했다는 소문이 나돌고 있다. 조선인들은 이기심을 독립심

1900년대의 평양 중심가

으로, 기생을 상호부조로 잘못 알고 있다. 어차피 하나로 똘똘 뭉치지 못할 바에는 갈라서는 게 낫다. [1921년 5월 4일]

*나는 질레트 씨에게 은밀히, 이승만에게 가서 상하이를 떠나라고 전해달라고 말했다. 아울러 임시정부 요원들이 총구를 겨누고 운동 자금을 뜯어내는 건 노상강도나 할 짓이지 정부 요원이 할 일은 아니다 바람직하지 않으니 중지하면 좋겠다는 뜻을 전해달라고 부탁했다. [1921년 5월 20]

*조선인들의 그릇된 믿음 중 하나는-조선인들에게 천벌을 안 겨주었던 믿음은- 정치를 통해서만 조국에 기여할 수 있다는 생각이다. **부지런히 농사일을 하며 자기 고장의 교육환경 향상에 힘쓰는 사람이야말로, 모든 애국적 연사보다 더 조선인들의 궁극적인 성공에 보탬이 될 수 있다.** [1921년 9월 27일]

*며칠 전 노드클리프(데일리메일을 창간한 영국의 신문왕) 경이 베이징으로 가는 도중에 조선을 다녀갔다. 여운홍씨의 말에 따르면, 노드클리프 경은 창밖을 보며 이렇게 말했다고 한다.

"당신네 나라 사람들은 미개인입니다. 아프리카 원주민도 저런 움막집보다 좋은 집에서 삽니다."

그 무례하고 퉁명스러운 발언들이 여운홍 씨의 정신을 불붙은 석탄 위로 굴리는 것 같았다고 한다.[윤치호일기1921년-11-16]

*며칠 전 조선일보 기자가 인터뷰를 하기 위해 노드클리프 경이 타고 있던 기차에 탔을 때, 그는

"당신들은 독립을 원합니까?"라고 물었다.

기자는 일본인 관리와 독립운동가 여운홍 씨 사이에 끼어 당황하다가 "그렇습니다"라고 말했다. 이에 그 영국인은 말했다.

"당신들은 독립국가를 운영할 능력이 있습니까?"

기자는 다시 "그렇습니다."라고 답했다.

"당신들에게 이런 철도를 만들고 운영할 돈과 사람이 있습니까?"라고 물었다. 기자는 외국인 전문가를 고용하고 다른 나라로부터 돈을 빌리겠다고 말했다.

"빌린다고요! 누가 당신들한테 돈을 빌려준답니까? 나는 당신네 조선인 누구에게도 1센트도 주지 않을 것입니다."

노드클리프 씨는 또 여운홍 씨에게 말했다.

"당신네 조선인들은 왜 당신네들끼리 늘 싸웁니까?"

노드클리프는 너무 단도직입적인 사람이다.[윤치호 영문일기1921-11-18]

*여운홍 군에 의하면 미국 공사관 서기관인 베크씨도, 지도자들이 분파투쟁만 일삼는 걸 보면 조선 독립에 비관적인 생각을 갖게 된다고 했다 한다. 베이징에서 조선인 '애국자'라 자처하는 무장강도 들에게 두 번이나 강도를 당한 장수 변호사는 내게 이런 말을 했다. "베이징의 조선인들이 하나로 뭉쳐서 강도짓을 했더라면, 난 강도를 당하고서도 기뻤을 거예요. **베이징에 사는 조선인이 500여 명인데, 분파가 일곱 개나 된답니다."** 상하이에 있는 소수의 지도자들도 대의를 위해 협력할 수 없는 마당에, 1700만 명에 이르는 조선인들이 하나로 뭉칠 수 있을까? [1921년 11월20일]

*요즘 독립이라는 미명 하에 돈을 갈취하는 게 유행하고 있다. 서울에서는 대낮에 도적들이 권총을 들고 부자들의 집을 찾아가 수만 원을 내놓으라고 요구한다. 요즈음은 한말처럼 불안하기 짝이 없다. [1923년 1월4일]

***만주 전 지역이 고질적인 무정부 상태에 있다.**
부패한 관료층, 잔인한 마적, 짐승 같은 공산주의자들이 가난한 농민과 상인들에게 돈을 뜯어내려고 앞다퉈 경쟁하는 곳에서, 법을 준수하는 사람은 어느 누구라도 안전하게 살 수가 없다. **만주에는 조선인 농민들의 고혈을 빨아먹는 네 부류의 암적인 존재가 있다. 중국인 관료들, 중국인 마적, 조선인 볼셰비키들** (공산주의자들), **그리고 조선인 '애국자'들 말이다.** [1931년 7월3일]

*안창호 씨가 상하이에서 체포 되었다고 한다. 천장절 기념식

1930년대의 평양

이 거행되고 있을 때, 한 조선인 공산주의자(윤봉길-필자)가 단상에 자리하고 있던 일본인 고위층 인사들을 향해 폭탄을 던졌다고 한다. 만약 안씨가 이 비열한 행위와 관련이 있다면, 혹독한 고초를 겪게 될 것이다. 그가 이런 일을 저지를 만큼 몰지각한 사람이 아니라면 좋을 텐데. [1932년 4월 30일]

★이런 것만 봐도 조선은 독립할 자격이 없다.(독립운동 과정에서 서북파와 기호파 간 서로 비난이 끊이지 않자)

★최린 씨가 말한 내용의 골자는 이렇다. "우리가 감정만 앞세우며 살 수는 없죠. 우리가 독립을 얻을 수 없다고 가정한다면, 조선에 대한 일본인의 근본 정책이 뭘까 하는 게 중요하겠죠? 내지연장주의 정책이 조선을 일본 본토의 일부분으로 대우하는 걸 의미한다고 하는데요. 그렇다면 총독도 필요 없고 조선에서 적어도 200명의 의원이 중의원에 진출하게 된다는 얘기죠. 일본이 이걸 받아들일 수 있을까요?
그렇다면 자치만이 유일하게 합리적인 정책입니다.

1920년의 서울 배오개시장(동대문)

난 반일적인 자세에서 철저한 친일파로 변신했다는 걸 보여주려고 중추원 직책을 수락했어요. 난 친일적 입장에서 일본이 조선에서 벌이고 있는 행위들을 비판할 겁니다. 그래서 우리 민족을 위해 최대의 이익을 얻어낼 겁니다." [1934-10-12]

●독립과 공존 사이

*그동안 일본인 변호사 협회와 조선인 변호사 협회 두 단체가 활동했었다. 그런데 일본인들은 조선인 변호사들의 반대에도 불구하고 두 협회를 통합해버렸다.

일본인들은 모든 것을 제멋대로 처리했고 조선인 회원들은 이 협회 모임에 불참하곤 했다. 그런데 **올해 정기 연례회의에서 조선인들이 다수를 차지해 조선인을 회장으로 뽑았다.**

일본인 회원들은 분을 삭이지 못하고 경성지방법원 검사정에 이의를 제기 했는데, 검사정은 조선인들의 손을 들어주었다.

정말이지 멋진 일이 아닐 수 없다. 어떻게 하면 두 민족이 하나

로 병합된 국가에서 사이좋게 지낼 수 있을까? [1919-5-28]

*지난 10년동안 일본인들이 모범적인 거류지로 탈바꿈시킨 용산은, 조선 치하에서는 무덤으로 뒤덮인 형편 없는 황무지에 불과했다. **이론적으로만 본다면, 무덤 주인들로부터 용산을 빼앗아서는 안된다. 그러나 일본인들이 섬뜩하기만 했던 지역을 아름다운 읍내로 변모시킨 건 엄연한 사실이다.
세상을 움직이는 건 이론이 아니라 현실이다. 우리 조선인들이 이런 진리를 더 빨리 깨달을수록 더 현명해질 것이다.** [1920-3-10]

*난 일본인들이 흥에 겨워 몇 년만 지나면 시베리아 변방의 한 구석에서나 조선 민족의 자취를 찾을 수 있을 거라는 희망이자 소원을 떠벌이는 걸 들은 적이 있다. 인간의 본성 중에서 가장 혐오스러운 점은, 애국심, 자유, 충성, 종교 등의 미명 하에 온갖 종류의 극악무도한 행위들을 저지르는 것이다. [1919-7-18]
☞일본이 결국 땅을 빼앗아 쫓아내려 한다고 의심하고 있다. 토지수탈론은 1910년대 초중반에 일제가 땅을 빼앗았다는 것인데, 적어도 1919년 까지는 땅을 빼앗지 않았다고 말하고 있다.
소련은 조선인들을 시베리아로 강제 이주시켜 삶의 터전을 빼앗았지만, 일본은 그러지 않았다.

***만세를 외치는 알량한 거지들이 독립을 가져다 줄 수는 없을 것이다. 더 비참한 건 설령 독립이 이루어지더라도 무지와 가난에 찌든 대중들에겐 독립을 유지해 나갈 만한 능력이 없다는 사실이다.** [1920-8-14]☞앞서 밝혔듯이 이 시기의 조선인 문맹률은 99%였다.

*조선에서 조혼은 지배적인 관습으로 유지되고 있다. 개성에서는 6-9세의 어린이들을 결혼시킨다. 당국이 손만 쓰면 이런 병폐를 근절시킬 수도 있지만 당국은 이 가증스런 관습에 대해 손 하나 까딱하질 않는다. 그런데도 일본인들은 조선에서 조혼을 금지한게 자기들의 자비로운 개혁 중 하나라고 뻔뻔하게 자랑한다. [1919- 8-21]

*오전 9시에 중추원에 갔다. 전국 13도를 대표해서 총 52명이 참석했다....오후 회의에서 유맹 씨가 조선과 일본의 관계에 대해 강연했다. 그는 고약하게도 이조 말기에 저질러진 최악의 실정과 총독부가 이룩한 최상의 치적을 비교했다. 강연을 듣던 대표들이 어찌나 화가 났는지 붉으락 푸르락 안색이 변했다. 일본인들은 조선인의 심리와 정서에 대해 상당히 무지하다.[1919-9-20]

☞일설에 의하면, 유맹이 조선총독부는 조선인을 차별한 적이 없다고 말하자 지방 유력자들이 이를 반박하며 한바탕 항의 소동을 벌였다고 한다.

*9시에 중추원 회의가 속개 되었다. 야마가타 이소오씨가 '오늘날의 세계정세' 라는 제목으로 강연했다. 그는 조선병합을 가리켜, 힘을 앞세워 정복한 게 아니라 두 민족이 대등한 위치에서 통합한 거라고 말했다. 그는 미국에서 벌어지고 있는 극심한 인종차별에 대해 언급한 후, 일본인들이 지금껏 이런 식으로 조선인들을 대우했느냐고 대표들에게 반문했다.

대표들은 이에 화를 냈다. 야마가타 씨는 일본인과 조선인의 차이가 백인과 흑인 간의 차이만큼 그렇게 근본적인 것도 아니고, 명확한 것도 아님을 알았어야 했다.[1919-9-22] ☞안타깝게도 윤치호 자신조차 인종 차별적 사고가 다소 있는 듯 하다.

*오늘 중추원 회의에서 미즈노 정무총감이 연설했다. 그는 이런 말을 했다. "본인의 진정한 소망은 조선인들의 행복을 증진하는 겁니다. 병합은 동양의 평화를 유지하려는 양국 황제의 소망과 두 민족의 열화와 같은 소망에 의해 이루어졌습니다. 정치를 잘 하려면 통치자와 피치자 사이에 의사소통이 잘 이루어져야 합니다. 여러분들의 희망과 불만을 본인에게 말씀 해주시기 바랍니다. **유고와 훈시만으로는 별다른 소용이 없으니, 지방에 시찰관을 보내 훈시의 이행 여부를 지켜보고자 합니다. 그리고 지방자치 기관을 설치하겠습니다**". 각도 대표들은 미즈노 씨의 연설을 듣고 상당히 만족스러워 했다. 오츠카 내무국장이 미즈노씨의 뒤를 이었다. 그는 조선인의 관습과 지식수준에 적합한 지방자치 제도를 도입하자고 제안했다. [1919년 9월23일]

*오후 5시에 저녁을 먹으러 총독 관저에 갔다. 총독은 피로한 기색이 역력했다. 8시에 지방에서 올라온 대표들이 태화관으로 자리를 옮겼다. 내일 당국에 제출하기로 되어 있는, 조선인들의 불만과 요구사항에 관한 서한을 작성하기 위해서다. 장시간 토론 끝에 우리는 19개 조를 작성했다. 새벽 4시가 되어서 잠자리에 들었다. [1919년 9월 24일]

*시바다 총독부 학무국장이 자기 분야에 대해 재치 있는 강연을 했다. 10년 전에 100개였던 보통학교가 지금은 569개로 늘었다고 한다. 그 때는 실업학교가 18개였는데 지금은 98개나 된다고 한다. 그 때는 전문학교가 하나도 없었는데 지금은 7개나 된다고 한다. [1919년 9월26일]

*두 명의 조선인이 있다. 한명은 열심히 일하면서 자기 가족을 편안하게 부양하고, 주변 사람들을 도와가며 점잖게 살아간다. 하지만 그는 만세를 부르고 다니지는 않는다.
다른 한명은 자기 가족을 제대로 부양하지도 못하면서 물려받은 재산을 탕진하지만 시도 때도 없이 만세를 부른다.
이 두 사람 중 어느 쪽이 애국자일까?

고종황제가 악정을 치닫고 있었을 때 황제 개인의 금고를 위해 가난한 백성들의 피와 땀으로 금괴를 주조했던 이용익은 충신으로 여겨졌다. 그런데 그는 일본인들을 증오했다.
그렇다고 그가 애국자였다고 할 수 있나? [1919년 11월11일]

*민병석과 윤덕영이 덕수궁, 즉 고종황제의 궁궐과 영성문 안쪽의 인근 부지를 일본인들에게 팔았다고 한다. 이 비열한 행위를 허용한 일본의 정치행위에 신물이 난다. [1919년 11월22일]

*농민들은 병합 후 10년동안 적당한 쌀값과 적은 세금 덕분에 비교적 편안한 시절을 보냈다. 하지만 지금은 세금이 치솟고 농작물 가격은 곤두박질 치고 있다. 가난한 농민들은 망연자실 해

있다. 종전에는 일본 통치의 불만이 학생층에 국한되어 있었지만 이제는 농민들 사이에서도 불만이 들불처럼 번지고 있다. 이것이 일본이 마련했다는 정책의 일환인가? [1920년 12월24일]

*친일파들이 당국의 지원을 받으며 동화(同化)라는 이상을 실현하고자 남다른 노력을 하고 있다. 국민협회와 동민회가 그들이다. 그들은 강연과 전단 배포도 하면서 일선융화(日鮮融和)를 제창하지만 다 부질 없는 짓이다. 일본이 시행하고 있는 시책을 통해서 일본이 원하는 건 조선일 뿐, 조선인이 아니라는 우리의 믿음이 사실로 확인되는 한, 조선인들이 일본의 통치에 순응 한다는 건 불가능한 일이다. [1924년 2월5일]

*친일파들이 이런 식으로 활동한다면, 도리어 반일 감정만 더더욱 거세질 것이다. 사이토 총독이 개인적으로는 호인이지만, 일본의 구역질 나는 이기심에서 야기된 많은 죄악을 혼자서 덮어버릴 수는 없다. [1924-5-3]

*오늘도 관공서와 민간인 사무실을 불문하고 모든 사무실이, 심지어 병원까지도 천황의 장례식에 조의를 표하고자 문을 닫았다. 천황이 땅에 묻히는 일 때문에 이틀 내내 현대적 삶의 작동이 꽁꽁 묶인다는 건, 전 민족의 상식과 지성에 대한 모독이 아닐 수 없다. [1927-2-8]

⊙조선의 파벌주의

*조선인이라면 누구나 자신들을 상당수의 적대적인 진영으로 갈라놓은 파벌이라는 것이야말로 최악의 천벌이었다는 사실을 시인한다.... 두 가지의 씻을 수 없는 범죄를 저지른 조선, 소수의 양반 가문에게 모든 권력을 집중시키고 백성들의 호전성을 제거한 이조가 1905년에 사라졌다.

하지만 파벌의 전통과 편견은 지금도 기승을 부리고 있다.

안창호가 이끄는 서북파가 기호파를 죽이고 싶을 만큼 증오한다는 것은 널리 알려진 사실이다. 하와이, 미국, 시베리아, 중국 등 모든 곳에서 이 두 파벌은 도저히 용해될 수 없는 적대감을 지니고 있다. 서북파는 기본방침으로 일본인을 몰아내기 전에 기호파의 씨를 말려야 한다고 선언했다고 한다.

해외에 나갔다가 돌아온 기호인은 한결같이 두 진영 사이에 적대감이 존재한다는 사실에 동의한다.

서북파에게 더 큰 잘못이 있는 것 같다.

모든 조선인이 한 배를 타고 있는데, 안창호 같은 인사들이 어떻게 이 하잘 것 없는 분파정신과 증오심을 고취할 수 있는지 도무지 납득할 수 없다.[윤치호 일기1931-4-17]

*다산 정약용이야말로 이조가 배출한, 아니 박해한 위대한 학자다...그는 16년 동안 유배생활을 하면서 매우 광범위한 주제를 다룬 70여 권의 귀중한 원고를 남겼다.

그런데 요즘에도 노론계에 속하는 인사들은 그가 남인이었다는 이유만으로 그의 책을 읽지도 사지도 않는다.[1935-7-17]

⊙만약 조선 왕조가 존속했었다면

*철도공원에 벚꽃이 만개했다. 불과 7-8년 전 까지만 해도 이 곳은 나무도 없고 보기도 흉한, 삭막한 곳이었다. 그런데 일본인들이 이 곳을 아주 매혹적인 공원으로 탈바꿈시켜 놓았다. 만약 이 동산에 신령이 있다면 어디 좀 물어보자.

조선 관리의 행차 모습

일본 정권과 조선 정권 중 어느 쪽이 더 좋으냐고.[1919년 4월 27일]

*난 가끔 고종황제가 지난 14년 동안 계속해서 황제 자리에 있었더라면 조선이 어떻게 되었을까, 또 조선인들은 지금쯤 어떤 대접을 받고 있을까라는 의문을 품어 보면서 웃음 짓곤 한다.

(1)아마도 궁궐과 조선에는 이용익,이지용,민영철 같은 야비하고 잔인하고 가증스런 악당들이 들끓었을 것이다
(2)온 나라에 도적과 노상강도가 출몰해 인명과 재산이 무사하지 못했을 것이다. (3)도지사,군수,군인,경찰의 수탈과 만행이 도적과 노상강도들의 수탈과 만행보다 더 심했을 것이다...
고종황제가 지금까지 권력을 누렸다면, 조선은 더 살기 좋은 나라가 되었을까?[1920년 10월 29]

*수색에서부터 상당한 거리에 걸쳐 논이 모두 물에 잠겼다. 참담한 광경이다. 가난한 농민들은 오랜 가뭄 때문에 속이 타들어갔고, 그 뒤에는 무자비한 홍수에 흠뻑 젖고 말았다!

조선의 통치자들이 유교 경전을 암송하고 당파싸움으로 보낸 시간을 좀 줄여서 도로, 다리, 적절한 제방과 저수지를 만드는 데 썼다면, 우리 형편은 훨씬 나아졌을 것이다.[윤치호 일기1923-8-2]

◉ 누구를 위한 조선 발전?

*일본 선전자들은 철도,조림,관개사업,항만개선,도로부설 등을 가리켜 일본인들이 조선인에게 선사한 축복이라고 지적한다. 그러나 그 모든 게 제거 된다면, 일본인들은 조선인보다 *100배 이상 피해를 볼 것이다.*[1924년 5월13]

☞윤치호가 '반일파' 였을 당시의 이 말에 대해 필자가 한마디 하고 싶다. **조선인들 입장에서는, 그런 개선으로 조선인들에게 이익이 되느냐 안되느냐가 중요한 것이지, 누구를 위해 투자 했느냐는 중요한 게 아니다. 도로·학교·병원을 만들면 좋아지고, 만들지 않으면 나쁜 것일 뿐이다.** 그로 인해 경제적으로, 지적으로 향상되고, 건강하게 오래 살게 된다는 게 중요한 것이다.

자기들의 이익이 없이 남을 위해서만 돈을 퍼부을 사람은 세상에 아무도 없다. 또, 기본 목적이 이주 일본인을 위한 것이라 해도, 그 속에서 한국인만을 위한 사업이 진행 되기도 한다.

예를 들어 필자의 고향에는 일본인 이주민이 거의 없었지만 초중학교와 신작로와 다리와 공동수도를 일정시대 때 만들었다고 한다.

투자의 첫째 목적은 소수의 일본인을 위한 이유가 크겠지만, 조선인들에게 크게 도움이 되는 것이다. 또 같은 나라가 되었기 때문에 가장 열악한 지방으로 지원금이 우선 배정되던 성격도 있었다.

내지의 자금 70억 달러가 한반도로 보내졌는데, 자기들 돈을 한국인만을 위해 쓴다는 건 말도 안된다.

만약 한국이 소말리아를 합병했다고 쳐도, 한국인의 이익이 없이 오로지 소말리아인의 이익만을 위해서 대규모 도로나 철도 투자를 해 줄까? 거기서 소말리아인에게 중요한 건, 투자의 목적이 아니라, 그런 투자 속에서 소말리아인들이 유익에 도움이 되느냐의 여부다.

만약, 빌게이츠와 MS 본사가 한국으로 이사 오면 "자기들의 이익을 위한 것일테니 고마워할 필요 없어"라고 해야 할까?

한국에 투자한 것은 빌게이츠 자신을 위한 것이겠지만, 그러한 투자가 누구를 위한 투자냐가 중요한 게 아니라 그 속에서 그 지역 환경이 좋아지므로 투자 해 주기만 하면 고마운 것이다.

투자의 목적 보다는 결과가 중요하며, 상호 이익적 교집합을 찾는 게 중요한 것이다.

⊙ 윤치호가 말하는 조선의 양반

*조선 양반의 기본 생활 법칙은 이렇다.

① 밥 먹을 때와 글씨 쓸 때 빼고는 손 하나 까딱하지 마라.

② 모든 사람이 내 시중을 들도록 만들라.

남들 시중을 들 생각은 마라. 이것들이야말로 조선인이 갖고 있는 게으름과 이기주의의 아버지다.

조선의 양반과 상놈

③남에게 식욕이 좋다는 걸 보여주지 마라. 천해 보인다.

④중국 역사와 고전만 읽어라. 조선 역사와 고전에 관심이 있다는 걸 드러내서는 안 된다. 그러면 천박해 보인다.
미술과 산술이나 의술 같은 과학을 좋아한다는 것도 드러내지 마라. 효심, 고결함, 왕에 대한 충성심에 대해 글을 써라.
바람과 달에 대한 시를 지으면서 여가를 보내라.

⑤항상 하인들을 닦달해라. 아랫것들에게 물건을 넘겨줄 때는 던져주어라. 그들이 내게 겁을 먹도록 화를 많이 내라. 언제나 천천히 행동해라.[1929-1-24]

*벼슬 사는 것을 인생의 최고선으로 여기다보니 조선에서는 기생(妓生) 생활이 명예로운 것이 되어버렸다. 따라서 무위도식이나 게으름이 양반을 상징하는 단어가 되어버렸다. [1920년 1월25]

⊙실력양성 외에는 길이 없다.

*우리 조선인들이 아직 정치적 독립을 위한 준비를 갖추지 못했다는 몇가지 증거가 있다.

(1)일부 지역에서는 마을 사람들이 조선이 독립 되었다는 소식을 듣자마자 지방 공무원들이 일제가 자기들에게 심게 했던 나무들을 다 베어버렸다. 이 무식한 사람들은 독립이 되면 나무가 더 많아야 한다는 사실을 모르고 있다

(2)중등학교 학생들은 동맹휴학을 계속한다. 이 친구들 역시 교육 없이는 어떤 나라도 생존할 수 없다는 것과, 교육을 받으면 받을수록 더욱 더 독립을 원하게 된다는 걸 모르고 있다.

(3)기독교 목사들마저 분별력이 떨어져서, 조선의 정신적 정치적 현 단계에서는 정치에 간여치 말고 민족의 도덕성 향상에 전념해야 한다는걸 모르고 있다. [1919년 5월 10일]

*인종이나 민족, 그리고 파벌이나 개인을 둘러싼 차별은 인간의 본성에서 비롯된 것이다. 문명의 발전 단계상 우월한 단계와 저급한 단계가 존재하는 한, 차별도 존재하게 될 것이다.

유색인종이 백인종과 동등하거나 더 우수하다는 걸 입증하지 못한다면, 법규나 강연이나 설교를 통해서도 백인종이 유색인종에 대한 차별대우를 멈추도록 만들지 못할 것이다.

조선인들이 모든 점에서 일본인들과 동등하다는 걸 입증하지 못한다면, 법규나 설교를 통해서도 일본인들이 조선인들에 대한 차별대우를 그만두도록 만들지 못할 것이다. 우선 지적 경제적 상황을 향상시켜야 한다. 그러면 모든 게 따라올 것이다. [1919년 9월 1일]

*조선인들은 나무를 보면 오로지 부엌(땔감) 만을 생각한다. 조선인들은 나뭇가지를 베거나 껍질을 벗겨내지 않으면 행복하지가 않다. 조선인들과 실한 나무 간에는 생사를 건 적대감이 배어 있는 것 같다. 조선인들은 끝까지 독립을 외칠 것이다. 하지만 아름답고 유용한 나무를 사랑할 줄 알아야만 독립을 얻을 자격이 있으며, 실제로 독립을 얻을 수 있을 것이다. [1920년 3월 12]

*일본이 조선에게 독립을 되돌려주었다고 가정해보자.

(1)전국 방방곡곡에 정책해 있는 33만 명의 일본인들을 우리가 조선반도 밖으로 내보낼 수 있을까? 불가능한 일이다.

(2)일본이 조선에 견고하게 설치해놓은 모든 철도, 항로, 전신, 전화, 은행, 공장, 농장 등을 우리가 모조리 사들일 수 있을까? 불가능한 일이다.

(3)영토권과 그에 수반된 권리, 그리고 치외법권 등을 우리가 폐기할 수 있을까? 가능한 일이다. 하지만 가능성이 높아 보이지는 않는다.

(4)우리가 영토를 수호하고 법을 집행할 만큼 양적, 질적으로 막강한 육·해군을 창설해서 유지해나갈 수 있을까?

불가능한 일이다. [1919년 9월 15일]

*어제의 문제를 계속 생각해 보자

(5)우리가 해를 거듭할수록 늘어만 가는 일본 이주민들을 막고, 우유와 돈이 넘쳐나는 땅을 소유할 수 있을까? 불가능한 일이다.

(6)우리가 친일파, 친미파, 기타 헤아릴 수 없이 많은 파벌로 분열되지 않고 공공의 이익을 위해 하나로 단결할 수 있을 만큼

그렇게 애국적인가? 그런 것 같지는 않다. 그렇다면 **명목상의 독립이 조선인들의 진정한 복지에 얼마나 도움이 되겠나?** 그래서 난 조선인들 입장에서는 이름 뿐인 독립보다는 자치를 해 나가면서 현재의 지위를 유지하는 게 최대의 이익을 도모하는 길이라 **확신한다.** [1919년 9월16일]

*외국인을 초청해서 한식을 대접할 때면 창피해서 낯을 붉히게 된다. **변변한 식당 하나, 대중목욕탕 하나 제대로 운영하지 못하는 사람들이 독립 국가를 경영하길 원하니 나 원 참 기가 막혀서** [1920년 1월13일]

*일본인들이 조선에서 손을 뗀다고 가정해 보자.
조선은 러시아,터키,멕시코,중국 등의 운명을 맞게 될 것이다.

외국의 통치를 증오하는 게 곧 미덕은 아니다.
개인간 국가간의 상호 의존성을 깨닫지 못하고 전체의 행복보다 개인적 이해관계를 더 중시하는 개인이나 국가는 진정한 독립을 이룰 수 없다. [1920년 2월17일]

☞우리는 보통 독립파가 공익을 위해 헌신한 사람들이라 믿게 만드는 교육을 받아 왔지만, 독립 잘못 했다가 수백만이 죽는 생지옥이 될 수도 있는 게 세상인 만큼, 윤치호도 궁극적으로 독립을 지향하지만 준비되지 않은 지금은 위험하다는 생각을 하고 있다. 현재 한국인의 지적 수준보다 100년 전 윤치호의 지적 수준이 **훨씬** 높지 않을까 여겨진다.

*조선인들의 결점 하나는 작은 것을 경멸한다는 것이다.
능력 이상으로 시작하는, 어리석음이 있다. 한그루의 과일나무

도 돌볼 줄 모르면서 수천 그루의 과일나무를 가지고 과수원을 시작한다. 거창한 것을 선호하는 것이야말로 조선인들이 실패를 맛본 가장 큰 원인이었다. [1921년 4월 19일]

*조선인들은 애국심이 면죄부라도 되는 것처럼 생각하고 행동한다. **궁극적으로 애국심은 '확대된 이기심'에 다름 아니며, 애국심도 오용 될 수 있다.** 그래서 애국심의 목적이라 할 수 있는 국민의 진정한 행복을 도리어 깨뜨릴 수도 있다.

조선인들에겐 단순한 정치적 독립보다는 경제적, 도덕적 독립과 자기 신뢰가 훨씬 더 중요하다. 그것을 이루지 못한다면, 정치적 독립은 아무짝에도 쓸모가 없을 것이다. [1920년 4월29일]

*정치적 지위란 건 민족의 의복에 불과하다고 할 수 있다. 도덕적으로 건전하고, 지적으로 수준이 높으며, 경제적으로 자립을 이루었다면, 정치적 지위야 어떻든 매우 편안하게 살 수 있다. 이와 반대로 정치적 독립만 있다면, 이것이야말로 아무짝에도 쓸모 없다. [1920년 5월17일] ☞바로 이 점이 독립투사와 윤치호의 다른 점인데, 당신의 생각은 어떤가?

*농경지를 매입해서 그 땅이 일본인들 손에 넘어가는 걸 막는 사람이야 말로, 그 땅을 팔아서 독립운동 자금을 대주는 이보다 현명한 애국자다. 가난한 소년을 그의 아버지보다 똑똑하게 만들려고 학교를 보내는 사람이야 말로, 정치적 소요를 위해 학생들을 선동하는 이보다 많이 기여하는 것이다.

지금은 조선인들이 배우며 기다릴 때다. [1920년 6월5일]

*박xx 목사가 설교를 했다. 열띠고 훌륭한 설교였다.
그렇게 진지하지만 않았더라면, 조선인이 경멸적인 태도로 일본인을 대하는 것을 보는 것은 상당히 우스꽝 스러울 것이다. 우리가 무슨 권리로 일본인을 경멸한단 말인가?
한강철교를 뉴욕의 브루클린 다리와 비교하지 말고 이렇게 질문하자. 우리는 지난 500년 동안 쓸 만한 다리 하나 놓은 적이 있는가? 미국 특급열차의 속도와 시속 3마일짜리 일본 열차 시간표를 비교하는 것이 무슨 소용이 있는가? 우리에게 좀 더 유익한 질문은 일본인들의 야심과 정력이 아니었다면 지금쯤 우리에게는 몇 피트짜리 열차가 있었을까 라는 것인데.[1920년 7월25일]

*일본인은 청결하다고 널리 알려져 있다. 우리는 불결하다고 알려져 있다. 일본인은 부지런하기로 유명하다. 우리는 게으른 것으로 유명하다. 일본인은 미적 감각과 취향을 발전시켜서 자신들의 메마른 조국을 아름다운 공원으로 변화시켰다.
하지만 우리는 아름답던 국토를 훼손했고, 어딜 가나 우리의 미개함과 어리석음에 대한 항의의 표시인 민둥산이 있다…
우리는 무슨 자격으로 세계에서 가장 자부심 강한 민족이 경쟁하듯 동맹을 맺으려하는 일본인을 경멸한단 말인가?
우리가 할 수 있는 최선은 일본인의 뛰어난 자질, 즉 일본인의 청결성·근면성·협동심·기강·응집력을 되도록 많이 배우고 모방하는 것이다.[1920년 7월 26일]

*우리가 대우 받기를 원한다면, 다른 민족과 똑같이 되어야만

한다. 초가집이 고층건물로, 지저분한 좁은 길이 으리으리한 거리로, 무식함이 유식함으로, 가난함이 부유함으로, 나약함이 강성함으로 바뀌어야만 비로소 우리가 미국인을 대우하는 것처럼 그렇게 대접 받기를 바랄 수 있다. [1920년 8월22일]

*조선인들에게 남다른 재능이 있다면, 그건 기생(寄生)본능이나 심리, 즉 더부살이 하는 것이다.
예전에 조선인들은 인류라는 미명하에 친척과 친구들에게 얹혀 살았다. 그런데 이제는 애국심이라는 미명하에, 사회주의라는 미명하에 남들에게 얹혀 살고 있다. [1921년 1월22]

*일본의 아름다운 풍경은 황홀했다.
서울-부산간 철로 양편의 벌거숭이 야산과 볼품없는 마을만 보아온 사람 눈에는 더욱 그랬다. 산림이 우거진 산, 들판 같은 정원...모든 것들이...[윤치호 일기1922-5-14]

*안창남 이라는 청년이 일본에서 비행기 조종술을 배웠다.
장한 일이지만, 그렇게 엄청난 일은 아니다.
안군은 조종술을 배운 1천명 중의 1명일 뿐이다. 그런데 한 언론이 이를 보도하며 치켜 세우자, 안군이 비행기를 몰고 조국을 방문하는 걸 도우려는 단체가 결성되었고, 성금이 걷혔다.
그에게 비행기 1대를 사 주려고 4만 원을 모았다고 한다.
멍청이들 같으니! 이건 조선인의 유치함을 세계 만방에 알리는 행위일 뿐이다.[1922년 12월9일] ☞ **뭐가 중요한지 모르시나본데,ㅋ 조선인들의 멍청함은 별로 중요한 게 아니고 바로 경제, 쓰잘데기 없는 모금까지 해서 비행기를 선물할 정도로 돈이 넘친**

다는 게 중요하다. 굶어 죽은 시체들이 널려 있고 도적떼가 들끓던 시대가 사라졌다는 게 중요하다.

*토산장려회와 자급자족회의 목적은 외제 옷과 외제 물건보다 한복과 국산 물건들을 애용하라는 것이다.
취지는 훌륭하지만 실패할 게 뻔하다. 조선에는 생활필수품을 공급해줄 만한 산업조차 없기 때문이다. [1923년 3월1일]

*일본인들이 값어치 나가는 모든 땅들을 정당한 방법으로든 부정한 방법으로든 간에 빠른 속도로 점유해 가고 있는 걸 보니 마음이 아프다. 조선인들은 내일에 대한 아무 생각 없이 토지,야산,가옥등 자신들의 생존권을 헐값에 팔아치우는 걸 보면 신물이 난다. 조선인들이 일본인들의 장점을 배우길 거부하고, 도리어 자기들의 무지와 무능력을 자랑스레 여기는 걸 볼 수 있는데, 서글픈 일이다. 이 곳(온양)만 해도 점잖은 사람이 묵을 수 있는 깔끔한 조선인 여관은 한 군데도 없다. [1923년 3월23일]

*1-2년 전에 금주 및 금연의 물결이 전국을 휩쓸었다. 민중은 몇 달 못가서 종전보다 더 많이 술을 마시고 담배를 피웠다.
조선인들이 금연에 관해 큰소리를 치자, 한 일본인이 이런 말을 했다고 한다. "만일 조선인들이 담배를 끊는다면, 우리 일본인들은 밥 먹는 걸 끊겠소" [1925년 1월 30일]

*한달 전 경성전기회사 승무원들이 파업을 했다. 며칠 간 요구사항에 대해 회사 당국과 실랑이를 벌인 후, 일부 파업 지도부가 수감되면서 사태는 마무리되었다. 여기까지는 늘 있던 일이

다. 그런데 며칠 전 65명의 승무원을 새로 뽑았는데, 지원자가 무려 1천 명이나 되었다. 파업꾼들의 생각은 이랬던 것 같다. 미국인,영국인들이 파업 했으니 시대에 뒤처지지 않으려면 우리도 파업해야 한다고 말이다. 결원이 생기면 응시할 사람들이 1600만 명이나 되는데 파업이 무슨 소용이 있나? [1925년 4월17일]

*우리 조선인이 경제적·지적 측면에서 일본인을 따라잡지 못한다면, 일본인의 모욕적인 언행은 결코 중단되지 않을 것이다. 일본인의 우월주의를 가장 확실하게 치료하는 방법, 조선인이 싸우는 방법을 확실하게 배우는 것이다. 일본인은 조선인을 섣불리 건드렸다가는 큰 코 다칠 수 있다는 걸 알게 될 때, 비로소 조선인을 모욕하는 따위의 언행을 삼가게 될 것이다. [1933-5-2]

⊙점차 변화해 가는 윤치호

*예전의 제물포에는 어부들이 언덕 위에 지어놓은 토막 외에는 아무 것도 없었다. 이조 500년 동안 해놓은 거라곤 언덕과 섬들의 나무 베어낸 게 전부인 것 같았다.

그러나 일본인들은 이 곳을 안락한 주거지와 매혹적인 여름 휴양지로 탈바꿈해 놓았다. 월미도는 육지와 연결 되었고, 섬 전체가 수상 휴양지로 변모 되었다.

이 섬이 조선인 소유가 아니라는 걸 잘 안다. 하지만 누가 그걸 비난할 수 있겠는가? [1931년 7월24일]

*미국과 영국은 일본이 만주에서 자유롭게 활동하도록 놔 두어야 한다. 일본의 만주 점령은 부도덕한 행위일지도 모른다.

개화기의 인천 제물포항

그러나 중국 치하의 무정부 상태나 러시아 치하의 야만주의가 그보다 훨씬 더 부도덕하다는 걸 누군들 부인할 수 있을까? [1932년 4월28일]

*중국은 일본의 강탈과 침략 하에서 순교자인 체 해왔다. 하지만 청나라가 무너지자마자, '중화민국'은 내몽골 영토 안에 있는 몽골인들이 소유하고 있던 땅을 몽땅 몰수 해버렸다.

그러고 나서 그들은 이 땅을 이론상으로는 몽골인들과 중국 이주민들에게, 실질적으로는 후자, 특히 부패한 관료들과 자본가들에게 되팔았다. 중국은 무력으로 이 극악무도한 정책을 집행했다.

그들은 몽골인들에게서 저항의 조짐이 나타나기만 하면 언제든지 그들을 마적이라 지칭하며 무자비하게 탄압했다.

이렇게 해서 몽골인들은 몰살 당하거나 완벽한 농노 신세로 전락할 뻔 했는데, 적시에 일본이 개입해서 중화민국의 이른바 정의롭고 인도적인 통치로부터 내몽골을 구해냈다. [1934년 7월13일]

*미국인들이 북아메리카에서, 영국인들이 캐나다에서 천연자

원과 기회를 독점했던 것처럼, 일본도 만주에서 그럴 권리가 있다. 일본이 저지른 모든 국제범죄는 서양의 국가들이 이미 선례를 남겼던 것일 뿐이다. [1934년 11월 10일]

*일본이 근대적 발전과 편의를 도입하는 놀랄 만한 업적을 쌓았다는 건 의심할 여지가 없다. 조선왕조 치하에서는 수천 명에 불과한 양반들만이 서당에서 아무 짝에도 쓸모 없는 한서(漢書)를 배웠다. 그런데 총독부 이후는 수십만 명의 남녀들이 계층을 막론하고 **교육을 받아왔다.** 예전에는 나룻배와 오솔길밖에 없었는데, 지금은 다리가 놓이고 신작로가 뚫렸다.

따라서 일본인들은 자기들의 업적을 자랑할 만하다.

지난 25년 동안 우리는 뭘 배웠고, 뭘 했던가? 우리는 전보다 더 나은 민족이 되었다고 자부할 수 있는가? [1935년 9월 29일]

*일본인들에게 시정 25주년은 당연히 경사스런 축전이다. 일본 신문들은 지난 25년 동안 총독부가 이룩한 경이적인 업적을 찬양하는 기사로 지면을 가득 채웠다. 그러나 조선인들이 경영하는 동아일보, 조선일보, 조선중앙일보는 지난 25년 동안의 통계는 물론이고, 일련의 기념행사에 관한 소식조차 보도하지 않았다. 조선인들의 이 뾰로통한 침묵은 당연한 일이고, 심지어 칭찬받을 만한 일이기도 하다.

그러나 우리는 교육, 공업, 농업분야에서 도입된 많은 편의를 잘 이용해야 한다. 우리는 **친구들로부터** 능률, 기강, 그리고 공동의 이익을 위해 단결하고 유지해 나가는 능력을 배워야만 한다. [1935년 10월 2일]

첫째, '반일독립파' 윤치호가 자신의 일기에서 일본에게 처음으로 '친구들'이라는 표현을 썼다.

그는 이 때부터 친일파가 되어 가는데, 이는 일본이 한국을 발전시킨 실체임을 인정하기 시작한 것이고, "일본이 한국을 발전 시키는 건, 조선 땅에 관심 있는 것이지 조선인에게 관심 있는 게 아니다"라는 그의 지론에 변화가 생겼음을 뜻한다.

윤치호도 본래 기득권 양반 출신이며, 일본의 지배를 가장 못마땅하게 여길 만한 핵심 계층인데 그가 이렇게 바뀌고 있다는 것이다.

둘째, 언론의 자유가 상당 부분 보장 되고 있었다.

일제가 동아, 조선일보더러 강제적인 찬양 기사를 쓰라고 했을 법한데 그러지 않았다는 것은 '언젠가는 니들도 우릴 이해하고 알아줄거야. 기다릴께' 라는 뜻일 수도 있다.

조선은 언론의 자유는 고사하고 왕을 비판하면 끔찍하게 죽였던 것에 비하면 엄청난 발전이다. **북한을 '한일합방시대' 만큼의 세상으로라도 바꿀 수 있다면 얼마나 좋을까?**

*일본이 국내외에서 한 일을 보면 볼수록, 난 위대한 일본인에게 깊은 존경심을 품게 된다. 그들은 조국을 아름답고 부유하게 만든 후, 자기들의 정력과 능률을 조선에 쏟았다.[1938년 4월 19일]

*일본인들은 25년 만에 조선반도를 철도와 도로망으로 뒤덮었고, 항만 시설과 농업과 공업을 향상시켰으며, 교육과 일본 문화를 보급 확산시켰다. 이것만 해도 장한 일인데, 조선의 7~8배나 되는 만주를 꿀꺽 집어삼키고는 5년 만에 예전에 누릴 수

일제가 만든 만주국

없었던 질서와 평화를 정착시켰다.

활력이 넘치는 일본은 한걸음 더 나아가 만리장성을 뛰어넘어 10개월 만에 칭기즈칸이나 누루하치가 그랬던 것처럼 중국을 정복했다[1938년 4월 20]

*오전 10시 경성제국대학에 가서 조선인 지원병의-202명의-역사적인 육군병 지원자 훈련소 개소식에 참석했다. 전라남도 출신은 47명에 달한 반면, 함경북도 출신은 6명에 불과했다. 내가 평안도와 함경도에서 지원자가 가장 많이 나올 거라고 줄곧 생각해왔던 게 매우 신기하다.[윤치호일기1938-6-15]

*미국의 한 외교관은 조선과 지옥 중에서 부임지를 고르라면 차라리 지옥을 고르겠다고 했었다 한다...

조선이 지옥보다 나을 게 없었다는 생각을 지울 수가 없다. 고종 황제의 악정 아래서 편안함을 느낀 사람은 없었다.[1938-8-20]

*일본인의 웅대한 야망, 정력, 공동 목표를 위해 뭉치는 응집력에 찬사를 보내면 보낼수록, 조선인에 대해 실망감을 금치 못하게 된다. 책임감이라곤 찾아볼 수 없고, 공공이익을 위해 결집하는 능력도 너무 부족하며, 정직과 신용이 절대적으로 요구되는 사업에서 무능 무책임하다. 조선인이 버젓한 은행이나 합자회사를 경영하는 데 실패한 까닭이 이것이다.

우수한 두뇌와 정직성을 겸비한 피고용인들을 구하기가 하늘의 별 따기다. **조선인이 이기주의를 뛰어넘어 이타의 정신을 배우기 전에는, 일본인과 동등한 대우를 받을 거라는 희망을 가질 수가 없다.**[1940년 10월 26일]

◉**독립 투사들과 마차 위의 파리들**(윤치호의 '한 노인의 명상록'에서)
...지난 두달 동안 38도선 이북에서는...공산주의가 조선에서 승리를 거둘 경우에는 따끔한 맛을 보게 될거라고 우리가 예견했던 바 그대로의 본보기를 보여주었습니다....
굳센 손과 이타적인 헌신으로 일어설 유력자가 필요합니다.
민주주의의 형식과 구호만을 내세우며 국민들을 선동하는 무리와, 공산주의의 잔학하고 불합리한 이념으로부터,
교육도 받지 못했고 훈련도 안되어 있는 조선인들을 지켜줄 유력자 말입니다...과연 누가 독선적인 비방자들일까요?
그들 대부분이 1945년 8월15일 정오까지만 해도 학교, 교회, 사업체,백화점,결혼식 등 모든 공식석상에서 동방요배를 하고,

황국신민서사를 되뇌고, 천황 만세를 불렀고,
그들 대부분이 창씨개명을 했습니다...
그런데 왜 남들에게 먼저 돌을 던지는 것일까요?
두가지 이유가 있습니다.

(1)불미스러운 자기들의 과거를 감추고 국민을 속이기 위해서입니다. (2)정당과 개인의 호주머니를 채우고자 근심과 공포감에 싸여 있는 사람들에게서 돈을 뜯어내기 위해서입니다.
누군가에게 친일파라고 오명을 씌우는 것은 터무니없는 일입니다. 일본에 병합되었던 34년동안 조선은 일본의 일부였고, 미국 등 세계 열강도 그렇게 알고 있었습니다.
즉 조선인들은 좋든 싫든 일본인이었습니다.
그렇다면 일본의 신민으로서 조선에서 살아야만 했던 우리들에게 어떤 대안이 있었습니까?
그런데, 마치 자기들의 힘과 용맹을 가지고 일본 군국주의로부터 조선을 구해내기라도 한 것처럼 으스대는, 자칭 구세주들의 꼴은 가관입니다.

그 해방이란 연합군 승리의 한 부분으로 우리에게 온 것 뿐입니다. 만일 일본이 항복하지 않았더라면, 허세와 자만에 찬 '애국자'들은 계속해서 동방요배를 하고 황국신민서사를 읊었을 것입니다. 분명한 것은 이 허세와 자만에 찬 '애국자'들이 일본을 몰아낸 것은 아니라는 점입니다.

만일 일본이 다시 조선을 강탈한다면 이 허세와 자만에 찬 애국자들이 일본을 몰아낼 수 있을까요?

이 허풍쟁이들은 우화에 나오는 어리석은 파리처럼, 달리는 마차 위에 내려앉아 있으면서 '이 마차는 내 힘으로 굴러가고 있다'라고 외치는 파리처럼 이야기하고 다니는 것 뿐입니다.

우리는 사소한 개인적 야심과 당파적 음모와 지역간 증오심은 모두 묻어두고, 고통을 겪고 있는 우리나라의 공익을 위해 함께 협력해야 합니다. 지정학적 상황으로 볼 때, 민중의 무지와 당파간의 불화 속에서는 우리의 미래를 낙관할 수가 없습니다. 우리는 분열되지 말고 단결해야 합니다.

☞가짜 독립투사들을 신랄히 비판하던 윤치호는 이러던 중 1945년 말에 석연찮은 이유로 사망했다.
그리고 그 후 허세와 자만에 찬 '마차 위의 파리'들이 지금까지도 일본 악당화 역사조작과, 친일파 악당화 역사 조작을 통한 애국자 행세와 '친일파청산'을 외치며 대국민 사기를 치고 있다.

만약 윤치호가 그때 의문스럽게 죽지 않았다면 허세와 자만에 찬 마차 위의 파리 독립투사들을 상당한 궁지로 몰았을 공산이 크다.
그는 가짜 독립 투사들,
이 사회의 영웅으로 등극한, 어디서 뭐 했는지마저 불분명한
그 가짜 독립투사들의 비리와 실체를 아주 많이 알던 사람이니까…

⦿ 윤치호의 예언대로 되어버린 나라

한일합방시대 자강운동의 대표적인 인물이었던 윤치호는, 경제적 정신적 성장이 뒷받침 되지 않는 정치적 독립은 국민들에게 도움이 되지 않으며, 그런 준비가 안된 상태의 독립은 도리어 재앙을 가져올 것이고, 오로지 민족의 실력양성만이 모든 문제의 해법이라고 보았다.

그는 '일제가 독립을 허용 했다손 치더라도 한국인들은 분파 투쟁과 살육 밖에 없을 것'이라고 단언 했는데, 결국 그의 말대로 되어버렸다.

독립 되자마자 분파 투쟁과 살육전이 시작되고, 수년 만에 수백만이 희생되는 전쟁까지 치렀으며, 천만 이산가족 시대가 되고, 그 후에도 지역갈등과, 이념 갈등을 지금까지도 끝내지 못하고 계속 싸우고 있다.

심지어 이산가족 상봉조차 이루어내지 못하고 있다.

또한 뭐가 문제인지를 지금까지도 분별하지 못하는 것은 물론, 누가 적인지조차 분별하지 못하고 있다.

심지어 그 이산가족 상봉마저 가로막는 자들을 추종하는 세력까지 득세하여 분열을 책동하면서 국민의 단결도 통일도 물건너 갔다.

혜안을 가지신 당대의 선각자, 진짜 애국자 윤치호님,
부디 좋은 곳에서 평안하십시오.

15. 일기장에 적힌 생생한 3.1운동

◉윤치호의 일기장에 적힌 3.1운동 직전의 모습

*평균적 조선인은 10%의 이성과 90%의 감성으로 이뤄져 있다. 조선인들은 고종황제의 승하 때문에 왁자지껄하고 있다. 유교적인 예문가(禮文家)로서 자부심을 지닌 많은 노인들은 역겨운 상복을 입고 있다. 하지만 조선인들은 이 사건을 통해 가슴 속의 울분과 수치심을 드러내려 하는 것 같다…

고종황제의 통치가 어리석음과 실수로 점철된 통치였다는 사실을 몰라서가 아니라, 고종 황제의 승하가 조선의 자결권이 소멸되었음을 나타내는 상징적인 사건이기 때문이다.

고종 황제를 위해서는 한 방울의 눈물이, 조선인들을 위해서는 두 방울의 눈물이 흐른다.[1919년 1월 23]

*고종 황제가 이 왕세자와 나시모토 공주의 결혼식을 나흘 앞두고 승하하는 바람에, 스스로 목숨을 끊은 것이라는 소문이 나돌고 있다. 정말 얼토당토 않은 얘기다.

예전에 이미 굴욕을 감수한 고종 황제가 이제와서 하찮은 일에 억장이 무너져 자살했다는 게 말이 되나?

더구나 어린 왕세자와 일본 공주의 결혼이야말로 왕실 입장에서는 경사스런 일이 아닌가? 이 결혼을 통해 두 왕실 간의 우호관계가 증진될 것이고, 왕세자는 조선의 어떤 여성보다도 더 우아하고 재기 넘치는 신부를 맞이하게 되는 거니까 말이다.

만약에 고종 황제가 병합 이전에 승하했더라면, 조선인들은

무관심했을 것이다. 그런데 지금 조선인들은 **복받치는 설움을 이기지 못하고 옷소매를 적셔가면서 고종 황제를 위해 폭동을 일으키려 하고 있다.** [1919년 1월 26일]

*다른 나라 사람들이 새처럼 날아다니는 판국에....이웃들은 하늘을 날고 있는데 우리는 땅을 기어다니면서 감히 독립을 운운할 수 있는 건가? **대중목욕탕 하나 운영 못하는 우리가 현대 국가를 다스리겠다고?** [1919년 2월 28일]

◉ 내가 3.1운동을 반대하는 이유

*최남선 군처럼 우리가 일본의 통치를 달갑게 여기지 않는다는 걸 파리강화회의에 알리는 게 조선 독립에 꼭 필요한 일이라고 생각하는 사람들이 더러 있는 것 같다. 바보들 같으니! 왜? 이유는 이렇다.

(1)(한일합방)**계약을 통해서 조선의 악정**(惡政)**이 일본의 유능한 행정으로 대체 되었다는 게 너무나 잘 알려져 있어서,** 조선의 상황이 종전보다 열악해졌다는 걸 파리강화회의에 납득시키는 건 불가능하다. ☞ 한일합방 계약의 진실을 말하고 있다.

(2)일본의 입장에서 조선은 생사가 걸린 문제인 만큼 다른 열강의 군사력에 제압되지 않는 한 조선이 독립하도록 내버려두지는 않을 것이다.

미국이나 영국이 하찮은 조선을 독립시키려 일본과 전쟁을 불사할까? 그건 상상조차 할 수 없는 일이다...만세를 외치며 종로광장 쪽으로 달려가는 모습이 창문을 통해 우리의 눈에 들어왔다. 소년들은 모자와 손수건을 흔들었다.

이 순진한 젊은이들이 애국심이라는 미명하에 불을 보듯 뻔한 위험 속으로 달려드는 모습을 보면서 눈물이 핑 돌았다.[1919년 3월 1일]
*장화기의 말로는 내일 천도교인들이 소요를 일으킬 예정이라고 한다. 또 학생들은 고종 황제가 윤덕영에게 암살 당했다고 믿고 있다고 한다. [3월 3일] ☞윤덕영: 순종황제 황후의 큰아버지
*선동가들이 이런 소문을 유포 시키고 있다.
윤덕영, 한상학(고종황제의 전의(典醫)) 등이 식혜에 뭔가를 타서 고종 황제를 독살 했으며...[1919년 3월 4일]

*이번 운동에 반대하는 이유는 이렇다.
1)조선의 독립 문제는 파리 강화회의에 상정될 기회가 없을 것이다.
2)유럽의 열강이나 미국이 조선 독립을 지지해 일본과 싸우는 모험을 감행할 만큼 그렇게 어리석지는 않다.
3)설령 독립이 주어진다 하더라도 우리는 독립에 의해서 이득을 볼 준비를 갖추지 못했다.
4)1894년에 일본이 우리에게 독립을 주었다. 우린 그 기회를 어떻게 활용했나? 만약에 거리를 누비며 만세를 외쳐서 독립을 얻을 수 있다면, 이 세상에 남에게 종속된 국가나 민족은 하나도 없을 것이다. [마이니치 신문 방한승 기자와의 인터뷰 1919년 3월 2일]

*우드로 윌슨의 민족자결주의는 우리와는 아무런 관련이 없다.
☞우드로 윌슨의 민족자결주의는 고종 독살설과 함께 3.1 운동의 기폭제였는데, 대다수 독립운동가들은 순진하게 그 말을 믿었다. 하지만 윤치호는 그게 우리와 아무 관련 없음을 정확히 갈파했다.

*낮 1시에 와다나베 경성고등법원장을 방문했다. 그는 총독부가 조선인 관리들을 일본인 관리들과 동등하게 대우하려던 계획을 미처 실행에 옮기지 못했다고 아쉬워했다. 그는 또 총독부 측이 양보하게 되면, 조선인들이 뭐든 원하는 것이 있을 때는 시위를 벌이면 된다고 믿는 선례를 남기게 될지도 모른다고 우려했다. [1919년 3월8일]

*시위자들이 순진한 조선인들에게 선전하는 요점은, 윌슨의 호의로 '파리강화회의'에서 조선 독립을 선언할 때까지 만세 부른다는 것이다. 시위자들의 태도가 그토록 진지하지만 않다면 웃기는 일이 되었을텐데. [1919년 3월27일]

⊙ 일기장에 적힌 3.1운동의 모습들

*오전 10시30분쯤 종각 부근에서 시위가 일어났다. 경찰이 시위에 참가한 소년·소녀들을 끌고 가느라 바삐 움직이는게 보였다. 난 이 광경을 보며 흐느껴 울지 않을 수 없었다. 하지만 아무 힘 없는 내가 뭘 어쩌겠는가!

게일 박사를 방문하고, 니와 씨를 방문한 후 와다세 목사를 찾아갔다. 그들에게 난 이번 소요에 반대하고 있으며, 일본은 조선인들의 불만이 어디에 있는지를 알기 위해 고민해야 한다고 말했다. 그는 이번 사태가 전국의 조선인들에게 불만이 있는 데서 비롯되었다는 걸, 서울이 아니라 도쿄에서 시작 되었다는 걸 깨닫지 못한 모양이다. [1919년 3월5일]

*구치소로 이감 되는 여학생들의 모습이 조선인들의 가슴 속에 증오와 분노의 감정을 불러 일으키고 있다. 당국은 이 여학생들

을 석방해야 한다. [3월 10일]

*동대문 외곽에서 소요가 잇달아 일어났다고 한다. 또 전차발전소 정면에 돌이 날아와 유리창이 깨졌고, 파출소 두 곳이 파손되었다고 한다. 독립소요가 더욱 더 험악한 양상으로 치닫고 있다. 상점들은 15일 동안이나 문을 열지 않고 있다. [1919년 3월 24일]

*독립소요가 진정될 기미는 좀처럼 보이지 않는다. 상점들은 더욱 더 굳게 문을 걸어 잠근다...
당국은 갈고리와 곤봉 칼로 무장한 일본인 날품팔이들을 내세워 '만세'군중을 공격하는 천박하고 무자비한 방법을 쓰고 있다. 왜 이렇게 야비한 방법을 쓰는지 모르겠다. [3월 26일 수요일]

*선교사들이 일본인들의 잔학행위를 보고 일본의 시책에 완강히 반대하기 시작했다. 일본 군인, 헌병, 경찰, 그리고 날품팔이들이 남녀노소 가리지 않고 찌르고 쏘고 걷어차고, 곤봉으로 내려치고, 갈고리를 휘두르는 잔학행위는 독일인들이 벨기에에서 자행한 무자비한 행위의 복사판이다. [1919년 3월 28]

*일본은 애국심이야말로 최고의 덕목이라고 가르친다. 그러나 조선인들에 대해서는 애국심을 중범죄로 간주해 처벌한다. [1919년 3월 29일]

*송파에서 올라온 김현영의 말에 의하면, 그 곳의 일본인 헌병과 조선인 헌병보조원 감독이 영리해서, 조선인들이 원 없이 만세를 부르도록 그냥 내버려 두었다고 한다. 그랬더니 만세를 부르던 사람들의 열정이 식어버려서 별다른 일 없이 평온하다고 한다. [1919년 3월 30일]

*대다수 상점들은 문을 열지 않고 있다. 오후 세키야씨를 만나

러 그의 자택에 갔다. 그는 일본 통치자들이 의욕만 앞섰을 뿐 조선인들의 선입견과 감수성을 충분히 고려하지 못했다고 시인했다. 난 시위자들이 폭력을 행사하지 않는 한 그냥 내버려 두는 게 좋을 것 같다고 제안했다.[1919년 4월3일]

*지방에서 독립소요가 무의미한 대중폭동으로 변질 되어가고 있다. 선동가들은 민주주의는 커녕 독립이 뭔지도 모르는 무지한 사람들에게 소요에 참가하라고 설득하거나 협박하고 있다.
경찰관이나 헌병들은 어리석게도 총을 쏴 사람을 꼬꾸라뜨린다. 그것은 폭동을 일으키라는 신호와 다를 게 없다.
1개 분대의 군인들이 마을의 가옥을 불태우고 총을 쏴 주민들을 죽였다.(☞제암리 학살사건) 이러한 비극은 무고한 주민들을 죽음으로 내모는 선동가들의 어리석음과 잘 어울린다. [1919년 4월11일]

*김창제씨가 YMCA 회관으로 찾아왔다. 그는 시위 참가자들에게 시위를 벌이지 말라고 얘기할 수 있는 극소수 조선인 중 한 사람이다. 그는 이번 운동이 애국적이기는 하지만, 투기, 미신, 허황된 말, 음모에 기초하고 있어 동조할 수 없었다고 말했다. 그는 말했다. "다수의 목소리가 곧 주님의 목소리라고 생각하는 이들이 있는데, 꼭 그런건 아니죠.
예수님을 십자가에 못박게 한 것도 다수의 요구였잖아요?"

*오전에 남양의 김준현이 찾아왔다. 그의 말로는, 최근 4년동안 자신이 면장을 맡아온 음덕면에서는 소요가 일어나지 않아 단 한 사람도 다치지 않았다고 한다. 이는 소요가 일어나자마자 자

신이 신속하고 현명하게 예방조치를 취한 덕분이었단다. [4월 23일]
*오전 11시에 우쓰노미야 장군(조선군사령관)을 만났다. 그는 조선을 자기 의사와 상관 없이 결혼한 여인에 비유해 이렇게 말했다.

"신랑이 다소 몰상식하고 거칠다는 게 드러나고, 끝내 신부는 이혼을 원하게 됩니다. 이제 과연 그녀가 혼자 살 수 있겠느냐 하는 점이 관건이죠. 중국씨나 러시아씨는 남편 감으로 적당치 않을겁니다. 돈 많고 잘 생긴 미국씨가 있긴 하지만, 과연 그가 그녀를 정실 부인으로 맞아들일까요?

그렇다면 현 남편이 자기에 대한 그릇된 태도를 고치길 기다리면서 그와 화해하는 게 최선의 방책이 아닐까요?"

난 조선인들이 불만과 요구사항을 호소할 수 있는 기관이 설치되어야 할 뿐만 아니라, 해외에 나가 교육 받을 수 있는 자유가 좀더 많이 허용 되어야 한다고 말했다. [1919년 4월 18일]

*난 이번 독립운동에 참가한 학생들과 목사 대부분이 길을 잘못 들긴 했지만 그래도 정직한 사람들이라고 믿고 있다.
길선주씨 이승훈씨 같은 인사들과 어여쁘고 용감한 여학생들의 용기와 순수한 애국심에 경의를 표한다.
그러나 내 생각엔 손병희, 오세창 같은 천도교 지도자들은 다음과 같은 이유로 소요에 참가했다.
(1)가난하고 무지한 신도들로부터 수백만원을 사취한 비열한 행위를 감추기 위해서, (2) 이름을 날린 후 영예와 명성을 등에 업고 감옥에서 나와 신도들로부터 더 많은 돈을 뜯어내기 위해서,

수십만 명에 달하는 사람들이 손병희 같은 사기꾼들에게 다년간에 걸쳐 농락을 당해왔다는 것이야말로, 조선민족이 아직 독립국으로서의 생존을 향유할 지적 수준에 도달하지 못했다는 증거가 아닐 수 없다. [1919년 4월20일]

*독립을 선동하는 이들은 "하느님은 스스로 돕는 자를 돕기 때문에 우리 스스로 소요를 일으켜야 한다"고 생각한다.

그러나 하느님이 잘못된 방식으로 스스로를 돕겠다고 이리저리 기웃거리는 이들을 도와줄 리 만무하다.

그네들은 한겨울 눈 속에 씨를 뿌리고 잘 자라게 해 달라고 기도한다. 손가락을 불 속에 집어넣고는 불에 데지 않게 해달라고 기도한다. 그네들은 만세를 외치고는, 미국 대통령이 조선 독립을 보장하거나 일본이 조선을 게워내도록 미국이 일본과 혈전에 돌입하길 학수고대 한다. [1919년 4월22일]

*이 얘기는 와다세 목사로부터 들은 것이다. 그는 수원사건(제암리학살사건)의 피해자들에게 밀 200가마를 기탁하려고 경기도청에 신청서를 제출했다. 그런데 도청 당국은 조합교회에 허가를 내주면 감리교와 장로교도 연이어서 신청서를 낼 거라면서 허가를 내주지 않았다. 와다세 목사는 오랜 입씨름을 벌인 끝에 허가를 받는데 성공했다. 다만 피해자 중에서 조합교회 신도들에게만 밀을 나누어 주라는 단서가 붙었다. 이는 수원에서 자행된 끔찍한 행위를 감추고 싶어 하기 때문이다. [1919년 4월28일]

*며칠 전 밤에 독립운동으로 서대문형무소에 수감되어 있는 죄수들이 만세를 외치는 소리가 밤하늘에 울려 퍼졌다고 한다.

대단히 어리석긴 하지만, 그들의 용기에 찬사를 보내지 않을 수 없다…[1919년 5월 26일]

*이번 소요 사태에 대한 당국의 공식 발표는 이러했다.

(1)발단: 2월에 도쿄에 있는 조선인 학생들이 일본 중의원에 조선 독립을 청원했다.

(2)주요 운동가들:천도교와 기독교의 지도자들이다.

(3)58일 동안 소요가 지속되었다.

(4)579곳에서 소요가 발생했다.

(5)310 곳에서는 군중의 동태가 심상치 않았다.

(6)113 곳에서 폭력사태가 발생했다.

(7)111 곳에서 사상자가 발생했다.

(8)시위가담자 중 399명이 사망했고, 838명이 부상을 입었다.

(9) 경찰은 8명이 죽고 106명이 부상을 입었다.

(10)면사무소 47곳, 경찰서 45곳, 우체국과 학교 24곳이 군중의 공격을 받았다.

그런데 제암리 학살사건은 언급 되지 않았다. [1919년 5월22일]

☞ '3.1운동'은 희생자를 부풀리는 3대 사건으로서,

희생자가 수천 명이라 부풀리지만, 이승만 반일정부가 집계한 공식 사망자는 630명이고, 일본의 공식 자료로는 553명이며, 일본 경찰은 사망자 8명, 사상자 114명이다.

3.1운동은 총 참가 인원이 50만명이며 (야마베 겐타로 50만, 신복룡 46만), 국민의 2.9%가 참가해서 800명당 1명 꼴로 사망한 사건이다.

태극기 들고 평화 시위만 했는데도 마구 학살 했다고 거짓말교

육 시키고, 일본인 사망자는 빼고 우리 측 사망자만 수십배 부풀리는데, 3.1운동은 평화적 시위와 폭동의 성격이 혼재하는 사건이며, 살인, 강간, 강도, 절도, 방화 등 강력 사건들도 많았다는 게 진실이다.

*오사카의 한 신문 보도에 따르면, 3월1일부터 6월18일까지 조선에서 소요와 관련해 검찰 조사를 받은 사람은 16,183명에 달한다. 이 중에서 8,351명이 기소 되었고, 5,858명이 훈방되었다. 1,778명은 1심을 거쳐 상급심으로 이관 되었고, 196명은 아직 재판에 회부 되지 않았다. 당국은 지방 주민들이 당국의 박해로부터 벗어났다고 느낄 수 있도록 모든 사람에게 일반사면을 단행해 이번 사태를 마무리 해야 한다.[1919년 7월4일]

*흑인들은 사회적 평등을 요구하기 전에 경제적 평등을 이루어야 한다고 부커 워싱턴이 주장했던 것처럼,
조선인들은 정치적 평등을 요구하기 전에 먼저 경제적 평등에 도달해야 한다.[1919년 8월11일]

*일본 정부가 자치를 허용한다 하더라도 조선인들에게 자치를 잘 운영해 나갈 수 있는 능력이 있는지 의심스럽다....
누군가가 나 혼자 조종한다는 조건으로 비행기나 잠수함을 준다면 내가 그걸 받을 수 있겠나? [1919년 7월 11일]

*신임 총독이 도지사들에게 도별로 2-3명의 조선인 대표들을 뽑아 서울로 보내라고 지시 했으며, 19일에 이 대표들이 총독부 청사로 초대되어 개혁에 대한 계획을 듣게 될거라고 한다....그리고 내게 그들을 대상으로 연설을 해달라고 한다.

난 조선인 복지가 개혁의 주목적이라는 걸 입증할 몇가지 조치가 취해져야만, 즉 일본이 추구하는 게 조선인들의 복지가 아니라 조선의 토지라는 인상을 제거할 수 있도록 어떤 조치가 취해져야만 비로소 이 대표들이 나나 다른 누군가의 말을 귀담아 들을 거라고 말했다. 난 이런 이유를 들어 청탁을 거절했다. [1919- 9-13]

*어느 민족도 정치만 하면서 살 순 없다. 하지만 조선인들의 신조는 이렇다. '혼신의 힘을 다해서 정치를 사랑하라' 조선인들은 정치와 무관한 삶은 일고의 가치도 없는 삶이라고 여긴다. 그들이 교육 받는 유일한 목적은 정치에 입문하는 것이다.
그들은 그것을 애국심이라 부른다. 애국심은 많은 무뢰한들의 피난처다. 서울만 해도 조선인들이 운영하는 사진관이나 대중목욕탕은 단 한군데도 없다 [1919-10-15]

*오전 10시쯤 미국영사관 뒤편에 있는 베크씨를 방문했다. 그는 조선 독립이 언젠가는 성공할 거라 믿고 있으며, 살아 생전에 조선의 독립과 자유를 보게 되기를 고대한다고 말했다. 베크씨는 북부지역의 무장소요가 어리석다는 내 의견에 전적으로 동의했다. [1919년 10월18일]

*오후에 이상재 선생이 이런 얘기를 들려주었다. 이선생과 유성준씨가 일본의 우쓰노미야 장군으로부터 만찬에 초대 받았는데, 장군은 총독부가 러일전쟁 때 일본이 지출한 전쟁비용의 1/3만 지출하면 조선인들을 회유할 수 있다고 생각 하더란다. [1919년 11월 29일] ☞일본은 훗날 그보다 훨씬 많은 지출을 했다.

고종의 국장 추모 인파

*요즘 반일이 크게 유행하고 있다. 하지만 외국인을 증오하는 것 자체가 곧 미덕은 아니다. 그들을 증오하기 전에 우리의 지적,경제적 수준을 적어도 그들 수준 만큼으로 끌어올려야 한다. 우리가 성냥갑, 인형 같은 별것 아닌 물건을 사러 일본인 상점으로 달려가는 한, 증오는 우리에게 득보다 실이 될 것이다. [1920년 4월17일]

*정의의 사도라 자처하는 한 바보가 오늘 발행된 '서울프레스'에서 이렇게 주장했다. "인도인 500명을 기관총으로 살해한 학살에 비하면,(1919년 4월13일 영국군의 인도인 시위대 발포 살해사건) 30명도 안되는 비열하고 체제 반항적인 조선인들을 살해한 건(제암리학살) 하찮은 사건에 불과하다" 기고자가 진짜로 정의의 사도라면 이 두 사건 모두 비난했어야 옳다. [1920년 4월27일]

◉3.1운동의 진짜 이유

*"조림사업 했죠. 도로와 학교와 병원과...우리가 조선인들에게 얼마나 많은 은혜를 베풀었는지 보세요"

이는 일본 통치자들이 즐겨 하는 말이다. 그런데 이런 개선은 근본적으로 누구의 이익을 위해 도입되었는가?

이런 개선으로 조선인들이 이익을 보았다는 걸 부정할 사람은 없다. 하지만 일본인들은 자국의 이주민들을 위해 조선에서 조선인들을 내모는 게 일본의 의도이자 시책이라는 믿음을 자아낼 만한 일들을 해 왔다. 조선인들이 이렇게 믿는 한, 일본인들은 조선인들이 고맙게 여기길 바라서는 안된다.
결국 만주나 시베리아로 쫓겨나야 한다면, 대체 뭐 때문에 좋은 도로와 울창한 산림을 고맙게 여기겠나? [1920년 4월 12일]

☞쓸데 없는 오해였다. 일본은 그런 행위도 계획도 한 적이 없다.

*글리슨씨를 면담했다. 조선인들에게 퍼져 있는 불만은 일본의 실제 행위보다는 일본 경찰이 조선인들 마음속에 심어준 인상에 의해 야기된 것이라고 말해 주었다.
일본인들이 대규모로 조선에 이주하고 있고, 관직에서 조선인들이 축출되고 있는 현실, 출판과 언론의 탄압, 검열 등의 조치들 등으로 인해, 일본이 원하는 건 조선인들이 아니라 조선이라는 믿음이 생겨났다. 그러나 설마 그렇지는 않을 거라는 나의 믿음이 옳다면, 현명하고 누구나 공감할 수 있는 행정을 통해 이 그릇된 인상을 제거해야 한다. [1920년 5월 1일]

*조선 문제가…파리강화회의에서 기각되었다고…한 신문이 보도했다. 내가 선동가들에게 이미 그렇게 말했는데. [1919년 5월 26일]

*자존심이 강한 사람들은 여론의 압력에 떠밀려 마땅히 소요에

고종 국장 행렬

동참해야한다는 의무감을 느꼈을 것이다. 여론은 옳건 그르건 간에, 사람들의 삶을 주조하는 데 있어서 법이나 종교 이성이나 칼보다 더 강하다. 무엇이 중국 여인들로 하여금 전족을 하게 했나? 바로 여론이었다.[1919년 4월4]

☞ 3.1운동은 고종의 독살설이 기폭제가 된 사건이지만, 근본적으로 일본이 조선인들에게 믿음을 심어주지 못했기 때문에 생긴 사건이다. 그 오해에서 시작하여 당시 민족주의 진영은 윌슨의 민족자결주의를 곧이 곧대로 믿은 나머지, 국제사회가 조선 독립을 결정해 줄 때까지 국민들이 계속 독립만세를 부르게 하면 독립이 될 거라는 착각을 했고, **국제 정세에 무지한 일부 종교인과 공산주의자들과 몽상가들이 무모한 시위를 주도했다.**

그런데 일부의 폭력 시위와 폭력적 진압이 사태를 악순환 시키면서 많은 국민들을 희생 시키는 결과를 낳았다.

16. 3.1운동, 유관순열사 조작극

한국은 굶어 죽는 노예였던 국민들이 일본에 의해 노예에서 해방되고 굶어 죽음과 문맹에서 해방된 일 등의 긍정적 면은 모두 감추고, 악당 일제와 싸웠다 라는 명제만 부풀려 가르치는데, 3.1운동이 대표적 사례다. 40년간 단 한 번 있었던 일을 부풀려 반복 주입시키니 대중은 한일합방시대가 계속 그런 시대인줄 아는 것이며, 그게 세뇌교육의 무서움이다.

⊙유관순은 고문으로 사망 했을까?

"3월 하늘 가만히 우러러보며 유관순 누나를 생각 합니다~ 옥속에 갇혔어도 만세 부르다 푸른 하늘 그리며 숨이 졌대요~"

꾸준히 '일본증오교육'을 받아온 우리 국민들이 매년 3.1절에 제창하던, '착한 유관순 열사를 끔찍하게 죽인 일본은 악마다.' 라는 주제의 노래다.

그리고 다음은 한국인이라면 누구나 들어보았을 법한, 인터넷에서 쉽게 검색되는 악당 일제가 유관순을 잔인하게 죽였다는 이야기다.

*학교 측에 인도된 유관순의 시신은 눈뜨고는 볼 수 없을 만큼 무참히 머리, 몸통, 사지가 따로따로 여섯 토막으로 절단되어 있고, 코와 귀가 잘리고 머리와 손톱, 발톱이 뽑혀진 모습이었다. 일제의 고문은 그녀의 육신을 무참히 죽일 수 있었으나 그녀의 애국심만은 죽일 수가 없었던 것이다.

*나쁜 일본 놈들은 유관순의 머릿 가죽을 벗겨냈다 합니다. 손톱을 모두 빤치로 서서히 뽑는 고문도 했고 칼로 귀와 코를 모두 깎아 버렸다네요. 또 거꾸로 천장에 매달아 놓은 채 코에 고

춧가루나 후추를 탄 물을 붓는 고문도 실행됐다고 합니다. 얼마나 아팠을까요? 등등…

'흉악한 악당 일본놈들' 이야기인데, 모두가 근거 없는 소설이다.

합방시대가 애먼 소녀 하나 잡아서 끔찍한 고문을 마구 해댈 만큼 그렇게 막 가는 시대였다면 유관순이 징역 3년 형을 언도받았다가 나중에 절반으로 감형된 사실은 어찌 설명할 것인가?

겨우 3년에다 항소 제도까지?

'안중근은 일본 근대화의 영웅을 죽였는데도 정식 재판을 거쳐 증거가 소명되고 형이 확정된 후에 사형이 집행 되었고, 옥중 저술을 하기도 했다. **유관순보다 훨씬 큰 범법자도 적법하게 집행 하는데, 왜 하필 3년형 언도받고, 절반으로 감형된 가벼운 범법자를 그리 끔찍하게 죽였을까?**' 라는 '합리적 의심' 쯤은 할 수 있어야 하지만 그걸 할줄 알면 거의 한국인이 아닐 것이다.

국민 바보만들기 세뇌교육 때문이다.

만약 안중근 사건이 조선에서 생겼다면, 끔찍한 고문을 가한 후 찢어 죽이고 가족도 죽였을 것이며, 그 시체를 개가 뜯어먹게 했을 것이다.

유관순 괴담의 내용들은 조선시대 방식의 복사판이다. 자신들이 그런 나라에 살았으니 일본도 당연히 그랬을 줄 아는 것이다.

아비가 술먹고 제 어미를 패는 것만 보아온 어린 아이가 자라면, 남들도 그런줄 알고 제 아내를 패는 경우가 많다는데, 그와 비슷하다.

일본은 안중근을 정식 재판 과정에서 책까지 집필하게 하고, 총독이 그의 아들을 양자로 키워 주었는데, 조선이라면 그게 가능했을까?

'고작 3년형의 형기가 반으로 감형되어 출소하기 몇일 전의 소녀 하나를 그토록 끔찍하게 고문 살해할 정도의 나쁜 일본 놈들이라면, 유관순보다 더 큰 형을 언도 받은 사람들은 더 끔찍하게 죽였을거 아닌가? 그렇다면 유관순 외에 비슷한 희생자가 미어 터져야 하질 않는가?' 라는 합리적 의심도 한국인은 못한다. 그런 의심을 하지 못하도록 반복 세뇌교육 되어 있으니 그런 의심을 할줄 몰라야만 정상적인 한국인이다.

어느 시대건 감옥에서 '의문사'한 사람은 있게 마련이고, 유관순은 그중 하나일 뿐이며, 극소수의 사례를 일반화 시키는 게 한국사 교과서다. 그런데 유관순을 체포한 사람도, 구타와 고문의 혐의자도 '조선인'이다.

⊙조선인의 적은 대부분 조선인

◆유관순을 체포하고 고문한 사람은 조선인 정춘영

*반민족행위특별조사위원회 충청남도 조사부, **柳寬順**을 **고문한 鄭春永**을 체포...서천군 장항에서 여관업을 경영하는 정춘영(55)을 인치 취조중에 있는데 이는 왜정때 일군 헌병보조원으로서 **순국 처녀 유관순양이 기미만세운동에서 활약하던 것을 직접 체포 수감하고 잔인한 고문을** 하였다는 혐의로써 준엄한 취조를 받고 있다 한다.[1949년 08월 09일 동방신문]한국사데이터베이스 자료대한민국사제13권>1949년

◆강우규를 체포하고 고문한 사람도 조선인 순사 김태석

우리가 '의사'라고 교육 받아온 강우규. 조선에 새로운 총독이 부임한다는 말을 듣고 폭탄 테러를 해서 아사히 신문 특파원 등을 죽이고,

육군소장, 철도국장, 신문기자, 사진사 외 37명에게 중경상을 입힌 후 유유히 빠져나와 숨어있었으나 조선인 순사 김태석에게 잡혀 그에게 고문 당하고 형장의 이슬로 사라졌다.[연합신문 1929년 04월 03일]

◆김구에게 속아서 내가 바보 짓을 했다.-이봉창

9) 제9회 신문조서(피고인 이봉창)
昭和 7(1932)년 6월 27일 예심 담당 판사 秋山高彦 앞 신문 내용.
[문] 피고인은 올해 1월 8일의 흉행을 어떻게 생각하고 있는가?
[답] 나는 김구의 부추김을 받아 천황 폐하에 대해 난폭한 짓을 했습니다. **김구를 원망하지는 않으나 그에게 놀아난 어리석음을 원망하고 있습니다.**
[문] 조선인을 행복하게 하기 위해서는 어떻게 하는 게 좋다고 생각하는가?
[답] **조선인은 대체로 미신적이지만 진정한 신앙은 없고 이해력도 낮다고 생각합니다...**종교로 조선인을 이끌고 정신 수양과 인격 양성 방면으로 힘써 간다면 조선인도 점점 발전해 내지인과 서로 이해하고 융화하여 피차 일본 국민으로서 유쾌하게 생활해 가게 될 것이라 생각합니다.

◆흔하디 흔한 사례들

*구타 순사 피소, 상해죄로 고소된 맹산순사 김봉호[동아일보 1922-06-01]
*인민을 구타한 조선인 순사, 면직후 과료십월 [동아일보 1922년 9월 5일]
*부녀자와 양민을 마구 구타한 조선인 순사 [동아일보 1924년 7월 1일]
*자기 옷의 흙을 털라면서 사람 구타한 조선인 순사 [동아일보 1924년 11월1일]

☞자료들을 들춰보면 예나 지금이나 조선인의 적은 대부분 조선인이었다. 조선인이 일본인에게 당한 사례는 정말 찾아보기 힘들고, 사기를 치거나 조선인을 괴롭히는 것은 대부분 조선인이었다.

⊙유관순 사건의 간단 정리

유관순 사건을 간단히 정리하면,
시위대의 시위와 제지 과정에서 헌병에게 투석과 폭행 등이 있었고,
헌병이 발포해서 사상자가 생겼는데,
그 중 한 명이 그 지방의 기득권 양반이었던 유관순의 부친이었다.
이에 성난 유관순과 군중들이 시체를 끌고 가서 주재소로 집어 넣고 주재소장과 헌병들을 폭행하는 사태가 벌어졌다.
그 과정에서 시위자들이 헌병 보조원들에게
"니들은 조선인인데 헌병 보조원을 수십 년 해 먹을거냐?"
라면서 의자와 기물을 던지고, 총을 나꿔채고, 뺨을 때리는 등의 사태가 있었다.
이 때 유관순은 주재소장 폭행 혐의 등으로

조선인 순사에게 체포되어 3년 형을 언도받고 절반으로 감형 되었으나 석방 2일 전에 의문의 사망을 한 것이다.

구타와 고문 의혹도 있는데 혐의자는 바로 조선인 정춘영이다.

이것이 대표적인 독립투사,
서훈 1급의 독립유공자 유관순 독립투쟁(?) 사건의 전모다.

유관순(당시17세)

⦿독립투사, 그 감추어진 비밀

예전에 지인에게 선물 받고 읽었던 책 내용 중 독립 투사들에 대한 당시 만주 거주민의 경험담이 있어서 그 일부를 소개한다.

김영희 저 "아이를 잘 만드는 여자" [도서출판 디자인하우스]

*독립운동가의 사진이 신문에 났을 때 아버지는 부들부들 떨었다. 그 기사는 독립운동가 아무개가 가난과 병고에 시달린다는 내용이었는데, 아버지는 그 사진에 탁하고 침을 뱉았다.

"영희야 글쎄 **죽일 놈들이 독립군이랍시고 가을만 되면 만주 교포 마을에 나타나 짐승보다 못한 짓들을 했어.**"

아버지는 그 장면들을 설명할 때 몸을 벌벌 떨며 흥분했다. 독립을 표방한 도적 떼들이 가난한 교포마을에 겨우 가을걷이를 끝내고 양식을 재어 놓으면 그들은 엽총을 메고 나타나서 교포들을 마을 마당에 모이게 해놓고 헛총질을 해대며 독립 자금을 내놓으라고 위협했다. 부녀자 반지부터 수수 좁쌀까지 겨울에 먹을 양식도 안 남기고 싹 쓸어가면 독립군을 빙자한 또다른 도적 떼가 나타나고...**그들의 횡포는 식구들 앞에서 부녀자를 겁탈하든지, 장정을 인질로 잡아가서 귀를 잘라 보내고 돈으로 바꾸자고 협상하는 것이었다고 했다.**

아버지는 독립군이라 칭한 그들은 하나같이 머리에 머릿기름을 바르고 달빛 아래 나타나면 머리통이 번들번들 빛났다고 말했다. **아버지는 잘 알려진 몇몇 독립운동가도 존경하지 않았다. 아버지는 유명한 독립운동가의 그림자를 상세히 알고 있어 실망만 한 것이다.**

"유관순 한 분만 제대로 독립운동했지 바지 입은 놈들 제대로 독립운동한 것 못 봤다. 독립이 되니 제일 먼저 설치는 놈들이 그 도적 떼라니..." ☞이 분은 유관순을 잘 모르는 분 같다.
한국에서 영웅화 된 독립투사가 일본군과 싸웠는지 선량한 민간인들을 약탈했는지도 밝혀져야 할 부분이다.

⦿유관순을 띄울 수 밖에 없는 국사 사기판의 비밀

17세의 유관순이 한국의 독립에 어떤 공을 세웠는지를 알기는 힘들지만, 그래도 유관순을 띄울 수 밖에 없는 애절한(?) 사연이 있다. 한국은 독립한 나라이니 **승자인 독립파가 영웅 되려면 악당을 만들어서 그 악당에게 강점 당했고, 수탈 당했고, 학살 당했어 라고 조작을 한 후에, 그 악당과 싸운 독립 전쟁을 부풀려서 띄우는 게 역사 사기학의 정석이다.** 만약 강점, 수탈, 학살을 당한 게 아니고, 상호 합의에 의해 합병을 했고, 잘 먹고 잘 살던 중이 되어버리면 영웅 될 명분이 사라지므로, 강점,수탈,학살 조작은 필수다. 그 후에 '작은 전투'라도 찾아내서 '대첩'이라고 부풀려야 하는 것이다. 그런데 강점, 수탈, 학살 등의 가짜국사 주입은 성공했지만,

<독립 영웅님들이 대첩에서 승리해서 독립을 쟁취해주셨다>

이렇게 되어야 멋있는데, 독립 후 권력을 쥔 그룹이 일본군과 싸워본 적 없다는 게 문제였다. 그러니 차선책으로 일제 말에 조선 민중들의 대규모 항쟁을 찾아 띄워야하는데, 그런 게 전혀 없었다. 왜? 같이 대륙을 침략 했으니까.

전 국민이 열성적으로 같이 침략 했는데 독립 투쟁은 무슨?
진실이 이러니 권력을 쥔 독립 영웅들은 후회 했을 것이다.

'이렇게 독립될 줄 알았다면 총 들고 일본군과 싸운 흔적이라도 남길걸…'
김일성은 6명 죽이고 먹고 튄 보천보 동사무소 털이라도 있는데, 우린 젠장!!

찾아봤자 나올 턱이 없으니 만주 벌판에서 독립투쟁 했다는 확인 곤란한 영웅들이라도 만든 것인데, 그마저도 따지기 시작하면 곤란해진다. 이긴 전투도 패한 전투도 없고 독립투쟁 상의용사조차 없기 때문이다. **왜 일본 군대가 있는 곳에서 독립투쟁 하지 않고 경찰과 민간인과 도적떼들만 있는 무법천지에서 투쟁 했는지, 왜 국내가 아닌 만주에 가서 투쟁 한건지, 총 들고 다니면서 뭐 해서 먹고 살았는지 등을 따지게 되면,**

자칫 위의 사례처럼 독립투사 도적떼에게 약탈 당했다는 민간인들만 늘어날 수도 있으니 만주 독립투사를 더 띄우는건 무리다.

국사교과서 권력을 쥐었으니, 끔찍하게 수탈당했다, 학살당했다 등의 이야기들은 교과서에 적기만 하면 국민들은 믿게 되어 있지만, 대표적인 항쟁사건 하나라도 꼭 있어야만 하는 것이다.

결국 합방시대 40년간의 국민적 독립 운동을 아무리 찾아도 독립 27년 전의 고종 장례식 때 있었다가 잊혀진 3.1운동 밖에 없는 것이다. 너무 오래 전에 국민의 기억에서 사라진 사건이지만, 수소문 해서 그거라도 발굴해서 띄울 수 밖에 없게 된 것이다.

어떻게 갖다 붙이건 간에 교과서에 적어서 가르치면 국민들은 '아 그렇구나' 하면서 믿게 되어 있으니까…

또 가르치는 대로 외워야 좋은 학교에 가고 출세도 하니까…

그런데 민족대표 33인은 탑골공원에 나타나지도 않았고, 고급

술집에서 독립선언서를 낭독한 후 경찰에 자수했으니 형량도 최저 무죄부터 최고 3년이었으며, 그들 다수가 친일로 전향해서 독립운동의 간판 인물이 없다는 게 '역사조작 타짜'들의 고민이었을 것이다.

심지어 "독립 청원할 의사도 이유도 없다" 라는 대답부터,
"총독정치에 불만 없다"라는 대답까지....
그래서 청산리의 김좌진을 띄우려니, 그 대첩도 구라였음이 드러난데다 김좌진이 공산주의자에게 죽었으니 그를 띄우면 좌파가 불리하다.
그러니 봉오동 전투의 홍범도를 띄우는데, 그는 산포수였다가 사제 무기 환수에 저항한 사냥꾼이고, 보통 무법천지에서는 무장 군벌로 뜨려는 세력이 나오는데, 그가 '우리 민족이 나라를 빼앗겼다'고 여기며 나라를 독립시킬 목적으로 싸웠는지 자체가 불분명하다.
싸운 건 맞는데, 무슨 목적으로 싸웠는지가 불분명한 것이다.
나중에 공산주의자가 되었으니 좌파가 장군이라며 띄우는 것일 뿐...

결국 그렇게 찾아 헤매다가 겨우 찾아낸 게 17세 유관순인데,
그마저도 조선인에게 당한 것이지만, 들통날 위험을 무릅쓰고
'에라 모르겠다' 식으로 띄울 수 밖에...

조선인에 의해 의문사한 시골 소녀를 대표적인 독립 투사라고 띄울 수 밖에 없는 데는, 그런 애절한(?) 사연이 있는 것이다.
독립 27년 전에 잊혀진 3.1운동 밖에 띄울 만한 사건이 없다는 사실...한 일이 뭐가 있는지마저 불분명한 시골 소녀를 서훈 1급의 대표적 독립투사로 띄울 수 밖에 없는 애절한 사연...
'이상하다 왜지?' 라고 의심할 줄 알면 한국인일 가능성은 아주 낮다.

⊙일제시대 최악의 비극 제암리 학살

3·1 운동의 폭도로 변한 일부 민중에 의해 경찰서·면사무소·학교 등이 습격받고 방화·투석·파괴·살인 등이 이어지고 있었다.

이러한 사태 진압과 치안을 위해 무력을 사용하는 것은 어느 나라든 당연하다는 견해도 있고, 윤치호 일기처럼 괜히 과잉진압 하다가 사태를 키웠다는 의견도 있다.

이런 중에 일제시대 최악의 사건 제암리의 비극이 발생했다.

학교 방화와 경찰관 살해 혐의로 제암리의 성인 남성 29명을 교회에 모아 조사하던 중, 용의자 1명이 도망치려다가 사살되었고,

그것을 본 다른 용의자들이 폭도로 변했다면서 전원을 사살한 사건으로, 그 과정에서 317가구가 불탔다.

일본 측의 과잉 살해는 잘못이나, 민가 방화는 고의라 보기 어렵다. 조선은 거의가 초가집인데다 도로도 좁아서 그런 화재가 흔했다.

*화재가 난 금산의 민호 502호와 용담의 소호 470호 및...[고종32(1895)년 2월 27]
*민가 570호가 불탔고, 사람 71명이 불에 타 죽었습니다.[고종 4년(1867) 3월 22일]

조선 말기의 평양 시가지

일제시대 최대 비극인 제암리 29명 학살 사건은 김일성주사파 진보진영의 우상 김씨 일가의 100만여 명 학살에 비하면 새발의 피다. 제암리 학살은 이유라도 있었지만 김일성과 좌파의 학살은 이유가 없었다. 좌파가 김씨 왕조와 공산권의 악행들에는 일체 침묵하고 일본의 악행만 극대치로 부풀려 주입시키는 이유를
의심할 줄 정도는 알아야 하는 것이다.

●더 이상의 3.1운동이 없었던 이유

만약 일제 강점에 항거해서 3.1운동이 일어났다면, 한일합방 직후에는 뭐했다가 9년이나 흐른 뒤에야 3.1운동이 일어났을까?
싫은 남편과 강제 결혼 당했는데 9년이나 실컷 살다가 갑자기 저항?

부실 기업을 인수하면, 우량기업도 흔들리는 수가 있다.
당시 일본은 러일전쟁에 온 힘을 다 쏟아서 승리하긴 했지만, 배상금을 받지는 못했다. 때문에 그 빚을 갚으려 바둥대는 상황이었어도 미래를 위해 부실기업 조선을 합병하는 모험을 한 것이고, 민심을 달래기 위해서는 자기들이 힘들더라도 퍼주는 수 밖에 없었다.
우리가 남북 통일을 해도 북한의 민심이 흉흉해서 폭동이 일어나면 골치 아파지며, 이를 막으려면 돈 퍼주는 것 외에는 방법을 찾기가 힘들다. 합방 후 일본이 조선에 돈 폭탄을 뿌린 게 그 때문이다.
얻어먹는 거 싫어할 사람은 없다. 그래서 조용히 살았던 것이다.

'궁민구조제도' 라는 게 있었다.
곤경에 빠진 국민을 지원하는 제도인데, 1916년과 1917년에 궁민구조를 받은 사람은 불과 37명, 19명 밖에 되지 않았는데, 1918년

고종의 발인 전날 대한문 앞에 모인 만세 군중들.
이들의 대다수는 봉건 기득권의 양반 계층이었다.

에는 15,097명으로 급증하고, 인구는 겨우 8만 명이 늘어났다. 서양과 일본의 불경기와 함께 조선 경제도 어려워진 것이다.

이러한 경제 악화에다, 한일합방 시 유예했던 조선인 세금도 걷기 시작하고, 일본이 조선인들의 땅을 빼앗아 쫓아내려 한다는 소문과 함께, 일본 유학생들이 불을 지피고, 고종의 독살설까지 나도니, '빵'하고 터진 것이다.

그런데 3.1운동 후부터 독립 직전까지 국민들은 조용~ 했다. 왜일까? **1919년 총독부 예산은 7700만 원인데, 1920년도는 1억1400만원으로, 1921년도에도 1억6200만원으로, 1919년 대비 210%로 급증했다. 내지의 대량 지원금으로 실컷 얻어먹으니까 모두가 잠잠했던 것이고, 그 후에도 지속적인 발전이 이어지며 전 국민이 동화되어 간 것이다.**

민족은 중요한 게 아니고 어떤 세상이냐가 중요한데, 옛날보다 훨씬 좋은 세상이 되었으니, 옛날을 그리워할 사람은 없었던 것이다.

3.1 운동을 '위대한 독립운동'이라 띄우지만, 현실은 돈 문제다.
한일합방 후 살만해지니 조용히 살다가
경제가 어려워지니 한번 뒤엎었고, 결국
"얼마를 멕여주면 조용히 살래?" 라는 딜이 통해 먹힌 것이다.
결국 3.1운동은 당초의 분별력과 취지에는 문제가 있었고, 희생자들은 안됐지만 산사람 기준으로는 꽤 짭짤한 '경제부흥운동'이며, 결국 3.1운동 주도층은 본의 아니게 한국 경제 발전에 큰 공헌을 한 애국자다. 또 3.1 운동이 한번에 그친 것은 일본이 통치를 그만큼 잘 했다는 증거다.

⦿자유는 항상 좋기만 한 것일까?

아프리카 사람들이 굶어 죽는 이유는 무엇일까?
나쁜 기후? 지원부족? 그렇지 않다. 예전에는 굶어 죽지 않았었고, 적어도 조선 같은 막장 생지옥은 아니었다. 조선을 아프리카와 비교해 주는 것은 조선을 너무 높게 평가해 주는 것이다.
아프리카는 원시시대 상태인 점은 있었지만 천연의 과일도 따먹고 사냥도 하면서 나름 에덴동산 흉내내며 살고 있었다.

그런데 서구 열강의 식민지 시대부터 문제가 생기기 시작한다.
거대 영역을 여러 세력이 관리하려니 국가와 국경이라는 게 필요했고, 그 국가와 국경이라는 게 생기고 거대 권력이 생기면서부터 문제가 생기기 시작한다.
국가가 없었을 때에는 사막에 극심한 가뭄이 들어도 주민들이 여기저기 이동하면서 최소한 굶어 죽지는 않았는데, 국경이 생기고 나

1890년대 영국의 화가 빅터 길럼(Victor Gillam)이 그린'백인의 짐(The White Man's Burden)'이라는 작품이다. 빨간 외투를 입은 이는 영국인을 대표하고, 줄무늬 바지를 입은 이는 미국인을 대표한다. 앞서가는 영국인의 바구니에는 중국, 인도, 이집트, 수단 사람들이 들어있고, 미국인의 바구니에는 필리핀, 푸에르토리코, 쿠바, 사모아, 하와이 사람들이 올라타 있다.
이 그림이 묘사하는 것은 영국과 미국이 주도하는'후진국의 문명화'다.
후진국 사람들이 고마워하지 않고 툴툴대기도 하지만 이에 개의치 않고 묵묵히 문명화된 세계로 그들을 이끌고 있는 모습을 묘사하고 있다.
저 바구니 속에 끝까지 남은 나라는 하와이가 유일하다.
나머지 사람들은 민족독립이 좋다면서 다 뛰어내렸고, 저 중에서 가장 잘 살게 된 사람들은 바구니 속에 끝까지 남았던 하와이 사람들이다.

서는 그게 불가능해졌고, 심지어 제국주의 세력이 철수해버렸다.

부패한 지배층과 극단적 종교적 대립 세력을 한 국가로 묶어버리니, 외부의 지원마저 대부분 부패 무능한 내부 지배층이 독식하고, 온갖 종교다툼, 이념다툼들과 겹치면서 민족자주적으로 굶어 죽는 세상이 된 것이다.

그러면 문명 세력이 국가와 국경과 식민지를 만든 것은 잘못일까?
만약 식민지 시대가 오지 않았다면 예전처럼 원시 생활을 평화롭게 했을 수도 있지만 계속 문맹 상태에 외부 상황도 전혀 모

르는 평균수명 20세 남짓한 원시인으로 살아야 한다.
제국주의 세력의 진입은 분명 **침략**이지만 대다수의 사람들에게는 문명 전파로 인한 이득이 큰 점을 간과할 수는 없다.
문맹상태 원시인으로 **25살**까지 살래, 식민지의 배운 국민으로 **50살**까지 살래? 라고 물으면 전자를 택하기는 어려울 것이다.

이것은 인류사적 거대한 문명 전파의 흐름 속에서 보아야 한다.
조폭 두목이 비대해진 게 국가의 시초인데, 아프리카는 자연산 과실들과 사냥감들이 많았던 탓에 조폭 두목들 간 패싸움이 생기지 않았고, 그래서 국가도 없었고 문명의 발전조차 없었던 것이다.
그곳 주민들의 입장에서는 애초부터 식민지 시대를 만들지 말고 원시 상태로 내버려 두던가,
문명 전파를 시작 했다면 아프리카 사람들이 서구식 문명을 확실히 받아들여 자립할 수 있을 때까지 계속 리드(지배)를 했어야 했는데, 하다가 관둬버린 게 문제였다.
아프리카의 비극은 제국주의 식민지 세력이 **철수해서** 생긴 것이다. 서구의 식민지 세력이 **철수해** 버리고,
부패·무능한 같은 민족 지배층이 '민족자주'랍시고 지배하면서 굶어 죽음의 시대가 된 것이다.

진보 간판의 좌파는 한국을 미국의 식민지라고 흔히들 말하는데, 식민지 성격이 없는 것도 아니다. 다만, 식민지건 뭐건 간에 미국이 철수하면 우리는 타격을 입게 되어 있고, 아프리카도 같은 이치다.
식민지냐 아니냐 하는 껍데기 관념보다는 현실적 득실이 중요하다.

그러면, 제국주의 세력이 철수한 이유는 무엇일까?

식민지 지배로 인한 이익이 적었기 때문이다.

한국에 들어와 있는 미국 자본은? 미군은? 그 역시 이득이 있기 때문에 존재하는 것이다. 이득이 없으면 미국 자본도, 미군도 떠난다.

식민지는 상호 이익이 되어야만 지속될 수 있는데,

아프리카에서 이득을 얻으려면 도로 병원 학교 등을 만드는 시설 투자가 많이 필요했고, 그에 따른 이득이 적었던 것이다.

식민지가 없었던 독일이 더 잘 사는 아이러니도 그와 관련이 있다.

조선과는 경우가 다르다.

조선은 식민지가 아니라 같은 나라 국민으로의 합병이었고, 지정학적 위치 때문에 일본이 한반도를 필요로 했으며, 일본으로서는 이미 같은 나라이니 한반도에 시설 투자를 많이 했어도, 장기적으로 남는 장사라고 본 경우지만, 아프리카는 달랐던 것이다.

아프리카의 독립은 국민들이 원한 면도 있지만, 고아원의 아이를 내다버린 것과도 비슷하다.

고아원의 아이가 양부모로부터 해방되어서, 신분제,인권말살 등을 자행하는 사악하고 무능한 부모에게 돌아가면,

말로만 민족 해방일 뿐, 더 끔찍한 불행에 처할 수도 있다.

인류는 평등한 존재지만, 문명화 되지 않은 인류는 아직 어린아이 성격이 있고, 결국 어린이 유기와도 비슷한 상황이 되는 것이다.

문제는 식민지 해방을 미국이 너무 섣불리 했다는 점이다.

제국주의 나라의 철수로 인한 최대의 피해 세력은 바로 아프리카의 주민들이었다. **미국식 자유지상주의는 세계 각 민족들에게 자유와 해방을 준 측면도 있지만, 민족 자주랍시고 전 세계를 200개로 쪼개어서, 각지 주민들을 부패 무능한 동족 치하에 들어가게 만들면서 굶어 죽음의 시대를 만든 측면도 있다.**

제국주의 세력이 철수한 원인만 다를 뿐, 북한도 비슷한 경우인데, **북한도 같은 민족이라는 이유 만으로 부패·무능·사악한 조폭 두목에게 지배권을 맡겼기 때문에 국민의 삶이 x박살 나버린 것이다.**
미국은 자신들의 거대한 힘과, 자유지상주의 철학을 기반으로,
전 세계에서 제국주의 나라들을 몽땅 철수시켜버렸는데,
한반도에서 제국주의 나라의 철수로 인한 최대의 피해 세력은 북한 주민들이고, 최대의 이득 세력은 북한 정권이었다.
한국도 식민지 비슷한 것이 있었기 때문에 오늘의 발전이 있었다.
물론 북한 입장에서는 '제국주의는 무조건 악이야' 라며, 민족주의를 주입시킬 수 밖에 없다. 자신들의 이익과 관련된 문제니까....

자유와 독립이 항상 좋기만 한 것은 아니다. 그 자유를 잘 활용하면 좋은 것이고 제대로 활용하지 못하면 더 불행해지는 것이다.
민족독립만이 좋은 게 아니라, 문명을 전파할 책무도 이웃들에게 있으며, 민족자주를 빙자한 방치보다 문명화된 세력의 꾸준한 개입이 정의가 될 수도 있는데, 미국은 그 책임을 다하지 못한 것이다.
식민지 해방과 민족주의라는 '지배자 중심주의'보다 '국민중심주의'로 보아야 하며, 문명전파 차원에서도 보아야 하는 것이다.

⊙위험천만한 민족 최대의 위기 3.1운동

한국사 교과서는 국민에게 독립의 위험성을 절대 알려주지 않는다. 3.1운동은 고종 독살설이 직접적 원인이지만, 우드로 윌슨과 레닌의 민족자결주의, 러시아 10월 공산혁명의 영향을 다 받았다고 볼 수 있는데, 관련 세력의 이해관계를 알아야한다.

윌슨이 박애주의자라서 타 민족을 위해준 게 아니라, '유럽의 경쟁 국가 물먹이기 작전' 성격이 있었다.

미국은 후발 독립국이어서 식민지가 없었지만 유럽의 나라들에게는 식민지가 있었다. 만약 그 식민지들을 방치했다가 그 식민지들이 열강들과 하나로 동화 되어 버린다면, 세계는 다자 강대국 시대가 되고, 미국은 초강대국이 될 가능성이 줄어든다.

그래서 패전국인 독일과 오스트리아를 약화시키는 동시에 유럽 열강 식민지들의 독립을 유도하여 유럽 강호들을 견제할 필요가 있었다. 즉 자기들은 큰 덩치로 뭉쳐져 있으니, 나머지 나라들을 최대한 쪼개 놓아야만 초강대국 되기가 쉬워지는 구조 때문이다.

유럽이 이런 구조를 알고, 사회 체제도 비슷한 유럽 연합으로 뭉치려 하는 것이다.

민족자결주의는 약자에 대한 배려가 아니라 무책임한 측면도 있다. 인민 다수의 행복보다 지배 세력의 지배권을 우선시 하는 민족주의식 독립은 인민의 이익에 반할 수도 있기 때문이다.

제국주의 세력이 떠나고 민족이라는 구실로 독립한 나라의 권력을 쥔 독립파에게는 독립이 대박이지만, 일반 국민들에게는 재앙이 될 수 있다.

러시아 공산 혁명시 학살 당한 사람들

3.1운동에 영향을 준 또 하나의 원인인 레닌과 소련의 민족자결주의는 약소국의 공산화 유도를 위한 술책이다.

즉 소련의 민족자결주의는,

"조선아, 니네가 강대국의 일부로 남아 있게 되면 니네를 공산화 시키지 못하잖아. 얼른 민족독립 해. 그래야 공산화 시키지."

이 소리다. 이렇게 3.1운동은 공산화로 인해 수백만 명이 죽임 당할 수도 있는 민족 최대의 위기였고, 절대문맹의 나라에서 무턱대고 들고 일어난 봉기가 자신들을 어떤 위험에 빠뜨릴 수 있는지를 민중들은 깨닫지 못했다.

토끼가 울타리 밖으로 뛰쳐나오면 해방인 줄 알지만, 그 즉시 늑대에게 잡아먹힐 수도 있으므로 독립은 그리 단순한 문제가 아니다. 그런데 우리는 무슨 대책과 무슨 계산이 있었는가?

문맹률 99%의 무지몽매한 국민들이

덮어놓고 '독립만세'만 외치면 위대한 것인가?

만에 하나 독립이 되더라도, 나라를 지킬 능력도, 키울 능력도 없었고, **침략과 살육의 먹잇감이 되거나,**

다시 굶어죽던 시대로 가거나,

공산화와 전쟁에 휩쓸려 수백만 국민이 희생 당할 수도 있었다.

미국이라는 '봉' 하나를 확실히 잡아서

미국의 지원 하에 자유민주주의 체제를 이식수술 받고,

경제 지원까지 받은 훗날과는 크게 달랐다.

지금 같이 발전을 한 시대에도 미국 일본 중 하나라도 없으면 힘든데, 경제도 지식도 도와줄 우방도 없는 문맹의 조프리카가 무대포식 독립부터 하고서 그 다음은 어쩌려고?

자유민주주의가 뭔지도 모르던 나라였는데, 봉건 왕조 시대로 회귀나 공산화나 잘해봐야 소련의 위성국 외에 길이 있기나 했는가?

좌파의 독립 투쟁은 궁극적으로 공산화가 목적이었고, 수백만 대학살의 위험도 있었는데, 그런 문제점에 대한 대책이 있기는 했고?

외세의 개입 없는 민족자주적 북한의 꼬라지가 증거 아니던가?

일본이 엄청나게 발전 시켰는데도 그걸 죄다 말아먹지 않았는가?

나라 빼앗겼느니 되찾았느니 하는 거짓말 역사에서 벗어나,

냉정하게 그 당시로 돌아가서 현실을 보자.

당시의 그런 상황에서 독립 투쟁과 독립 반대 중 어느 쪽이 현명한가?

권력을 원하는 자들의 민족주의 말고 국민행복 관점에서 말이다.

윤치호의 말대로,

"식당 하나 운영할 능력 없는 사람들이 독립국가를 경영 하겠다고? 나 원참 기가 막혀서." 라는 반응에 이유가 있는 것이다.

한국이 공산화의 대학살을 피한 첫째 이유로
일본이라는 울타리가 있었다.
외국의 통치나 합병을 덮어놓고 거부 하는 게 능사는 아니다.
집단 간의 상호 의존적 역학관계를 모르고
무대포식 독립을 하면,
국민 모두가 대재앙을 당할 수도 있었는데,
이 점은 왜 아무도 말하지 않는가?
위대한 성역, 독립투사 넘들에게 누가 되니 진실을 말하면 안되는가?

한국인이여, 성역은 없다. 영웅도 없다.
우리 국민들 스스로 주인도 되고 영웅도 되어야 한다.
우리의 미래도 영웅이 만드는 게 아니고
우리 자신이 만드는 것이다.

17. 뒤바뀐 영웅, 뒤바뀐 악당, 한국의 역사조작 사기극

⦿역사조작 사기극으로 인해 뒤바뀐 영웅과 악당들

우리는 3.1운동에 나선 2.9%의 국민들만 국민인 줄 알고,
침묵하거나 반대했던 97%의 국민들은
투명인간 취급하는 교육을 당해 왔다.
그들 97%의 국민들은 왜 3.1운동에 침묵하거나 반대했을까?
3.1운동의 직접적 원인은 고종 독살설인데,
왕을 추모하며 대안문에 모인 세력도,
3.1 독립운동을 주도한 세력도,
2.8 독립선언을 주도한 학생들도 유관순도 모두 기득권 층이었고,
좌파가 띄우는 독립 투사들 대다수도 기득권 상실에 반발한 세력이다.
그들이 국민을 위해 독립투쟁?
한국사 교과서가 주입하는 국치란 국민이 아닌 봉건 지배층의 국치다.
국민 관점에서는
국민을 노예로 부리며 굶겨 죽이던 봉건 지배층의 권력 상실을
반기는 게 상식이지 국치라며 슬퍼할 이유가 전혀 없다.
만약 우리가 김정은에게 정복 당해서 노예로 굶어 죽고 있는데,
김정은이가 권력을 미국에게 빼앗겼다면,
당신은 국치 당했다며 열 받겠는가?

구 기득권 양반들의 다수는 항일 독립 투쟁을 할 수 밖에 없었다.
일본 때문에 기득권을 빼앗긴 피해 세력이니까...
하지만 대다수의 평민과 천민들은 친일파일 수 밖에 없었다.

일본이 노예 해방과 인권 혁명의 사람 사는 세상을 만들었으니까...
그러나 국민 입장에서 보자.
국민을 노예로 부리며 굶겨 죽이던 자들이
어떻게 위인이나 영웅일 수 있는가?
우리가 위인이라고 배운 인물들은 대부분
봉건 노예제 사회의 기득권 층이다.
지폐와 위인전 광화문 등을 차지한 위인 대다수가 그 부류다.
한국사 속에서 우리가 영웅이라고 배운 인물들과, 악당이라고
배운 인물들은 대부분 반대라고 인식하면 거의 예외가 없다.
영웅이라고 배웠다면 대부분 나쁜 놈들이고,
악당이라고 배웠다면 진짜 영웅이다.

◉위대하신 독립투사 넘들이 감추고 싶어하는 진실

합방시대 초기에는 피지배층만 친일파였고 양반들 다수는 독립 투쟁을 했지만 합방시대 후기는 국민적 독립운동 따위는 있지도 않았고, 되려 그 양반들마저도 친일파가 된 그야말로 혁명의 시대다.
양반들마저 친일로 돌아섰다는 것은 무슨 의미일까?
양반 계층은 인민을 노예로 부리던 과거를 그리워하며 '옛날이 좋았어' 라고 생각할 유일한 집단인데,
양반층과 민족 대표들마저 친일로 돌아섰다는 것은,
전 국민이 일본에 완전 동화 되었음을 뜻한다.
살아보니 그들에게마저도 합방시대가 조선시대보다 훨씬 나은 시대였던 것이다. 일본이 지은 수천개의 학교로 문맹자가 급감하고,

병원·회사·공장들로 인해 평균 수명이 2배로 늘어나고,
직장이라는 게 생기고, 도로·철도·전기·수도가 생기고,
서점·백화점·영화관이 생기고, 범죄율이 급감해서 살기 좋아지니,
"이런 좋은 세상이 왔는데, '독립투쟁?' 뭔 x소리여?
누구 좋으라고?" 이렇게 되어버린 것이다.
한일합방 시대의 국민들이 열심히 싸우던 적국 미국에게
독립 후 계속 얻어먹게 되자
'미국형님 만세'를 외치는 친미파가 된 것처럼,
한일합방 시대에는 일본에게 계속 얻어먹으면서 살기 좋아지니
국민 대다수가 친일파가 되었던 것이다.

우리는 극소수의 친일파가 일본군 자원 입대를 선동 했다고 배웠지만
그것은 거짓말이며, 민심의 기반이 있기 때문에 가능했던 것이다.
그 민심은 바로 '인간답게 사는 최초의 자기나라'
자기가 태어나고 자라난 자기의 나라를 지키고 싶었던 것이다.
"반만년 간 뙤x들과 봉건 지배층의 노예로 시달리며 굶어 죽다가
일본과 통일하니 이런 좋은 세상이 될 줄 몰랐어.
이 나라를 지켜야 돼" 이렇게 된 것이다.

그게 당시의 진짜 민심이었고, 남북한의 역사 조작 권한을 쥐신
'위대하신 독립투사넘'들이 감추고 싶어하는 진실이다.
(참고로 '넘'은 오타가 아니고 님과 놈의 중간 정도의 값을 잡은 것이다^^)

⦿ 독립 영웅과 독립 사기꾼

독립의 유일한 목적은 더 좋은 세상을 만드는 것이어야 하며,
국민의 이익 목적이 아닌 권력 목적이라면
그 독립 투사는 애국자가 아니라 인민 배반자다.
때문에 국민을 위한 독립투쟁이라면 마땅히 국민에게
비젼을 제시하고 국민 대다수의 심정적 동의라도 얻어야 한다.
그것을 무시한 독립투쟁은 권력을 위한 사익형 독립 투쟁일 수 있다.
국민 대다수가 독립을 싫어하는데 자기들만 독립이 좋다며
독립투쟁을 했다면 그들은 위대한 것인가?
국민 대다수의 지지를 얻은 독립 투사가 있기나 했는가?

**그러나 한국사 교과서는 찬란한 민족·강점·수탈·학살 등의
가짜 국사를 세뇌시키고,**
단군의 자손이니, 반만년 역사니 마구 만들어내고,
민족이라는 일본산 단어를 절대화 시켜서,
우리 민족이 나라 빼앗겨 독립을 원했다는 거짓으로 유도한 후,
독립 투쟁은 무조건 위대한 것이라 사기친다.

그러나 영웅인지 사기꾼인지는 따져 보아야 하는 문제다.
강점 당했고, 수탈 당했고, 학살 당했다는 게 사실이라면
능력도 비젼도 없는 부패 무능한 독립투사도 영웅일 수 있지만,
그들을 영웅으로 만든 강점·수탈·학살 등의
기초 데이터가 모두 국사 권력을 쥔 자들의 조작이라면,
즉 자기들 영웅 되기 위한 대국민 사기라면 얘기가 완전히 달라진다.

좌파가 독립투사 띄우기를 하는 데에는 이유가 있다.

일제 말기의 독립투사라는 그룹은 대부분

공산화 투쟁하던 자들이거나 도적떼가 많았는데,

독립투사를 띄워야 일본을 악당화 시키면서

우파 악당화와, 김일성 영웅화에 유리하기 때문이다.

좌파는 이렇게 비약 발전한 한국에 거의 무임 승차한 세력이다.

한국 발전의 99.999%는 미국 일본과 친일파 친미파의 작품이고,

좌파는 발전을 사사건건 방해만 하던

반미·반일·종북·친중파가 대다수다.

김일성·마르크스 숭배하며 적화 통일만 노리다가

공산권이 망하고 멘붕된 후

발전된 나라에 무임승차한 세력이니,

자신들이 정당해지려면 우파와 이 나라를 악당화 시켜야 한다.

그래야만 마르크스·김일성주의와 공산화 투쟁에 빠졌던 과거를

민주화 투쟁이라 포장할 수 있기 때문이다.

좌파가 박정희·전두환·이명박·박근혜의 작은 독재만 악마화시키고

수천만 명의 생명을 죽이고 노예화 시킨 북한·중국 등의

거대한 악에 일체 침묵하는 이유도 그런 이해관계 때문이다.

그들은 단지 권력을 위해 악당이 필요한 것일 뿐이다.

좌파가 일본을 증오하는 또 한가지 이유는,

한일합방만 없었어도 공산화 통일이 가능했다고 보는

북한 정권과 운동권 좌파의 관점,

즉 먹이를 빼앗긴 맹수의 분노와도 비슷한 것이다.

⦿ 봉건 지배층의 정신을 계승한 수구좌파, 진보로 위장하다.

수구 좌파의 역사조작 대국민 사기극은 대단히 악랄하다.
과거의 우리는 국민을 노예로 부리며 굶겨 죽이는 봉건지배층과,
노예 해방을 원하는 피지배층 간의 대립 구도였는데,
진보 간판의 수구좌파는 민족이라는 일본산 단어를 갖다 붙인
민족주의 사기 교과서로 그 본질을 왜곡하여
'우리 민족 vs 타민족'의 구도로 왜곡 조작해버렸다.
'민족'이라는 허위 단어를 갖다 붙여서 노예와 노예 지배층을
'우리'라고 묶어버리고, 굶어 죽던 피납치 노예를 구해낸 사람들을
'침략자와 그 앞잡이'라고 악당화 시켜버린 것이다.
그렇게 우리 교과서는 수십 년간 세뇌 교육으로
대한민국을 악당화 시켜 왔고, 좌파 수구세력은 서민의 편인 척
위장하여 서민의 피를 빨며 지금도 기득권을 누리고 있다.
굶어 죽던 노예제 조선을 무너뜨린 세력은 악당인가, 영웅인가?
봉건 권력과 국민의 생존 중 어느 쪽이 중요한가?
수구 좌파가 민족주의를 세뇌시키는 진짜 목적은 자기들 기득권이다.
수구 좌파는 독립 후 자신들이 공짜로 얻어낸 권력을 악용하여
국사 교과서를 조작하고 노예 해방과 굶어 죽음의 해방을 이룬
혁명 세력에게 누명을 씌워서
끝 없이 증오하게 만드는 파렴치한 짓을 지금까지 이어 왔고,
세뇌 당한 진성비보들과 세뇌시킨 사기꾼들이 함께
'친일파 청산'을 외치고 있는 것이다.

좌파는 대부분 반미·반일·종북·친중 수구파이며,
친일파로 인해 피해를 입은 세력은 봉건지배층 외에는 없는데도,
좌파가 친일파를 반역자로 모는 것은 봉건지배층 중심주의 때문이다.
**그러나 우파는 그 봉건 노예제를 갈아엎은 진짜 진보세력이며,
그 암흑 사회를 개혁한 친일파 혁명세력의 정신적 후예다.**
친일파는 우리 국민들을 살려낸 진짜 진보 세력이며,
일본 악당화 조작으로 정의로운척 하는 자들이 진짜 나쁜 놈들이다.
**자신을 진보라 착각하는 수구좌파여,
굶어 죽음과 노예제에서 그대들과 우리 국민들을 구해내신
참진보 혁명세력 친일파님들을 더 이상 모독하지 말라.
그리고 이제라도 마르크스주의와 김일성주체사상 내다 버리고
그대들을 구해내신 '친일파님'들의 숭고하신 뜻을 본받으라.
늦었지만 이제라도 친일파 님들에게 감사의 묵념을 실시하자.
다 같이....감사의 묵념~ 실시...!!!^^**

(누가 웃는겨 시방, 웃지 마, 나 장난하는 거 아녀....할말 있음 혀보드랑께...어흠...!!!)

한인 독립투사로 알려진 사진

우리 사회의 영웅이라는 독립투사 그룹은,
관련 사진조차도 희귀한데,
이들이 정말로 우리가 나라 빼앗겼다고 믿으면서
민족독립을 위해 사심 없이 애썼는지,
민간인 약탈 등 사익형 싸움을 했었는지
등에 대해서는 덮어놓고 영웅 식에서 벗어나
객관적인 판단과 규명이 필요하다.
또 이들이 원하던 독립을 쟁취하여
나라의 권력을 쥐었을 시, 우리 국민들을
더 나은 곳으로 이끌고 갈 어떤 이념과 능력을
가졌는지에 대한 검증도 필요할 것이다.

18. 3·1운동과 함께 가르쳐야 할 조선인들의 중국인 학살 폭동

1931년 7월. 한반도에서 수천 명의 조선인들이
폭동을 일으키고 테러와 학살극을 벌였다.
그 대상은 화교와 중국인 노동자들이었다.
이것을 배화폭동(화교 배척 폭동, 반중국인 폭동)이라 한다.
가장 무시무시한 곳이 평양이었다. 평양의 조선인들은 화교를 무차별 학살했고, 어린이, 늙은이, 아기와 그 어미까지 가리지 않고 학살했다.
왜 이런 일이 일어났을까?

*7월 5일 밤. 그 밤은 진실로 무서운 밤이었다.
평양에 기록이 있은 이래로 이런 참극은 처음이라 할 것이다.
평양은 완전히 피에 물들었었다.* 하기는 우리가 인류사를 뒤져서 피 다른 민족의 학살극을 얼마든지 집어낼 수가 있다. 그러나 유아와 부녀의 박살 시체가 시중에 산재한 일이 있었든가! 나는 그날 밤 발 밑에 질적거리는 피와 횡재한 시체를 뛰어 넘으며 민족의식의 오용을 곡하던 그 기억을 되풀이하여 거두절미의 회고록을 독자 앞에 공개한다.[오기영, 평양폭동사건회고, 동광 제25호, 1931.9.4 (한국사데이터베이스 - 국사편찬위원회)]

◉소설과 현실
김동인의 소설 '붉은산'은 1931년 중국 길림성을 배경으로 한다.
작품의 서술자인 '여'가 만주를 순회하던 중 가난한 조선 소작인들이 사는 마을에서 '삵'이라는 별명을 가진 정익호를 만나는데,
마을 사람들은 사람이 죽으면 "삵이나 죽지." 할 정도로 그는 마을의

골칫덩이였다. 그런데 어느 날 송 첨지라는 노인이 소작료를 적게 냈다는 이유로 중국인 지주에게 맞아 죽는다.

이에 마을 사람들은 분노만 할 뿐, 감히 그에게 항의조차 못하였다. 그런데 이튿날 아침 동구 밖에 '삵'이 피투성이가 된 채 쓰러져 있었다. 그는 혼자서 그 중국인 지주를 찾아가 항의와 싸움 끝에 그를 해치웠고, 결국 자신도 죽을 지경에 이른 것이다.

'삵'은 마을 사람들에게 둘러 싸여 "보고 싶어요. 붉은 산이, 그리고 흰 옷이…"라고 말하면서 애처롭게 숨을 거둔다는 내용이다.

이는 당시 조선인들의 민족 감정을 보여주는 사례로서 중국인은 가해자 조선인은 피해자로 묘사된다.

그러나 이는 소설일 뿐이고, 실제로는 조선인들이 가해자에 더 가깝다. 당시 자료들을 보면 중국인 상인들에게 중국으로 꺼지라는 조선인들의 협박 서신들이 많이 나오고, 중국 농산물 불매운동도 일어나며, 조선인과 중국인 간의 집단적 패싸움과 갈등은 일상적으로 나타난다.

조선인 학생들이 지나가는 중국인 학생을 구타하기도 하고, 심지어 조선인들이 중국인들의 숙소에 불을 지르기까지 했다.

⦿대학살 폭동의 조짐들

조선인들은 자기들은 2등 국민이고 중국인들은 3등국민이라 여겼다. 하지만 이는 조선인들의 믿고싶은 진실일 뿐이고, 노동 현장에서는 조선인들보다 중국인들이 더 근면하고 노동 능력도 뛰어났다.

중국인들은 조선인보다 장사 수완도 뛰어나서 조선 상점의 절반 이상이 화교일 만큼 조선의 경제를 빠르게 잠식했다.

임금 수준은 일본노동자>조선노동자>중국노동자 순이지만, 근면성과 노동생산성은 일본노동자>중국노동자>조선노동자 순이었다. 조선인 노동자들은 중국인보다 게으르고 무능한데도 요구 수준만 높으니 조선의 노동시장은 중국인 노동자들을 선호했다.

심지어 조선의 기업인과 조선 상인들마저도 조선인 노동자보다 중국인 노동자들을 선호했다.

당시 조선의 언론에서도 '중국 사람에게 직장을 뺏앗기는 건 완력이나 우연 때문이 아니라 조선인의 부정직 나태함과 다르게 화교는 신용과 근면함이 있기 때문'이라고 했다.

중국인에 대한 시기심과 열등감이 원인이 되어 조선인들의 중국인 학살 폭동은 서서히 조짐이 드러나고 있었다.

1926년 11월 부산 노동단체 간부 등은 중국인 상인과 노동자에 대한 배척운동을 조직했고, 조선인들은 툭하면 파업을 벌였다. 자신들이 게으르고 능력이 낮으면 능력을 키우던가 중국인보다 적은 임금을 받는 게 맞지만, 더 노력해서 발전할 생각은 않고 배척 운동이나 한 것이다.

1928년 '평안수리조합'에서는 '한국 노동자는 게으르고 결심이 부족하다'는 이유를 들어 쫓아내고 대신 화교노동자를 고용했다.

1929년 평안북도에서는 화교노동자만 고용하는 사례들이 여러차례 거듭됐다. 1931년 2월 경북 의성군 '안강수리조합'에서도 화교노동자만 고용했고, 이 외에도 화교 노동자들은 근면 성실과 저임금을 기반으로 여러 공사장을 독점했다.

★조선 사람의 주머니에서 중국인이 빼앗는 돈이 경성부(京城府)에서만 일년에 876만원이나 된다 [시대일보 1924]

★신의주 안동현에서는 난리와 전황으로 실직된 화교점원 500명이 들어와, 한국인들은 이들에게 모든 노동을 빼앗겼다 [시대일보 1924-9-25]

★경기도 수해복구 공사장은 겨울이 되면 화교 노동자들에게 일자리를 빼앗길 형편에 놓였다. [동아일보 1925-8-7]

★국경철도 공사장에서 외국인 노동자 고용 규정을 위반해가며 노동자 중 80%를 화교 노동자들로 충당하였다. [조선일보 1929-6-23]

★올 적에는 빈손으로 와서 갈 적에는 큰 돈을 갖고 가는 제비와 같은 중국인 노동자군 [중외일보 1929-10]

★지역 주민을 중심으로 노동자를 고용하겠다던 충남의 홍산(鴻山)수리조합도 화교 노동자를 고용하고자 도당국에 허가서를...[조선일보 1929-11-9]

조선인과 중국인들 간에 집단 패싸움도 흔했다.

신의주에서 조선인과 중국인이 자전거 문제로 언쟁을 벌이자 양측에서 300명 정도가 가담해서 패싸움을 벌인 일(1924), 조선인과 광부와 중국인 광부 들이 음료수 문제로 패싸움을 벌인 일(1928), 주문한 음식을 잘못 가져왔다고 시비가 붙어 패싸움을 벌인 일(1928) 등 사소한 일로 충돌을 벌이는 사례들이 많았고,

조선인과 중국인 간의 크고 작은 충돌은 일상이 됐다.

조선인들은 중국인이 자신들보다 열등하다고 믿고 싶은데, 현실은 반대이니, 분노와 열등감은 극대화 되고, 만보산사건이라는 오보가 발단이 되어서 사건은 터졌다.

◉민간인들이 자행한 중국인 학살 폭동

5일 오후 8시경부터 평양부 신창리에 있는 중국요리점 동승루 앞에 조선사람 수백명이 모여들면서 중국인들에 대한 습격을 시작했다. 군중들이 점점 모여들고 합세하여 종로통으로 진행하며 가로에 있는 큰 중국인 상점들을 차례차례 습격하고 골목에 있는 중국인 가옥까지 습격하였다. 날이 저물자 폭동은 평양 시외와 진남포까지 번졌다. 오후 7시쯤에 약 5천여명이 그부근 중국인 가옥을 다시 습격했고, 무차별 살해와 파괴를 자행했다.

피습된 상점은 완전히 파괴 당했고 평양의 중국인 집은 거의 습격 당했으며, 강변에서 농사하는 중국인 가옥도 태워졌는데,

진짜 폭동은 밤 11시에 일어났다.

저기 중국놈이다! 중국놈의 씨를 말리자!.

곳곳에서 함성이 터져나왔다.

조선인 폭도들은 손전등을 들고 곤봉, 칼, 도끼, 돌 따위 흉기를 들고는 조를 나눠 화교를 죽이고 파괴하고 약탈하고 불태웠다.

불타는 중국인 상점과 가옥 때문에 그날 밤 평양 하늘은 유난히 밝았다. 군중들의 폭동은 새벽까지 이어졌.

경찰은 무장을 하지 않았기에 제대로 막지 못했고, 새벽이 되어서야 중무장을 하고 출동했다.

경찰은 공포탄을 쏘며 제지를 시도했고, 밤새 공포에 떤 중국인들을 호위해 중국영사관과 경찰서로 대피시켰다.

약탈과 살인은 경찰이 출동한 이후에도 멈추지 않았다.

폐허가 된 평양의 중국인 거리

피난 가던 중국인 한 명이 대낮에 몰매를 맞고 살해됐고, 지하실에 숨어 있던 중국인 9명이 갑자기 들이닥친 군중의 손에 몰살당했다. 결국 경찰이 발포해서 조선인 1명이 사망하고 2명은 중상을 입었다. 이 폭동에서 경찰관 28명도 중경상을 입었다.

현장을 목격한 한 시민은 이렇게 증언한다.

"여기 되놈(중국놈)잇다…죽여라"

몰려드는 군중 틈으로…중국인의 시체 하나가 발견되어, 구루마에 실려갔다…어느듯 군중은 수천 명을 헤이게 되고…

"이 집의 소유주는 조선인이다. 이 집은 부시지 말자"

이런 함성이 구석구석에서 터져 나왔다. 가구 집기를 모조리 부신 군중은 그 다음 집으로 옴기어 군중은 각각으로 집중되면서 순차로 대동강안의 중국인 료정을 전부 파괴하고 대동문통 대로로 몰려 나왔다….

군중은 2, 3백명씩 떼를 지어 중국인의 굳게 닫은 상점을 향하야 투석하기를 시작하엿다...노도와 같이 움즈기는 군중은 1만여 명을 돌파하고 노상에는 주단 포목, 화양 잡화 등등...찢고 깨튼 상품류가 산적하엿다.[김동인, 삼년전조중인사변의 회고, 개벽 신간 제2호, 1934.12.1(한국사데이터베이스 - 국사편찬위원회)]

*유방이 잘려나가고, 임산부도 참혹하게 살육당했으며 땅바닥에 엎어져 우는 화교 또한 밟혀 피 떡이 되었다[朝鮮避難華僑之一封血淚書(1931.7)] 이런 살육이 일어난 곳은 한두 곳이 아니다. 평양에서 수없이 벌어졌다.

죽은 어린애를 죽은 줄도 모르고 안은 채 경찰서로 도망해 와서 비로소 시체 되엇슴을 발견하는 모성...어린애를 껴안은 채 부축되어 와서 바닥에 뉘이자 숨이 끊어지는 모성. 시내는 완전히 XXX상태다. 곳곳에서 살인은 공공연히 자행되엇다.

군중은 완전히 잔인한 통쾌에 취해버렷다. 2~3백명식 무리를 지어 굶주린 이리떼처럼 죽일 사람을 찾아 헤맨다.

여기 있다! 한 마듸의 웨침이 떠러지면 발견된 중국인은 살려달라고 두 손을 합장한 채 시체가 되어버린다.

늙은이의 시체의 안면에 구더버린 공포의 빛!

고사리같은 두 주먹을 엡브장스럽게 쥐인채 두 눈을 말똥말똥 뜨고 땅바닥에 엎어저 잇든 영아의 시체!

날이 밝앗다. 간밤의 무참은 숨김 없이 드러낫다.페허다! 문허진 로마성인들 여기서 더하엿으랴.

곳곳에서 중국인 시체는 발견되엇다. 서성리 조성암(중국인)의 집에서는 일시에 10개의 시체를 발견하엿다.

피살된 자, 적어도 백을 넘으리라는 나의 예상은 드러맞고야 말앗다.피난 장소에 가든 중국인이 중도에서도 타살되고 목숨이 귀하야 8, 9명이 한 곳에 숨엇다가 몰사를 하는 등…[오기영, 평양폭동사건회고, 재만동포문제 특집, 동광 제25호, 1931.9.4(한국사데이터베이스)]

중국노동자의 시체가 행길에 누워잇섯서, 나를 소스러치게 하엿다. 몃 집 더 올라가서 보니 중국인 시체둘이 더 잇섯다. 홍승루도 모두 문이 부서지고 그 집 아페도 시체가 잇섯다. 대동 자동차부 앞에는 허리가 기억자로 뒤로 부러진 중국인이 아직 채 죽지는 안코 신음을 발하고 잇고, 그 것헤 다른 중국인 시체가 하나 잇고, 툇마루에 중국 녀인의 시체가 하나 업드려 잇섯다. 광에 중국인들이 업드려 잇섯다. 역시 시체인줄 알고 가까이 가 보매, 약간 호흡이 잇는 것이 아직 체 죽지는 안헛스며, 그 체격으로 보아 17, 8세의 소년인 듯 시펏다.

'쉬야. 쉬야'

문득 뒤에서 들리는, 겁먹은 이 소리. 돌아보니 웬 조선노인이- 아니 조선옷을 입은 중국노인이 빈사의 소년들을 부르는 것이 엇다. 이 노인의 얼굴에 나타난 표정.

그의 얼굴에 나타난 표정은 경악도 아니엇다. 비애도 아니엇다. 겁먹은 얼굴도 아니엇다. 그것은 단지 무표정한 얼굴이엇다.

나는 노인의 아페서 무엇이 음적거리는 것이 걸핏 보이므로 그

폭동을 피하기 위해 일본 경찰의 보호
를 받으며 평양역으로 몰려든 중국인들

리로 눈을 떠러트럿다.

거기는 너덧살쯤 난 중국 어린애가 하나 잇섯다.

그 어린애의 한편 귀와 그 근처의 가죽은 찢어저 느러지고,

한쪽 눈도 업서젓스며 입도 찌저진 참혹한 형상이엇다.

어린애는 울지도 안코 아버지인지 할아버지인지의 다리를 부둥

켜 안코 몸만 와들와들 떨고잇섯다. [김동인, 삼년전조중인사변의 회고, 개벽 신간 제2호, 1934.12.1(한국사데이터베이스 - 국사편찬위원회)]

총독부는 이틀 동안의 폭동으로 평양에서만 중국인 119명이 사망하고, 163명이 부상당하고, 63명이 실종됐으며, 방화 49건, 가옥 파괴 289건이 발생했다고 발표했다.

하지만 중국 국민당 정부의 조사 결과는 사망자만 133명, 부상자 289명, 실종자 72명 등으로 피해 규모가 더 컸다. 경찰은 조선인 폭도 검거에 나섰고, 13일까지 1,840여 명이 체포 되었다.

이것이 조선인들에 의한 평양 화교 학살 폭동의 대략적인 전모다.

이것은 IS나 이슬람 계열 광신도 같은 특정 종교나 맹목적인 정치광 이념광 세력이 벌인 일이 아니고, 아주 평범한 조선인들이 벌인 학살극이었다. 겉으로 멀쩡해 보이는 시민들이 무고한 사람들을 그리 죽인 것이다.

⊙강자에게 약하고 약자에게 강한 민족

중국인에 대한 조선인들의 못된 짓들은 한일합방시대 내내 일본 당국의 '두통거리'를 만들었는데, 그런 심리의 이면에는 같은 나라가 된 '강자' 일본이 포용정책이니 내선일체니 하며 잘 봐주니까, 그 '빽'을 믿고, "별 것도 아닌 떼x들에게 지금껏 당해 왔단말야? 떼x들도 별거 아니었구만...." 하는 심리가 깔려 있었다.

과거 중국에 피 빨려 온 것부터, 조선 말의 중국에게 당했던 기억 등의 원한 위에서 그와는 아무 관련 없는 중국인들을 죽였다는 것이다. 이는 어떤 동네의 조폭에게 당하고서 그 동네 애먼 사람에게 앙갚음을 한 것과도 같았다.

그런 짓을 했으니 8.15 독립 후 만주와 중국 곳곳에서 수만 명의 애먼 조선인들이 중국인들에게 보복성 학살을 당한 것이다.

조선인들은 3.1운동 때 일본인 군경을 죽인 것 빼고는(조선인 사망자 550~645명, 일본 경찰 등 일본인 사상자 141명), 일본인 민간인은 절대 죽이지 않았고, 그들이 죽인 것은 거의 다 중국인이었다.

일본인들로 인한 혜택이 아무리 많았어도 굴러온 돌이 나대면 기분

나빠 하는 사람이 있게 마련이다.

그러나 강자인 일본인은 절대 안죽이고, 힘 없는 중국인만 죽였다. 조선인들은 대체적으로 약자에게만 강했다.

관동대진재 당시의 조선인 학살이나 3.1운동 당시의 조선인 살해 진압, 그리고 조선인들의 중국인 학살 폭동은 외견상 모두 상대를 죽인 것이지만, 질적으로는 완전히 다르다.

관동대진재 당시의 일부 일본인들은 헛소문에 놀아난 잘못은 있지만, 자기들을 죽이려 한다는 말을 들으니 자기들이 살려고 살해한 것이고, 3.1운동 당시 조선인들을 죽인 행위도 진압을 하지 않을래야 않을 수 없는 이유가 있었다.

왜냐하면, 조선인들이 뭉쳐서 합방해 달라고 청원하니 합방을 했고, 그래서 조선을 같은 나라의 지방이라 여기며 엄청난 투자를 해 놓았는데, 갑자기 독립 하겠다면서 나가라고 하니, 당신이라면
그 동안 투자한 엄청난 재산을 다 포기하고 고분고분 물러나겠는가?

당신의 옆집 사람이 당신더러 자기는 땅을 제공하고 당신은 건물을 지어서 그 건물을 같이 쓰자고 해서 당신이 옆 땅에다 큰 돈 들여서 건물을 지어 놨는데, 당신더러 빈손으로 나가라고 요구한다면, 당신은 예 알겠습니다 하면서 다 포기하고 나가겠느냐는 말이다. 역지사지로 생각해 볼 문제 아닌가?

다수의 죄 없는 사람들까지 죽인 것은 잘못이지만, 조선인들을 죽인 두 사건 다 일말의 이해되는 면이라도 있는 사건들이다.

하지만 조선인들의 중국인 학살 폭동은 눈꼽만한 이유도 되지 않는다. 밥그릇 줄어든다고 사람을 그리 죽이는 게 인간xx들인가?

그런데도 한국사 교과서는 자신들을 '고난 당한 성자'로 둔갑시킨다. 지들이 벌인 짓은 다 감추고, 상대의 잘못만 수천 배 부풀려서...
한국인이 2등 국민이라며 일본인과 동등한 대우를 못받은 것은 사실이다. 그런데 1등 국민으로 대접 받을 자격이 있었는지는 의문이다. 1등 국민 자격이 있는데도 차별했다면 당연히 나쁘지만, 현실은....

민족 차별 했다는 게 혹시
3등, 4등국민을 부당하게 2등 국민이라 대우한 것은 아닐까?
아니 3등 4등 국민 자격은 정말 있었을까?

한국의 정치권과 국사계,
특히 좌파 정치권과 한국사 교과서 사기꾼들에게 고한다.
그대들의 양심이 남아 있다면 3.1운동과 함께
조선인들의 중국인 학살 폭동도 교과서에 실어서 가르쳐라.
남에게 들이대는 잣대, 자신에게도 똑같이 적용하고,
헌법 문구 속에도 반성의 문구를 집어넣어라.

그 가증스런 '고난 당한 성자' 행세 그만 하고....

제4장 알고나면 멘붕, 그래도 알아야 할 우리의 진짜 역사

19 8천만이 속아온 한국 독립의 충격적 비밀⋯⋯⋯322
20 태평양전쟁의 진짜 도발자, 마침내 드러난 분단의 진실⋯342
21 가짜국사 제작의 공범이었던 우파, 그 감추고 싶은 비밀⋯370
22 시작은 어리석었지만 끝은 좋았던 한일국교정상화반대투쟁⋯396
23 '숭배족'들로 구성된 나라, 박정희의 중대 실착⋯400
24 알고 나면 멘붕 오는 독도의 진실⋯⋯⋯⋯⋯⋯409

1930년대 평양의 밤거리

19. 8천만이 속아 온 한국 독립의 충격적 비밀

⊙ 한국사 교과서의 대국민 사기 8.15 해방 사기극

1945년 8월16일 마포형무소 앞에서 만세 부르는 9명의 시민과 나머지 군중들

위 사진이 8.15 때 우리 국민들이 만세 불렀다는 거의 유일한 사진
이다. 우리는 이 사진을 흐리게 만든 사진 가지고,
전 국민이 8.15를 해방이라 반겼다고 배웠는데,
자세히 보면 만세 부르는 사람은 9명에 불과하다.

**위 사진은 8월16일 형무소에서 풀려난 사람들이 만세 부른 사진
이며, 8월 15일에 군중들이 만세 부르는 사진은 어디에도 없다.
만약 그런 게 있다면 필자가 현상금 1억원을 걸겠다. 찾아보시라.**

*8월15일에 거리에 만세 소리가 나고 태극기가 물결쳤다고 아주 유창하게 얘
기들 하는데, 그런 거짓말 하는 놈들이 정말 본거 같이 얘기를 해요[문제안,당시25세]
*동네 아낙네가 누구한테 묻더라고 "해방이 뭐요?" 하고...[윤장근,당시13세]
*일본 선생이 우니까 우리 선생도 울고 우리도 엄청나게 울고...[오재만,당시14세]

1945년 8월 15일에 우리 국민들이 해방이니 광복이니 하며 만세 불렀다고 가르치고 TV에도 그리 나오는데,
국사 사기꾼들아, 적당히 좀 해라. 온 국민이 독립을 학수고대 했다는데 만세 부르는 사진은 왜 없을까?
한국사 거짓말교과서는 국민들을, 자기들이 어떤 과거를 겪어 왔는지, 왜 일본에 합병 되었는지, 왜 독립 되었고 왜 분단 되었는지, 왜 통일이 안되는지 등을 전혀 모르는 '진성바보 상태'로 만들어 놓았다.
중국에서 독립한 사건에는 전국민이 모금까지 하며 독립문을 만들어 자축했는데 일본에서의 독립에는 왜 만세 부르는 사진조차 없을까? 한국인들은 자신들의 걸어온 길도 가야할 길도 모르는 미몽 속을 헤매고 산다.
한국은 운동장 한가운데 쏟아 부어진 개미 떼 같은 나라다.

⦿한국이 독립된 진짜 이유

한국인의 대다수는 역사 인식에 관한 한 거의 유치원생으로 길러졌다. 한국사 사기 교과서는 국민들을 세 종류의 바보들로 만들어 놓았는데, '미국 형님께서 우리를 해방시켜 주셨다'고 믿는 친미 바보들과, '미국놈들 때문에 공산화 통일에 실패했고 어버이 수령님이 독립에 큰 공을 세우셨다'고 믿는 반미·종북·진보 바보들, 그리고 독립투사님들의 노고로 독립을 쟁취했다고 믿는 바보들까지, 국민 전체를 바보화 시켜 놓았다.
'김구와 친한 장개석이 루즈벨트에게 말 잘 해 주니까 독립시켜 주었다'고 믿거나, '이승만이 루즈벨트에게 독립군 많다고 뻥쳐서 독

립 되었다'고 믿는 학자들도 국제 정치를 애들 소꿉장난으로 아는
모양이다. 그런 학자는 유치원에 재입학 해야 하고,
위대하신 독립투사님이 나라를 독립시켜 주셨다고 믿는 무개념 교
수들도 그 동급생이 되어야 한다.
8.15 직후 반일감정은 거의 없었다는 사실을 아는 한국인은 별로
없다. 일본인들이 추방 당하니까,
"왜 떠나야 하는거야? 우리랑 같이 살자"라며 안타까워서 울던 한
국인이 많았다는 사실을 아는 한국인도 거의 없다.
"나까무라 걔 일본서 잘 사나? 보구 싶네" 하면서 강제로 헤어진
친구를 그리워하던 분들이 많았음도 모를 것이다.
메모리가 통째로 포맷 및 리셋팅 되었으니...

**우리는 "온 국민이 8.15 해방에 만세 불렀다"고 배웠지만,
그건 거짓말이다.**
앞의 사진은 8.15 독립을 국민들이 반겼다는 증거가 없어서
형무소에서 풀려난 몇몇 사람들의 사진을 쓴 것 같은데,
그들 이외의 한국인 대다수는
일본의 패전을 슬퍼했었다는 게 진실이다. 왜냐하면 그들에게는
당시 자신들의 나라가 패전한 거였기 때문이다.
한일합방 시대는 굶어 죽는 노예제의 암흑기를 벗어난 최초의 시대
였다. 굶어 죽음에서 해방되고 노예해방·여성해방이 되고 일본인들과
함께 친구도 되고 사돈도 맺고 일본에 가서 돈도 벌고 공부도 하며 일
본인 스승에게 가르침도 받고 존경하기도 하던 자유롭고 평범한 시대
였다. 박정희와 김대중에게도 그들이 존경하던 일본인 은사가 있었다.

그런 나라에 전쟁이 터지니 열렬히 전쟁에 참여했지만 결국 패전했고, **종전 후 미·소 점령군에게 임명된 남한의 친중·친미파 집권 세력과 북한의 친중·친소파 집권 세력에 의해** '한일합방시대는 끔찍한 악몽의 강점시대'라는 반복적 반일 세뇌교육을 받는 시대가 된 것이다.

그런 '거짓말교육'이 지속적으로 이어진 결과, 세대가 바뀌고 난 지금은 '악몽의 일제강점기'라는 '조작된 기억'의 시대가 되어, 세뇌교육 당한 국민들에 의해 '반일=애국'이라 믿는 진(성)보 국민이 되어버린 것이다.

게다가 북한의 대남 역사조작 공작과 그들에게 속은 종북진보 진영까지 엮여 반일 선동이 정치·이념 투쟁의 수단이 되면서, 조직적으로 키워진 반일감정에 의해 스스로 제 발등 찍는 어리석은 나라가 된 것이다. '남북한 국민'의 99.999%가 그런 거짓말 국사교육에 강력히 세뇌 당한 사람들이다. 권력의 힘은 무서운 것이다.

'애국심'이라는 단어가 쓰이기 시작한 시대는 한일합방 시대다. 반만년간 조공과 처녀들을 바치면서 중국에 피 빨리던 사람들이, 자기들이 아시아 통일을 주도한다는 희망찬 열기를 보이면서, 함께 싸웠지만 결국 패전으로 미국 소련에게 점령 당했다는 게 진실이다. **한국의 독립은 미국 폐하의 성은도 아니고, 독립투사 넘들이 애써주신 결실도 아니다.**

한국의 독립은 패전국이 치러야 할 패널티였다. 우리가 하기 싫다고 우겼어도 당해야만 하는 그런 독립(=분단)**이었다.**

승전국은 패전국에 전쟁배상금을 물리건, 땅을 빼앗아 국민을 시베리아로 강제이주시키건, 나라를 분단시켜서 약화시키건 하는데, 한국은 그 중 세번째였고, 이해하기 힘들겠지만 당시의 우리나라는 일본이었다.

승전국인 미국은, 한반도를 일본에서 분리시켜 반일파를 집권시키면, 권력의 속성상 집권층은 권력을 지키기 위해 반일 교육을 이어가므로, 향후 일본을 견제할 수 있다는 전략적 판단 하에 일본을 동·서독처럼 쪼갠 것이다.

미·소 점령군은 자기를 제외한 나머지 모든 나라를 작은 나라로 쪼갤수록 세계 전략에 낫다는 판단도 했을 것이다.

우방이더라도 미국 만세 부르기 전에 강대국의 기본 속성 정도는 알고 있어야 하는 것이다.

미국 만세 부르는 우파나 김일성 만세 중국 소련 만세 부르는 좌파나 다들 만만세주의의 그 밥에 그 나물인데, 그런 이분법적 사고의 숭배족들이 무슨 정상적 판단을 할 수 있겠는가?

미국이 당초 한국을 도운 이유도, 자애심 때문이 아니고 일본·소련 견제와 지정학적 필요, 정치적 필요 때문이다.

소련도 한반도를 일괄 점령했다면 한국인들을 시베리아로 강제 이주시켜서 한반도 땅을 고스란히 빼앗을 수도 있었겠지만 미국과의 대립 구도여서 피점령지 국민들을 함부로 할 수 없었고 오히려 북한을 돕게 된 것이다. **이디오피아보다 못살았어야 할 나라가 미국·일본과 엮이면서 생지옥에서 벗어났고, 미·소의 대립마저도 오히려 한국에 이득을 준 것이다.**

승전국인 미국은 만주국과 대만까지 완전 떼어 놓았으니, 일본제국은 더이상 위협적이지 않은 존재가 되었으므로 일본을 되려 지원하면서 새로운 적 소련에 공동 대응 할 수 있게 된 것이다. 일본은 구조적으로 더 이상 적이 아니고, 진짜 새로운 적이 나타났으니까.
어떤 학자는 이승만이 미국에게 독립군 많다고 구라치니 속아서 독립시켜준 거라고 말하는데,
전범만 148명인 나라가 독립군 많다고 우긴다고 해서 미국이 속겠는가? 무개념의 학자들이 국민을 교육시키니....

⦿ 좋은 독립과 나쁜 독립

독립에는 국민에게도 좋은 독립과 지배층에게만 좋은 독립이 있는데, 국민에게도 좋은 독립은 '먹튀형 독립'이며, 대표적 사례가 미국이다. 영국이 식민지를 개척해서 열심히 투자해 놨는데, 그걸 다 먹튀 해버린 것이다.
개인 간이라면 강탈 당했다며 고소라도 하겠지만 국가 간에는 승자가 정의다. 그러니 미국인 입장에서야 '대박독립'이다.
"개척과 투자는 니들이 했지만, 니들한테 세금 안내고 우리끼리 살래" 이러면서 광활한 영토와 자원을 먹튀하고, 자기들끼리만 나눌 수 있게 되니...그런 독립이라면 당연히 대박이고 '개념형 독립'이다.
만약 제주도가 한반도보다 크고 거기서 유전과 금광이 넘친다고 치자. 그러면 생겨난 자원의 상당 부분은 국가 공동 소유가 될 공산이 크다. 그러나 제주도가 독립을 하게 되면 그 자원은 제주 도민이 독식하게 된다. 바로 거기서 독립 하고 싶은 욕구가 생기는 것이다.
먹튀형 자원 독식 욕구...이게 일반적인 독립 추진의 목적이고, 독립이 국민들에게 지지를 받는 이유다.

그런데 한일합방시대의 한국에 유전이나 금광이 터졌는가?
그런 자원독식 욕구 같은 게 생길 처지였는가?
정치인들이야 권력이 생기니 독립은 대박이지만 국민들은 독립을 하자마자 경제 붕괴가 될 수 밖에 없는 경제 몰락형 독립인데, 그런 독립을 정말로 국민이 원해서 한거냐는 것이다.
만약 제주도가 우리와 다른 언어를 쓰는 다른 민족이라 치고,
경제와 안보 등의 모든 것이 한국 본토와 연계 되어 있는데,
갑자기 독립이라는 딴살림 차리기로 한국과 완전 차단되면,
제주 도민들에게는 축복일까?

⦿미국이 한반도에 독립 찬반 투표를 생략한 이유

미국은 국가의 독립이나 합병에 당연히 국민들의 투표를 거치는 나라다. 그런데 대통령은 투표로 뽑게 하면서도 독립 여부에 대한 국민의 뜻을 묻지 않은 이유가 무엇일까?

정말로 우리를 위해 악당 일제로부터 해방시켜준 거라면, 우리에게 "독립 할래,말래?" 물어보는 게 그리도 힘든 일이었을까?

'만약 독립찬반투표를 해서, 한국인들이 독립에 찬성표를 던진다는 보장이 있었다면 명분상 **훨씬** 유리한데, 왜 투표를 안했을까?'

라는 의심을 할줄 알면, 그는 정상인이니, 아마 한국인은 아닐 것이다.

미국이 한국을 일방적으로 독립(=분단)시킨 것은,
점령군의 권리였을 뿐이고,
승전국이 패전국을 쪼개는데 그 국민에게 물어볼 필요가 없다.

만약 미국이 우리를 위해 독립시켜준 거라면,

"독립하면 경제 분단과 경제 붕괴로 굶주리는 시대가 된다"라는 반대 의견도 밝힐 기회를 주고, "이념 대립도 해소되지 않은 상태의 독립은 좌우 권력 다툼형 유혈 전쟁을 유발시켜서 수백만 국민이 죽는다"라는 독립 반대 의견도 밝힐 기회를 주어서
국민들로 하여금 독립 여부를 선택하는 '독립찬반투표'를 거쳐야 했지만 강제 분단이었기 때문에 선택권을 주지 않은 것이다.

분단과 공산화와 전쟁으로 희생당한 700만 명에게,
"독립하면 우리는 죽게 될 수도 있어"라는
발언의 기회를 주어야 민주적인 독립이며, 그런 발언권과
선택권을 주지 않았다는 것도 강제 분단이라는 증거다.

⊙미국이 남한 권력으로 이승만과 상해 임시 정부를 선택한 이유

미국은 점령국이니
①한국을 수탈 대상의 식민지로 삼거나,
②자기 영토로 '한미합방'을 해서 51번째 주로 만들 수도 있고,
③반일·친미 정부를 만들어 친미 애완견으로 키우는 등
3가지 선택이 있었다. 그런데...

①한국은 수탈은 커녕, 그냥 내버려 두어도 굶어죽는 나라였고,
②미국은 노숙자를 데려다 식구로 삼는 바보가 아니어서
초강대국의 일원이 되는 행운은 우리에게 올 수 없었다.
또 초강대국 국민이 되게 좋은 건지 나쁜 건지를 분별 못하고,
독립투쟁 하는 바보들까지 나와 골치를 앓을 수 있으니,
미국은 합병할 리 없었다.

미국에 합병되면 나라 빼앗겼느니 '국치'니 하며 슬퍼하는 사람들도 있겠지만, 이는 바둑의 '대국자'보다 '바둑돌' 신세를 더 자랑스럽게 여기게 만드는 민족주의에 세뇌 당했기 때문이며,

만약 미국에 합병 되었다면 우리는 미국에 합병된 텍사스 국민처럼 '그냥 미국인' 신분으로 살게 될 뿐이다.

③'반일친미파'를 집권시켜서 친미 삽살개 내지 푸들로 키우고 아시아의 교두보로 삼는 게 그나마 나은 선택인데,

눈 씻고 찾아도 '반일친미파'가 없었다.

왜냐하면 그 때까지도 미국은 적국이었고, 자신을 일본인이라 믿는 한반도인, 즉 99.9%의 친일파와 0.1%의 친중파만 있었기 때문이다.

그래서 '꿩 대신 닭'으로 0.1%의 '반일친중파'로 권력을 채운 것이고, 그게 상해 임시정부다.

임시정부는 독립투쟁 때문이 아니라, 친중파인데도 불구하고 간당간당 남아 있는 반일파였기 때문에 간택된 것이다.

⊙한국은 원래 공산화를 지향하던 민족

미국과 일본이 없었을 당시의 한국은 원래 공산화를 지향하던 민족이다. 1946년 9월 10일 미 군정이 8000여 명을 대상으로 실시한 '미래 한국 통치구조에 관한 여론조사'를 보면

사회주의·공산주의는 80%, 자본주의 13%, 모름 7%였다.

또 우익 성향의 단체 '선구회'가 독립 직후 실시한 여론조사에서 국민이 뽑은 가장 인기 있는 지도자도 **여운형(33%)**, 이승만(20%), 김구(17%), 박헌영(15%) 이관술(13%), 김일성(2%) 순이었다.

당시 국민의 80%가 공산주의 사회주의를 지지했고, 공산주의 사회주의 성향의 정치인이 훨씬 더 인기가 있었다.

그러니 독립투사가 어떤 부류인지도 짐작이 될 것이다.

무지하고 분별력 없는 국민들이 공산 사회주의의 사기성과 옳고 그름을 분별한다는 것은 사실상 불가능했다. 그래서 한국은 자본주의 자유민주주의 따위에는 별 관심이 없는 민족이었다는 것이다.

우리는 '헌법문구'만 보면서 대한민국 임시정부가 현 대한민국의 사상적 전신일거라 믿지만, 이름만 비슷할 뿐,

임시정부의 강령도 자유민주주의와 무관한 거의 공산주의였다.

◆ **한국인이 모르는 대한민국 임시정부 건국강령** (주요 내용)

대한민국건국강령을 제정하여 이에 공포함 [대한민국23년(1941) 11월 29일]
임시정부 국무위원회 주석 김구, 국무위원 이시영,조성환,조완구,조소앙,박찬익,차이석

*우리 나라의 토지제도는 국유에 견법을 두었으니...이는 문란한 사유 제도를 국유로 환원하라는 토지혁명의 역사적 선언이다.

*적에 부화한 자, 독립운동 방해한 자, 건국강령 반대한 자는 선거·피선거권 없음. ☞사실상 공산주의이고, 국민들 대다수는 선거권과 피선거권이 박탈된다.

*대(大)생산 기관의 공구(工具)와 수단을 국유로 하고 토지 광산 어업 농림 수리 소택과 수상 육상 공중의 운수사업과 은행 전신 교통등과 대규모의 농·공·상 기업과 성시공업구역의 공용적 주요 방산은 국유로 하고 소규모 혹 중등기업은 사영으로 함.

☞생산 수단의 국유화, 이게 공산주의다.

*적의 침점 역 시설한 관공 사유토지와 어업 광산 농림 은행 회사 공장 학교 교회 사찰 병원 공원 등의 방산과 기지와 기타 경제 정치 군사 문화 교육 종교 위생에 관한 일절 사유자본과 부적자의 소유자본과 부동산을 몰수하여 **국유로 함**

☞**공산주의와 거의 동일하다.**

*몰수한 재산은...국영 혹 공영의 집단생산 기관에 충공함을 원칙으로 함.

***토지의 상속 매매 저압 전조차 금지**와 고리대금업과 **사인의 고용농업 금지**를 원칙으로 하고 **두레농장 국영공장** 생산소비와 무역의 합작기구를 조직확대하여....

*국제무역 전기 자내수와 대규모의 인쇄 출판 전영 극장등을 국유로 함

☞생산수단의 국유화와 집단농장 이게 바로 공산주의 강령이다. 당시 조선총독부의 시스템은 자유민주주의 초기 단계 성격이 컸지만 상해 임시정부의 강령은 거의 전형적인 공산주의 국가였다. 그나마 비교적 가장 우파 성향이 강했던 임정마저도 거의 공산주의 추종이었으니, 한국은 어느 쪽으로 가건 공산화 코스 밖에 없었다.

◆ **독립 투쟁과 공산화 투쟁**

한국은 공산화를 지향하던 나라이며, 대부분이 공산주의자의 판이었다. 독립 투사도 뭘 알고 더 나은 미래를 선사할 능력이 있었던게 아니라 대부분 공산좌파 이념 세력들이다.

우리 국민들은 봉오동전투의 홍범도가 무슨 사상을 가지고 무슨 비젼을 말했는지, 만주의 독립투사가 무슨 사상과 비젼을 가졌는지 등을 알지 못한다. 좌파가 독립 투사를 띄우면서도 그들이 무엇을

지향했는지 어떤 비젼이있었는지를 감추는 게, 까발리면 밑천이 드러나기 때문이다.

한국은 자체적인 '자유민주주의' 체제로의 건국 능력이 없었다.

한국은 미국이 없이 독립 투사들에 의해 독립 했었다면 그 즉시 공산화 되어 중국 소련의 위성국이나 봉건 체제로 갈 수 밖에 없는 나라였고, 그리 되면 중국과 러시아보다 못사는 나라가 될 수밖에 없었다. 종주국보다 잘 사는 위성국은 없기 때문이다.

자유민주주의 체제로의 건국은 이승만이 아닌 미국에 의한 강제이며, 이를 위해 이승만을 앞인 것이다.

즉 이승만은 미국이 놓은 바둑 돌에 불과했다.

다만 그런 바둑 돌이라도 준비 되어 있었던 게 천운이었다.

⊙ 한국 독립에 대한 황당무계한 장개석 역할론

우리 국민들은 독립을 '선물'이라고만 인식하고, 김구가 장개석과 친해서 장개석이 말 잘해 주니까 독립시켜 주었다고 믿는 부류도 있는데, 카이로 회담의 미국 국무부 기록 FRUS(Foreign Relations of the United States)의 11월 24일 기록에는 루스벨트가 처칠과 만나고 전날 밤 장개석과의 요담 내용을 설명하는 부분이 나온다.

'중국이 만주와 한국의 재점령을 포함한 광범위한 야심을 갖고 있는 것은 의심할 여지없다' (There was no doubt that China had wide aspirations which included the re-occupation of Manchuria and Korea).

☞ 장개석도 중국인이다. 그의 야심은 청일전쟁 이전 질서로의 복귀다. 청일전쟁 이전까지 한국은 중국에 조공 바치는 속국이었다.

*(루즈벨트가)한국을 포함해 일본 점령지에 대한 전후 배치에 대해 물었다. 장제스는 한국 운명에 별 관심이 없는 듯했다.(엘리엇 회고록, As He Saw It, 1974년) 장제스 정부는 임정을 공식 망명 정부로 승인하지 않았다. 고스(Clarence E. Gauss) 중국 주재 미국 대사의 이런 비밀 전문이 있다(FRUS 1942.2.12.) "나(고스 대사)는 임시정부 외교부장의 요청으로 비공식적으로 그를 만났다. 중국 정부가 왜 한국 임시정부를 승인하지 않느냐고 물었다. 그는 귀엣말로 말했다. "일본 패전 후 한국을 중국의 종주권(Suzerainty) 아래 두려는 중국의 욕망(desire) 때문일 것이라고 했다."

☞이처럼 만약 일본이 패전하고 중국이 승리했다면 한국은 다시 중국의 속국으로 갈 수 밖에 없는 운명임을 임시정부도 알고 있었을 공산이 크다. **한국은 일본의 패전과 동시에 중국의 속국이나 공산화가 될 수 밖에 없는 나라였지만, 중국의 공산화로 인해 한국·일본의 필요성이 커지니 미국이 일본을 회생 시켰고, 일본의 회생으로 인해 한국도 살아난 것이다.**

결국 남의 불행(중국의 공산화)이 우리의 행복이 된 것이다.

⊙한반도가 분단에 재분단까지 된 이유

미국은 당초 한국에는 별 관심 없었다. 단지 제국을 해체하고 반도와 열도 두 본토만 동서로 분단 시키면 일본 견제가 된다고 보았는데, 미국이 일본을 제압하기 위해 소련을 초빙한 데 대한 대가 성격으로, 소련이 "나도 같이 먹자"고 나섰기 때문에 남북으로 '재분단'된 것이다.

만약 소련이 참전하지 않고 미군 단독으로 열도 점령 작전에 들어갈 경우 추가 발생이 예상되는 수십만 명의 사상자가 신경 쓰여서 소련을 참전시킨 것이며, 소련은 세력 유지를 위해 한반도 이북에는 스탈린에게 가장 충성할 수 있는 소련군 대위 '김일성(김성주)'을 임명한 것이다.

김일성주체사상파 진보진영은 미국을 분단의 원흉이라고 믿는데, 머리 나쁜 그들이지만 답은 맞추었다. 미국은 분단의 원흉이 맞다.

다만 남북이 아닌 동서, 당시의 우리나라가 패전으로 동서분단된 것이다.

⊙ 북한이 김일성주체사상을 만든 이유

장기 독재 권력을 유지하기 위해서는 지배층에게 충성하도록 하는 이념 사상을 만들어 국민에게 주입시키는 것은 기본 중의 기본이다.

조선과 중국 지배층이 충·효·예 운운하며 '아랫놈은 윗 분을 잘 모셔라'로 요약되는 유교 사상을 주입시켜서 '따라서 지배층을 잘 받들어 모시고 중국 황제 잘 받들어 모셔라'로 유도하는 유교 사기극을 퍼뜨린 것처럼, 스탈린의 갑작스런 사망으로 소련의 꼭두각시였던 김일성은 권력을 위해 역사조작 강화와 함께 이념으로 포장한 지배 수단이 필요했다.

때문에, 뒤에서 언급될 주체사상 사기극, 지배층을 잘 받들라는 주체사상이라는 사상 사기극을 창안하여 북한 인민에게 주입시켰으며, 남한 대학생들에게 세뇌시키는 데 성공했고,

우파 진영이 제대로 대응 못하고 팔짱 끼고 구경한 탓에,

김일성을 추종하는 김일성주체사상파 진보 진영이 이 사회의 주류로 성장한 것이고, 그렇게 남한을 분열시켜 남한이 힘을 모을 수 없게 만들었기 때문에 분단 지속과 장기 세습에 성공한 것이다.

3대 세습은, '절대권력'은 한번 입 대면 떼기 싫어지는 속성 때문이지만, 악정을 해 온 왕조는 권력을 잃으면 맞아 죽기 때문에 사력을 다해 권력을 지키는 것이다.

권력 목적의 이념·사상 장난과 역사조작 사기극의 장난에 한국인들이 속기 때문에 자신을 정의롭다고 착각하는 어리석은 세력이 있고, 그들로 인해 국민이 분열되니 통일은 불가능한 것이다.

⦿어리석은 우파 정부와 우파진영

애초부터 종북·친중·진보 진영에게 이념사기극과 역사조작 사기극의 진실을 깨닫게 만들고, 우리의 갈 길이 무엇인지를 깨닫게 만들어 국민이 하나 되지 않고서는 길이 없었는데, 우파 진영은 그들에게 진실을 깨닫게 만들려는 노력 대신 덮어놓고 이념 사상을 막아버렸고, 일본 악당 만들기 조작을 더 부추긴데다, 그들의 갈증을 더 키워버리면서 사태를 악화시켰다.

마르크스주의와 김일성주의가 자신들의 삶을 향상시켜 줄거라는 믿음을 갖고 있는데 억지로 막는다고 되겠는가?

제 자식이 '이 음식은 좋은 음식이야'라고 믿는데, 제대로 된 설명도 없이 무턱대고 막아버리니, '내 부모도 악당이구나, 좋은 음식을 숨겨 두고 지들만 먹으려고 하는구나' 라고 믿는 종북 진보 진영이 생겨나버린 것이고, 그게 바로 좌파다.

이념에 물든 세력은 이념으로 치료해 주는 것만이 해법이며, 가짜 역사 사기극에 놀아나는 세력도 진실된 역사를 알려주는 게 약이다. 설명조차 제대로 안해주면서 그냥 "안돼"라고 막기만 하면 되겠는가?

좌파는 싸울 대상이 아니라 깨닫게 해 주어야 할 치료의 대상이다. 구제불능 집단도 절대 아니다. 그들도 설명하면 다들 알아 듣는다. 깨우쳐 주는 것 말고는 길이 없는데 우파 진영은 개념이 없었다.

⦿일본은 미국의 적이었는데, 미국은 왜 한국보다 일본과 더 친하냐고?

'미국은 우리의 혈맹인데(내심:미국에게 '꼬랑지' 더 많이 흔들어 주는데,) 왜 우리보다 적국이었던 일본과 더 친하지?'라고 의아해 하는 사람이 많은데, 적국이었어도 분별력이 있어 대화가 통하는 상대와, 분별력이 모자란 팔푼이는 같을 수가 없다.
한국은 '국제 팔푼이' 내지는 '국제 왕따'다.
미국은 한국을 상냥하게 대하면서도, 사실상 좀 낮게 볼 수 밖에 없다. 누가 미국의 리더여도 그럴 수 밖에 없다.
동등한 분별력의 인간으로 여겨져야 동등한 대접을 받는데, 한국은 반미족들과 숭배족들만 있다.

한국인의 또다른 문제점은, 자기 못난 건 생각 안하고 타인을 흠집내서 자신과 레벨을 맞추려 한다는 것이다.
개인 간에도 남을 계속 헐뜯으면서 자기가 올라서려는 네거티브형 인간을 좋아할 사람은 별로 없다.
옆집 사람은 노벨 과학상 26개 받는데 자기들은 한 개도 못탄다.
노벨상은 인류 발전의 공헌도와 관계 깊은데, 실력으로는 안되니, 스포츠나 이기면서 정신승리 해보려고 하지만, 아무도 알아주지 않는다. 그러니 "쟤네 증조 할배는 악당이고 따라서 쟤들은 악당이야" 라고 고성방가 지르고 옆집 사람을 욕하면서 자신이 반대급부로 올라고고 싶어하는데 동네 사람들이 아무도 알아주지 않으니 하던 짓을 더 하는 바보들의 서글픔…
한국이 다 그렇다는 건 아니고, 그런 부류가 있다.

특히 동네 사람들의 공통 관심사에는 관심 없고, 증조 할아버지 적 일로 동네방네 돌면서 "쟤네 조상은 악당이야, 근데 쟤가 사과를 제대로 안해. 야 이 나쁜 놈아 사과 똑바로 해…!!!"
라고 고성방가 지르며 동네 사람들의 공통 관심 사업의 판을 깨는 사람은 거의 진성바보다.

욕심은 많은데 허구한 날 데모질 외에는 한 일이 없는데다, 남 잘나가는 것은 배아프고 현실은 따라 주지 않으니 사회 불만만 많고, 지가 노력해서 잘해볼 생각은 않고 누군가를 모함하고 악당 만들어서 이간질이나 시키켜서 밥그릇 챙기면서도,
'나는 정의로와' 라고 믿고 싶어하는 부류…

서방의 주요 인사들이 한국 주변국에 방문하는 길에 한국에 방문할 수 있는데도 그냥 지나치는 경우가 대부분인데, 한국은 국제 왕따이고, **그런 밉상 나라에는 변고가 터져도 동네 사람들이 도와주기 힘들다.**
6.25 때는 무식하고 미개한 족속들에 대한 동정심이라도 있었지만, 잘 배우고 잘 사는 밉상 나라는 또다시 그런 **불행한 사태가 터져도 아무도 도와줄 마음이 생기지 않는다.**
개인사나 국가사나 똑 같다.

더군다나 한국은 일본의 침략 동지로서 함께 중국·동남아를 침략했고, 보복 당하지 않은 패전국인데, 자기들이 마치 미국 편에 서서 일본과 전쟁이라도 한 것인 양 반일을 외치면서 국제 공조의 판을 깨니, 미국과 선진국들은 한국인들의 멍청함에 기가 찰 것이다.

속이는 사기꾼들도 문제지만 당하는 국민들도 문제다.

국제 왕따에서 벗어날 길은 진실을 알리고 국민 의식을 높이는 것 외에는 없다.

미국에게 마냥 딸랑거리거나 반미·반일의 어리석은 진^{성바}보 짓을 할 게 아니라, 미국이 과거 우리의 적국이었음을 정확히 인식하고, 그랬는데도 보복하지 않고 오히려 도와준 우방이 되었음을 정확히 인식해야 하며, 왜 그랬는지 그 이유와, 정치 사기꾼들이 국민에게 거짓을 가르치는 이유도 정확히 인식해야만 국민이 진정한 나라의 주인이 되고, 정상적인 국가 관계가 형성되는 것이다.

먼저 의심할 줄 아는 인간이 되는 데서 시작해야 하며, 누군가가 주입시킨 가짜국사 세뇌 상태를 스스로 자각하고, 우리의 현재 상황과, 주변 세력들의 전략적 이해관계와, 비즈니스 윈윈게임 구조 정도는 이해를 해야 지금 같은 어리버리 국제왕따 나라에서 벗어날 수 있을 것이다.

⊙진정한 광복, 진정한 해방을 위해

8.15를 '해방'이라며 '광복절'이라고 부르는데, 국민들에게 편안하고 행복한 삶을 선사하는 것이 해방이라고 정의를 내린다면,
8.15는 해방이 아니라 몰락이었다.
그 빈껍데기 해방이 가져다준 것은 700만 생명의 희생과 천만 이산가족이며, 피폐해진 국민의 삶과 죽어가는 동포들이 전부였다.
무엇보다도 국민 의식이 후진국에서 벗어나지 못하면 해방은 없다.

예를 들어, 일본의 노벨상 26개는 인류에게 유익을 주려는 노력이 집약되어 나타난 것이지만, 한국은 공부하고 노력하는 것 모두가, 심지어 노벨상 추구도 남을 이기기 위한 것들이다.
베이스 철학부터가 다르다.
쟤들은 수십 개나 타는데 우린들 왜 못해? 쟤들을 이겨버리자 이거다.
인류 공영이 아닌 경쟁심이 주 원인이며, 대부분 이런 식이다.

과거에는 미개한 국민들을 끌고 갈 거짓말이 필요했을 수도 있지만, 그게 지속되니, 지금은 해방의 대상조차 찾지 못하는 정신적 공황 상태다.

먼저 어제의 적이 오늘의 우방이 된 이유부터 알아야 우리의 갈 길을 알 수 있는데, 일본은 그 이유를 알지만 우리 국민들은 전혀 모른다. 기억상실 환각상태의 국민들이 무슨 선택을 제대로 할 수 있겠는가?

첫단추가 잘못 끼워진 상태로 너무 많이 와버렸지만, 어차피 잘못 끼워진 첫단추를 바로잡으려면 일시적 충격이나 동네창피 쯤은 각

오해야 하고, 어차피 한번 겪어야 한다면 그 시기는 빠를수록 좋다.

죽어가는 동포들...아직도 이루지 못한 진짜 해방을 위해
국사 사기와 이념 사기에 속아 진(성바)보로 전락한 좌파 진영을
세뇌 상태에서 깨어나도록 해야 하며,
진실 전파를 막아서는 안되는 것이다.

이를 위해 우파 진영부터 먼저 숭배족에서 벗어나야 한다.
박정희도 이승만도 미국도 절대 비판하지 못하는 그런 숭배족
의 마인드로 어떻게 제대로 된 분별력이 생길 수 있으며,
입에 똥 묻은 개가 다른 똥 묻은 개를 어찌 나무랄 수 있겠는가?

20. 태평양전쟁의 진짜 도발자, 마침내 드러난 분단의 진실

⊙태평양 전쟁, 우리가 교육 받은 것들은 어디까지가 진실일까?

대다수 한국인들은 '태평양전쟁은 일본이 일으킨 선제도발'이라 믿고, 세계의 경찰 미국이 전범 일본을 응징한 전쟁 정도로 알고 있다.

일본의 교과서도 '태평양전쟁은 일본 제국주의의 비극적 산물이며 국민에게 희생을 강요한 실수'라는 메시지를 담고 있고, 미국 교과서도 '태평양전쟁은 일본의 침략 때문이며, 미국은 그 전까지 고립주의를 고수했지만 진주만 공격을 받고 깨어났다'식으로 쓰여 있다. 하지만....

전쟁은 정치의 일부이고, 정치는 무대 뒤에서 벌어지는 추악한 연극이다. 최근에 미국에서 기밀 해제된 문건과 관련 당사자들의 일기와 석학들의 저서를 통해 역사의 진실 속으로 들어가 보자.

*우리는 지금 섬세한 기술을 요하는 외교적 펜싱게임을 진행중이다. 우리의 목적은 이 게임을 통해 일본으로 하여금 먼저 악수(惡手)를 두도록 몰아가는 것이다.[1941년 10월16. 대통령이 주재한 회의에 참석했던 국방장관 헨리 스팀슨의 일기]

*이날 논의된 주제는 어떻게 하면 일본이 우리에게 먼저 총을 쏠 수 밖에 없는 상황으로 몰고 가느냐에 관한 것이었다.[1941년 11월 25일. 대통령과 함께 각료 회의에 참석했던 국방장관 헨리 스팀슨의 일기]

*1941년 12월 7일(진주만 공습일) 전까지 미국이 여러 가지 방법으로 일본을 코너에 몰아붙이고 있었다는 것은 누가봐도 명백한 사실이었다. 우리가 요구한, 예를 들어 일본군의 중국 철수는 일

본이 도저히 받아들일 수 없는 요구라는 것을 우리도 잘 알고 있었다. 사실 우리는 그들이 그 요구를 수용하지 않기를 바랬다. [프랭크 비티 前해군성장관 보좌관]

*루즈벨트는...헨리 모겐소에게 말했듯이, "자진해서 전쟁에 나서기보다는 떠밀려 들어가고 싶어"했다. 주일 대사 조지프 그루에게도 그와 비슷하게 말했다. 루즈벨트가 가장 의욕적으로 나섰던 일은 여론이 어떠한 사건이든 전쟁의 명분으로 인식할 만한 분위기를 조성하는 것이었다.[위대한 정치의 조건, 조지 맥짐시 아이오와 주립대학의 교수이자 미국 역사학의 권위자]

*일본의 진주만 공습은 미국이 취한 도발적인 조치들에 연유한다. 미국이 어쩔 수 없이 2차대전에 참전하게 되었다는 얘기는 코미디다.[전시 영국 생산성장관 올리버 리틀튼]

*오래 전부터 나는 유럽의 전쟁에 미국을 참전시키는 최선의 방법은 일본을 거치는 것이라 생각해왔다.[루즈벨트의 내무장관 해롤드 아이크스의 1941일 10월 발언]

*루스벨트 대통령과 그의 참모들은 전쟁에 개입하기 위해 재난이 필요했다. 아주 큰 피해가 필요했다.[피츠버그대 교수 도널드 골드스타인(Donald Goldstein)]

*루즈벨트와 그의 참모들이 일본의 대규모 공격을 유도했다[해군 출신 언론인 로버트 스틴네트(Robert Stinnet)의 '거짓의 날(Day of Deceit)']

*루즈벨트는 미국을 속여 중립 정책을 포기하게 만들었으며, 일본이 진주만을 공격하도록 유도해 무고한 인명피해를 만들었다. [해리 엘머 반즈 하버드대 역사학 교수-20세기의 가장 영향력 있는 미국의 저명한 역사학자, 역사 수정주의 운동의 지도자]

*진주만 공격은 막을 수 있었으며 막았어야 했고, 미국은 2차세계대전에 참전하지 않았을 수 있었으며, 참전하지 말았어야 했다. 소련과 나치 독일이 서로 전쟁의 힘을 빼고 있을 때까지 미국이 전쟁에 개입하지 않았다면, 거대한 소련이 지금 세계 절반을 차지하고 있지는 않았을 것이다. 그러나 민주주의의 수호자임을 자처하는 루즈벨트는…우리를 전쟁으로부터 지켜주겠다고 확신을 준 뒤 그를 다시 뽑아준 유권자의 의지와 희망을 배반했다. 그는 명백히 중립적이지 않은 독일에 대한 행동과 일본에 대한 최후 통첩에 의해 우리를 전쟁으로 끌고 갔다. [연합국 동남아시아 방면군 참모장 Albert Coady Wedemeyer가 저술한 자서전 'Wedemeyer Reports!']

*극동국제군사재판소는…1941년 12월의 진주만 공격을 '침략 행위'라고 규정했으나, '미국이 중국에 원조를 해줌으로써 1937년부터 실질적으로 일본과 전쟁을 하고 있었다.'고도 인정했다.…**미국이 중립국가가 아니고 교전 세력 중 한 쪽의 동맹자였다면, 진주만 공격은 전적으로 예고 없는 침공이라고는 볼 수 없다.** ['나는 죄없이 죽는다'의 존 래프랜드]

*루즈벨트는 전국 라디오 연설을 통해 "미국 선박이 독일 잠수함을 발견하면 목격 즉시 발사하도록 명령하겠다"고 발표했다. 이로써 루즈벨트는 북대서양에서 선전포고 없는 해전을 개시했다…진주만 폭격 소식에 루즈벨트는 덤덤히 "있을 수 있는 일"이라고 대꾸했다…다음날 양원 합동회의에 나가 "일본에 대한 선전포고를 요구"했다. 루즈벨트는 처음 대통령에 당선되던 시

절(1933년)로 돌아온 기분이었다. 위기에 처해서 자신의 리더쉽을 기꺼이 따르려는 국가를 마주하게 된 것이다.['위대한 정치의 조건', 조지 맥짐시(미국 아이오와 주립대학의 교수이자 미국 역사학의 권위자)]

◉일·중 전쟁과 걸려든 함정

일중전쟁 당시 파견군 총사령관 마츠이 이와네(松井石根) 대장은 중국으로 떠나는 송별회 자리에서 "나는 전쟁하러 간다기보다 형제들, 친구들을 달래러 간다"라고 인사말을 했다. 일본군은 중국인의 친구임을 알리겠다는 것이다. 전쟁의 당초 원인이 무엇이건 간에,

대륙은 도적 떼와 살인 약탈이 들끓는 무법천지였고, 그런 대륙에 질서를 세우고 사람 살기 좋은 곳으로 만들겠다는 명분은 일반적인 침략과는 성격이 달랐으며, 일본의 침략(=진출)을 대륙 내에서도 반긴 세력이 많았다. 살인 약탈이 난무하는 무법천지 대륙이어서 인민들도 괴로웠던 것이다.

일본군은 당초 저항 세력이 거의 없으니 몇 개월이면 전쟁이 끝날 거라 여기고, 가끔씩 저항해 보는 오합지졸 세력을 '아웃'시키며 끝없이 점령하여 나갔고, 한국 국민들은 곳곳에서 만세를 불렀다.

그런데 중국의 저항 세력을 지원하는 배후 세력(미국)에 의해 일·중 전쟁은 장기전으로 변해가고 있었고, 루스벨트는 돌연 우방이었던 일본에게 중국에서 군대를 완전 철수하라고 통첩을 했다.

5년 넘게 엄청난 자금과 인력을 투입한 것을 다 포기하고 항복 하라는 요구와 다름 없었다.

미국은 1939년 '미일통상항해조약'을 일방적으로 폐기했고, 다음

해에는 철강 수출을 금지하고, 그 다음 해에는 영국, 네덜란드와 함께 석유의 수출을 전면 금지했다. 철강, 석유, 기계류 등 전략 물자를 미국에 크게 의존하던 일본은 치명타를 받았다. 특히 일본의 석유 수입량의 90퍼센트가 갑자기 끊기게 되었다.

경제는 악화되고, 기초 물자가 결핍되고, 농업 생산이 감소하여 식량 문제도 발생하기 시작했다. 본토의 부족한 식량을 메우기 위해 대만과 조선의 쌀을 공출했다. 이에 일본 지배에 대한 조선,대만의 저항이 나타났다. 미국에 의해 갑자기 코너에 몰린 것이다.

*일본은 필리핀 및 미국의 어떠한 영토에도 야욕을 갖지 않았다. 하나의 국가로서 일본은 공업,상업,무역 및 해군력을 위해서 석유 없이는 존립 할 수 없다. 일본 수상은 자신이 미국에 방문해서 루즈벨트 대통령과 회담 하고 싶다며 방문을 반복요청 하고 있었다. 그는 전쟁을 피하기 위해 미국 측의 조건에 잠정 합의 형태로 동의할 의사가 있었지만, 루즈벨트는 대화를 거부 했다[해밀턴 후잇슈, 미상원의원]

갑자기 벼랑 끝에 몰린 상황에서 만약 중국 대륙에서 군대를 모두 철수시킬 경우, 성난 민심이 공산 혁명이나 군부 쿠데타 등의 어떤 식으로 분출될지 알 수 없었다.

국민들은 정보를 차단당해 승전보만 들었다.

미국의 행위는 사실상 소련과 중국 편에 서서 일본에 선전포고한 도발이었고, 가만히 있다가는 더 크게 당할 수도 있는 지경이 되어, 이 때부터 일본은 선제공격 카드를 검토하게 된 것이다.

⊙희대의 사기꾼 루즈벨트

진주만을 이해하기 위한 첫번째 열쇠는 1941년 프랭클린 D. 루즈벨트 행정부가 미국을 전쟁에 참가 시키기 위해 모든 수단과 방법을 강구하고 있었다는 사실을 이해하는 것이다.

일본이 대륙을 침공 중이었다는 것도, 진주만을 공격한 것도 사실이지만, 미국이 미국과의 전쟁을 원치 않았던 일본과의 전쟁을 위해 다양한 도발을 했다는 것도 사실이다.

루즈벨트 정부는 미국내 일본 자산을 동결했고 파나마 운하 사용을 금지했으며, 영국과의 공조하에 일본에 대한 무제한적 봉쇄조치를 이어 갔다. 이로인해 일본은 중일전쟁에 필요한 석유 및 기타 전략자원의 수급이 불가능해졌다. 미국 정부는 또 수차례에 걸쳐 도쿄를 상대로 군사 대응을 암시하기도 했다.

그리고 11월 26일 미국은 일본에 최후 통첩을 보낸다.

루스벨트는 11월 25일 육군장관 헨리 스팀슨에게 다음주 월요일쯤 일본의 진주만 공습이 있을 것이라고 말하고, 너무 큰 피해를 입지 않으면서 일본의 침략성을 부각시켜 국민들로부터 전폭적인 전쟁 지지를 얻어낼 방안을 강구하라고 지시했다.

11월 26일 영국은 "일본 항공모함 하와이 동쪽으로 이동 중"이라는 긴급 전문을 루즈벨트에게 보냈고, 같은 날 코델 헐 미 국무장관은 일본 국왕의 서신을 들고온 일본 대사에게 모욕적 언사를 퍼부었다. 또 11월 29일 처칠의 전문을 조 레이브(Joe Leib)기자 에게 보여주며, 12월 7일에 일본의 진주만 공격이 있을 것이라고 말했다.

이에 관해 〈뉴욕타임스〉는 진주만 공격 다음날 "미국 정부는 최소

1주일 전부터 일본의 진주만 공습 계획을 정확히 알고 있었다"고 보도했다.

12월 5일 프랭크 녹스(Frank Knox) 해군 장관은 국무회의에서 일본의 진주만 공습이 임박했음을 전군에 알려야 한다고 건의했으나, 루스벨트는 "이미 알고 있으니 함구하라"고 지시했다. 12월 6일 오후, 루스벨트는 34명의 손님이 참석한 만찬 자리에서 "내일 전쟁이 터진다"고 밝혔고 다음날 아침 진주만 공습 보고를 받은 루스벨트는 '위대한 구원(great relief)'이라며 반겼다. 그날 밤 루스벨트와 만난 CBS 방송 기자 에드워드 머로(Edward R. Murrow)는 "진주만 피습을 맞은 루스벨트의 태도가 뜻밖에 태연했으며 오히려 환영하는 표정이었다"고 전했다.

◉진주만 기습의 직접 도화선 헐 노트(Hull note)

미국에서 1941년 11월 26일(진주만 공습 2주전) 국무장관 명의로 일본에 보낸 요구사항이 그 유명한 '헐 노트(Hull note)다. 주요 내용은

*1.*프랑스령 인도차이나를 반환할 것 ☞**석유 쓰지 말고 그냥 죽어라.**

*2.*장제스의 국민당 정부만 인정하고, 정치·경제·군사적으로 지원할 것

☞**지금껏 싸우던 적에게 갑자기 돈을 퍼주면서 도와라.**

*3.*중국과, 프랑스령 인도차이나에서 모든 군대와 경찰력을 철수할 것

☞**10년 동안 막대한 인적 금전적 자원을 총동원한 점령지를 다 내주고 항복하여 내부 폭동 위험도 감수해라. 즉 조용히 망해버려라.**

*4.*실크(면직물&생사)에 대한 무역장벽 철폐 및 미국에게 일본과 일본의 식민지에 대한 최혜국 대우& 일본과 미국내 상호 자금 동결 철폐

☞일본은 철강과 석유의 대부분을 미국에 의존하고, 면직물·생사를 주로 수출 했었는데, 일본 경제를 날로 먹겠다는 소리.

5. 엔화와 달러의 환율을 조정할 것 ☞고정환율제던 일본에 변동환율제 요구. 이는 일본의 수출경쟁력을 낮추어 경제를 날로 먹겠다는 뜻.

결론은, 만주와 중국대륙과 인도차이나 등 신규 편입된 영토들을 모두 뱉어내어 백기투항 하고 항복 해라.(조선은 빼고...조선은 30여년 전에 국민운동과 합병 조약으로 합쳐진 한 나라라는 게 당시 세계의 상식이니...)

☞ 친구이자 우방이었던 일본에게 갑자기 돌변해서,
한마디로 그냥 죽으라고 요구한 것이다.
미국은 우방이었던 일본의 미국내 자산을 동결하고,
중국 반군을 지원하고, 석유 수출을 일방 금지하는 등,
사실상 선제도발을 감행해 왔는데 마지막 결정타가 '헐노트'다.

⊙미국이 태평양전쟁을 도발한 진짜 이유

미국이 일본의 전쟁 도발을 유도한 이유는 다음의 8가지라 여겨진다.

첫째, 일본의 도발을 구실로 참전하여 경제적 이익을 얻는 것이다.
루즈벨트는 케인즈 이론과 히틀러의 경제회생 방식 모방으로 뉴딜정책을 시도했지만 효과는 미미했다.

그런데 과거 독일이 유럽 열강들과 싸워 주는 바람에 무기 팔고 유럽의 금은 다 빨아들이며 성장했던 기억이 있었고, 전쟁 특수로 경제가 좋았다가 전후 대공황이 닥친 기억도 있었다.

하지만 반전 여론이 강했기 때문에 일본의 도발을 유도해서 참전 여론이 득세하게 만드는 편법으로 전제 군주적 권한을 위임 받은

것이다. 그는 '전쟁채' 명목으로 엄청난 재정적자를 안고 군수 산업을 돌렸고 남성들은 전쟁터로 가고 여성들은 공장에서 일하고 돈을 벌게 되었다.

*"어머, 전쟁이 일어나기 전에는 돈이 없어서 아무것도 못했는데, 이젠 일할 수 있는 직장도 있고 돈을 벌어서 맘대로 쓸 수도 있네? 전쟁이 끝나버리면 어쩌지? 남자들에게는 미안하지만 전쟁이 안끝났으면 좋겠다"

미국 다큐멘터리 중 일부다. 전쟁이 터지자 통화 버블로 대공황은 사라지고 새로운 자산버블 시대가 열렸는데, 그 중심에 2차대전 참전이 있었다.

둘째, '경쟁세력 제거전략'과 동시에 '초강대국 부상 전략'이다. 먼저 강대국의 본성을 알아야 한다.

지구상의 모든 강대국들은 초강대국이 되는 게 주요 목적이며, 초강대국 부상이란, 같은 대륙을 제패하는 것과 타 대륙의 경쟁세력 억제를 통해 이루어진다. 어떤 강국도 바다 건너의 나라를 정복하는 것은 무리다. 때문에 자기들을 제외한 유력한 경쟁자를 주저앉히는 전략은 기본 중의 기본이다.

전쟁은 그 전쟁으로 인해서 생사의 기로에 놓인 사람들에게는 위기지만, 죽을 일 없는 사람들에게는 '주판알'일 뿐이고, 패전국에게 천문학적 전쟁 배상을 받는 점까지 보면, 세계 대전의 승자는 초강대국이 되는 것이다. (물론 배상을 받지 않고 되려 도왔지만 루즈벨트가 죽지 않았다면 달랐을 수 있다)

동경대공급(태평양전쟁)

미국의 체제와 '자유'라는 가치를 당시의 일본을 비교했을 때 미국의 가치가 우월한 면은 있었지만 강대국은 그런 형이상학적 가치에 목숨까지 걸진 않는다. 그보다 더 큰 목적이 있었다는 것이다.

초강대국 부상을 노리는 미국으로서는 무법천지의 중국 대륙을 일본이 통일하여 '통일아시아'가 급속히 근대화 되면, 아시아 초강대국 탄생으로 세계사의 주도권이 급속히 아시아로 넘어갈 수도 있는데, 이를 막고 싶었던 것이다.

즉, '**아시아 통일 방해전략**' 내지는 '**쪼개어서 지배하는 전략** (divide-and-conquer strategy)' **이다.**

만약 아시아 통일국이 탄생되어 그게 안정화 되면, 동서양 간 힘의 균형이 깨질 가능성, 최악의 경우 동서양 간의 패권전쟁 가능성도 생각했을 수 있다. 일본은 그럴 일이 없을거라 하겠지만 미국 입장에서는 다르며, 타짜들의 게임이기 때문에 당연히 고려했을 것이다.

셋째, 제왕적 대통령직 향유와 정권연장의 '꼼수적 부대이익'이다.
루즈벨트는 전쟁으로 인해 4선을 연임한 유일한 대통령이 되었다.

의회로부터 거의 황제적 권력을 위임 받고 죽을 때까지 실컷 누렸다.

넷째, 뉴욕 은행가 출신 루스벨트는 전쟁채의 활성화가 자기네 집안과 금융가에 꽤 수지맞는 장사라고 여긴 것 같다.
그의 주변에는 많은 유태 금융계 인사들이 있었고, 미국 금융가는 일대 전쟁 호황을 맞이한다.

다섯째, 유럽 경쟁국가 힘빼기를 위한 이이제이(以夷制夷) **전략이다.**
미국이 일본에 공급하던 자원 수출을 끊어버리면, 일본은 자원을 위해 동남아로 눈 돌릴 수밖에 없다.
그런데, 동남아의 대부분은 이미 유럽 열강들의 식민지이니, 열강들 간의 싸움을 붙여서 경쟁 세력을 약화시키면서 자신들은 무기를 신나게 팔아먹는 등의 어부지리를 노렸을 것이다.
어차피 식민지 쟁탈전에 늦어서 식민지들을 유럽에 선점 당한데다, 미국은 땅 넓어서 그럴 필요도 없고, 남을 침략해서 빼앗는 것은 국민들이 반대할테니, 싸움 말리는 척 하면서 싸움을 만들어 구경하는 장사꾼이 되면 손에 피 한방울 안묻히고 대박 수익이 보장된다.
만약 일본이 중국에서 손을 떼면 미국의 영향력은 거대해지고,
일본이 자원을 얻고자 동남아를 점령하면 유럽-일본 간의 전쟁을 구경하면서 무기도 신나게 팔아먹고,
경쟁국들을 주저앉히면서 '브라보'를 외칠 수 있다.

여섯째, 루즈벨트가 공산주의자이거나 공산주의에 무개념이기 때문이다. 지금의 미국은 반공적이지만 당시의 미국은 달랐다.
루즈벨트 정부는 시작부터 유태인 공산주의 세력의 온상이었다.

텍사스의 마틴 다이스(Martin Dies) 민주당 하원의원은 1940년 루즈벨트에게 고위직을 포함한 정부공직에 수천명의 공산주의자들과 용공분자들이 침투되어 있음을 알리고 그 심각성을 경고했다. 그러나 루즈벨트는 사석에서 이렇게 말했다.

이 나라에 공산주의자들이 있다는 것은 문제될 게 없소. 내 가까운 친구들 중에도 공산주의자들이 있어요. 나는 공산주의자들이 지금이나 향후 이 나라에 위험한 존재가 될 거라고 믿지 않소. 난 소련이 앞으로 우리의 훌륭한 맹방이 될거라 믿고있소.(U. S. Congressional Record, September 22, 1950, pg. A6832)

당시 유태계 공산주의자는 소련은 물론, 미국, 영국의 상당 부분까지 뻗쳐 상당한 영향력을 행사 하고 있었다. 그들의 영향이 없었다면, 일본을 치면서 소련을 키워 주기는 힘들었다.

루즈벨트 정부는 미국 장성들이 '소련군이 없어도 충분히 일본을 항복시킬 수 있다'고 했음에도 불구하고 소련을 참전시키면서 한반도 재분단의 단초를 제공했고, 1945년 8월까지 미국이 소련에게 지원한 돈은 약 436억 달러에 달했다. 이는 대략 경부고속도로 500~1000개 건설비 정도로 추산되며, 이는 소련의 간첩을 미국 대통령으로 10번 만들었어도 뜯어내지 못할 만큼의 거액이다.

그로 인해 소련은 원폭 투하 후 뒤늦게 참전하여 단 1만명의 전사자만 내고 동유럽의 광대한 영토를 날로 먹고, 중국도 공산화의 비극에 빠졌다.

일곱째, 미국의 인종차별적 편견 때문이다.

미국은 당시 인종 차별이 극심한 나라였다. "감히 유색인종이 아시아를 통일해서 초강대국이 되겠다고?" 이랬을 수 있다.

당대의 선각자 윤치호가 일본의 승전을 원한 첫째 이유가 미국 유학시절 당했던 인종차별 때문이다.

아시아를 미개 인종으로밖에 보지 않았던 것이 당시의 백인들이다. 루즈벨트는 '만약 미일 전쟁이 터지면 일본계 미국인들이 어느 편에 설 것인가'를 물었고, 미국 편에 선다는 보고서를 받아들었다.

그런데도 그는 미국에서 태어난 일본계 미국 시민 수만 명을 네바다의 수용소에 가두어버렸다.

당시의 미국은 지금의 미국과 완전히 다르다. 그때의 미국은 개차반 나라였고, 더 예전에는 노예 매매까지 했던 나라다.

*캘리포니아에서는 동양인 편견이 심하다고 한다. 작년 여름에는 백인 입주자들이 조선인 부부와 한 아파트에 사느니 방을 빼겠다고 협박하는 바람에, 아파트 주인이 치창 부부에게 아파트에서 나가 달라고 애원하는 일이 있었다.[윤치호 일기]

*만약 내가 마음대로 '내 나라'를 정할 수 있다면 나는 지독한 냄새가 나는 중국이나 인종 편견과 차별이 극심한 미국 또는 악마 같은 정권이 존재하는 조선이 아니라 일본을 선택했을 것이다.[윤치호 일기 1893년 11월 1일]

*정의와 인도의 가면을 쓰고 음모를 자행하는 전쟁광 루즈벨트, 너는 입만 열면 인도를 말하지만 파리강화회의 서문에 우리 일본이 인종차별 철폐 문안을 삽입하라고 했을 때 반대하고 삭제한 게 누구였더냐? 흑인과 동양인을 차별하고, 아프리카에서

야수 같이 노예사냥 한 것은 누구였더냐?

바로 네 놈들이 아니더냐? 하지만 네놈의 운명은 다했다.

우리 일억 동포, 특히 한반도의 3천만은 혼연일체가 되어 대동아 성전의 용사가 될 것을 다짐하고 있다. 우리는 승리할 것이다. [1941년 12월 14일 미영타도 대강연회(국회의원 주요한)]

이 7가지 중 5가지 이상이 '루즈벨트가 일본의 기습 도발을 유도해서 태평양전쟁을 일으킨 진짜 이유'라 여겨진다.

외견상 일본이 미국에게 어리석은 도발을 한 것처럼 보이지만, 일본은 최강대국을 상대로 쓸데없는 전쟁을 걸 바보가 아니었고, 일본이 잠자는 사자의 콧털을 건드린 게 아니라 잠자는 척하던 사자의 덫에 걸려든 것이다. (참고로, '아시아 통일'이라는 용어를 썼는데, 승리 했다면 '통일전쟁'이 되고, 패배 했다면 '침략전쟁'이 된다. 결국 일본이 패전 했으므로, '침략전쟁'이 맞다.)

⊙등 떠밀려 끌려들어간 벼랑 끝 전쟁

루즈벨트에게 뒤통수 맞고 궁지에 몰린 일본에게 눈이 번쩍 뜨이는 사건이 발생했다. 1940년 6월, 히틀러의 독일군이 프랑스와 네덜란드를 함락시키는 등 유럽을 뒤엎어 주면서 동남아시아의 유럽 식민지가 무방비 상태에 놓인 것이다.

일본 군부는 독일군의 승리에 편승하고 싶었을 것이다. "이제 살았어, 유럽 세력이 약해진 동남아에 거점을 만들어 석유·철강 등을 공급 받으면 중일전쟁도 해볼 만해" 라면서 희망을 보았을 것이다. 동남아의 서양 침략 세력을 몰아내서 아시아가 하나로 뭉친다는 명분도 있었고, 동남아 각국에서 일본을 반기는 세력도 많았으니, '서양 세력들을 몰아내서 그들 나라에 잘 해 주며 민심을 얻으면 돼'라고 여겼을 것이다.

그래서 내놓은 전쟁의 명분이 바로 '대동아전쟁'이었다.

일본은 1940년 9월, 독일·이탈리아와 함께 '삼국군사동맹'에 조인했다. 식민지가 없는 나라들끼리의 모임이었다.

이미 적으로 돌변한 미국에 애걸해 봤자 소용 없으니 루비콘 강을 건넌 것이다. 미국은 계속 일본에게 중국에서 철수할 것과 삼국동맹에서 탈퇴하라는 압력을 넣었고, 계속 참전 명분을 쌓는 미국이 언제 침공해 올지 모르는 상태가 된 것이다.

루즈벨트는 독일의 군사 대응을 촉발시키기 위해 수중 폭뢰로 독일의 잠수함을 공격할 것을 지시했다.

그러나 독일은 철저히 무대응으로 일관했다. 독일은 미국의 참전으로 1차대전에 패한 뼈아픈 경험이 있었기 때문이다.

그러나 루즈벨트는 일본과의 전쟁을 확신하고, 그 운명의 날 전에 이미 천만 명의 병력동원 방안을 강구하고 있었다.

만약 미국과 전쟁을 하라고 하신다면 6개월 정도는 승산이 있겠지만, 전쟁이 2~3년 이상으로 길어진다면 저도 잘 모르겠습니다. / 우리가 대동아전쟁(태평양전쟁)에서 이길수 있다는 근거! 그것이 듣고 싶습니다. [야마모토 이소로쿠]

일본의 야마모토 이소로쿠, 스기야마(杉山) 육군 참모총장, 그리고 군부와 정부 지도자들 대부분은 장기전으로 갈 경우 승리의 확신이 없었다. 그러나 그들은 피할 길이 없었다.

단지 장기전에서 '중국이 무너지고 영국이 독일에게 굴복하면 미국이 전쟁을 포기할 수도 있다'라는 지극히 낮은 가능성에 기대를 걸면서 전쟁 속으로 등 떠밀려 들어갔다.

일본은 자원과 생산력에 있어 미국의 상대가 되지 않는다.

그러나 승산이 희박한 전쟁을 피할 수 없었다.

중국에서 철군하여 폭동과 공산화의 위험까지 감수하는 것만큼 두렵지는 않았기 때문이다. 개전론의 도조는 이렇게 말한다.

"인간은 일생에 한 번은 벼랑 끝에서 뛰어내리는 일도 필요하다."

결국 일본 지배층은 벼랑으로 뛰어 내리고야 말았고, 전쟁의 두려움을 떨쳐버리려고

"우리는 신의 나라야, 우리는 3천년간 패배한 적이 없어"라는 자기 암시로 심신을 달랬다. 그들은 이를 '대동아전쟁'이라 불렀다.

"대동아전쟁이란 서구 제국주의자의 침략과 인종적 편견을 분쇄하여 안전하고 강한 신아시아를 확립하고 세계의 신질서 건설을 목적으로 하는 전쟁을 뜻한다"고 선언했다.

물론 명분일 뿐이지만 당시 전쟁터에서 서로 싸우며 죽어가던 미군도 일본군도 각기 영문도 모르고 자기들이 정의의 세력이고 자기들의 전쟁이 '성전'이라고 믿으면서 함께 죽어갔던 것이다.

그리고 결국, 히로시마와 나가사키에 원폭 투하....The end

일본은 동업자라고 착각했던 사람에게 배신당해서 망한 것이다.

미국이 한국보다 일본과 더 친한 데는 일본에 대한 미안한 마음 같은 게 조금 반영이 될 것이다. 또 대판 싸운 후에 다시 화해한 친구와, 상황 분별 못하고 무조건 받들거나 무조건 반미를 외치는 부류들과는 급이 다를 수 밖에 없기도 하고….

⊙ 만약 미국이 태평양전쟁 도발을 하지 않았다면

만약 미일전을 치르지 않고 중일전쟁에서 일본이 이겼다면 어찌 되었을까? 만약 일본이 패전하지 않고 중국인과 북한인들이 지금 같은 독재 체제가 아닌 일본 국민 신분으로 살았다면, 북한인, 중국인들은 아마 한국인이나 재일교포와 비슷한 정도의 자유와 풍요를 누리고 있었을 공산이 크다.

적어도 중국인 6500만 명이 죽임 당하는 공산화의 비극은 없었고, 인민들의 10년치 식량을 김일성 궁전과 핵무기에 쏟아 부어서 300만 명을 굶겨 죽이는 독재자도 없었을 것이다.

우리 국민들이 세뇌당한 '지배자 행복 중심주의'인 민족주의 말고, 자유와 인권이라는 '인민 행복 중심주의' 관점에서 말이다.

또 일본이 패했더라도 국민당 정부라도 승리 했다면, 중국의 공산화로 6500만 명이나 학살 당하는 비극은 없었을 것이지만,

중국인들은 '공산주의'라는 달콤한 선동에 속아 결국 최악의 비극을 택했다. 일본의 패전으로 인한 최대의 피해자는 일본이 아니라, 북한과 중국의 인민이었던 것이다.

일중전쟁으로 가장 이득을 본 세력은 중국 공산당과 한국이고…

다만 일본이 대륙을 통일했을 때, 강대국 국민 신분을 악용하여 대륙에서 온갖 못된 짓들을 자행했을 한국인들의 꼴불견을 생

세계 최초 항공모함 일본의 호쇼(鳳翔) 모습(사진=위키피디아)

각하면, 일본의 패전은 천만 다행이다.

일본의 패전으로 인한 공산화와 전쟁에 휩쓸려 죽임 당한 중국의 6500만 명과 남북한의 700만명 희생자에게는 미안한 소리지만...

⊙원폭 투하는 반인륜적 만행인가?

원폭 투하에 대해, '어차피 이긴 게임에서 무고한 양민에게 핵실험을 한 민간인 학살의 반인륜적 만행'이라는 주장이 있다. 그런데, 6.25전쟁시 미군 장성들이 '중국에 원폭을 때리거나 북한의 주요도시 몇 개만 초토화 시켜버리면 쉽게 전쟁이 끝난다'고 조언한 것을 지도부가 '민간인에 대한 학살'이라며 반대했는데, 결국 더 많은 도시가 잿더미 되고 죽지 않을 수도 있었던 훨씬 많은 생명이 죽었다.

원폭이 학살임은 맞고, 신무기를 개발했으니 실전연습 유혹도 컸을 것이다. 하지만, 이는 더 큰 희생을 막는 수단이었고, 그게 없었다면 일본 본토 점령에 소련이 개입되어 일본 본토까지 분단 당했을 공산이 크다. 희생자에게는 죄송한 말이지만 원폭이 일본을 살린 것이다.

⊙태평양 전쟁과 역학적 헤게모니

전쟁의 승리를 위해서는 다음의 5가지 조건 중 적어도 3개 이상은 충족해야 한다.

첫째는 당사자와 주변세력 전체의 판을 정확히 읽는 것이고,

둘째는 필승의 구도를 만드는 것이며,

셋째는 적의 내부를 반드시 흔들어 놓아야 한다는 것이고,

넷째는 적의 외곽기지가 아닌 본진을 쳐야 한다는 것이며,

다섯째는 적의 약점을 정확히 치는 것이다. 조금 덧붙인다면, 개전과 동시에 적의 가장 강한 세력에게 치명타를 입혀야 하는 것이다. 이것이 충족되면 이기지만 일본은 그 무엇 하나 성공하지 못했다. **일본의 일중전쟁 승전 가능성은 낮았고, 일중전쟁 개전과 함께 패전은 거의 예정되어 있었다.**

만주국과 함께 이미 거대 국가가 된 상태에서, 대륙을 통일하게 되면, 일본은 아시아 초강대국이 되고, 아시아의 발전은 급격히 상승 곡선을 탔을 것이며, 세계사의 주도권은 서양에서 동양으로 완전히 넘어왔을 수도 있지만, 위협을 느낀 미국·소련 유럽 등이 이를 방관했을 턱이 없기 때문이다.

미국이 아니었어도 동유럽이 안정되면 소련이 도발했을 공산이 크고, 누군가가 소련을 도왔을 것이다. 불가침협정 같은 것은 휴지일 뿐이며, 그들 중 누구라도 아시아가 쪼개지길 원할 것이다.

일본은 견제 패가 많은 상태에서 '먹기 힘든 고'를 해버린 것이다. **한반도·만주국·대만만 확실하게 묶었어도 미국 같은 아시아 초강대국을 만들 가능성이 컸는데, 적당한 선의 강대국을 만들지**

않고 과도한 사업 확장을 하다가 망한 것이다.

헤게모니 구도상 미국은 중국의 토착 세력과 소련을 지원할 이유가 있었다. 왜냐하면 소련보다는 중국 대부분을 장악한 일본이 **훨씬** 더 위협적인 존재였으니까.

그리고 그 일본 제국을 해체시킨 후에 주적은 소련으로 바뀐다. 소련을 견제하는 것이 가장 큰 목표로 바뀌었기 때문이다.

미국은 항상 2등만 패는 나라다. 물론 그 2등이 국민의 자유를 크게 억압하는 나라라는 공통점은 있지만, 2등만 패는 것도 분명하다.

이 문제는 먼저 헤게모니의 큰 판을 보아야 한다.

원래 일본을 키워준 것은 미국과 영국이었다. 이유는 러시아의 남하를 견제하기 위해서였다. 아시아의 세력 균형을 목적으로 당시의 패권국 영국과 미국이 밀어 준 것이며,

그 때 일본이 패했다면 한국은 소련의 위성국이 되는 코스였다.

그러나 의외로 일본이 러시아를 제압했는데, 군국주의 세력이 집권하여 기고만장해진 일본이 중국을 집어삼키기 시작한 것이다.

그런데, 미국이 후회하기 시작했을 것이다. '만약 이대로 방치하면, 초강대국 자리를 일본에 빼앗기게 생겼다'고 여겼을 것이다.

태평양전쟁은 선악의 대결도, 침략과 항전의 구도도 아니고, 서양의 주도 세력과 아시아의 주도 세력 간의 패권싸움이다. 동양의 선두 세력이 과욕을 부리다가 서양의 선두 세력에게 견제 당해서 패배한 사건이다.

그로 인해 동양의 선두 세력은 무너졌지만 패전후 미국의 영향력

아래에 존재하는 일본과 한국은 과거보다 훨씬 더 사람 살만한 곳이 되었다. 반면에 일본에게서 벗어난 아시아 대부분은 비극의 사회가 되어버렸다. 북한은 김성주(김일성)라는 악귀의 출현으로 생지옥이 되었고, 북한의 '인민해방'은 멀고 먼 이야기가 되고 말았다.

다만 승자는 영웅, 패자는 악당화 되므로, 중국인 북한인들은 자신들의 공산화가 행운인지 불행인지를 깨닫지 못하도록 세뇌 당하는 것이다. 승자인 미국·소련은 영웅, 패자인 일본은 악당이 되는 것도 당연하다.

패자인 일본·독일이 난징대학살과 유태인 대학살의 누명을 쓰듯이, 일본이 이겼다면 비슷한 학살 누명을 미국이 쓰고 있었을 것이다.

⊙만약 루즈벨트가 총구를 공산주의 세력에게 돌렸다면

공산화 된 나라는 평균적으로 인구의 10~30%가 죽임 당했다. 공산주의는 정의니 평등이니 하는 구호로 멀쩡한 사람을 계급이라는 이름만 가지고도 계급대학살 하면서도 '정의로운 살인'이라고 믿게 만든다. **제국주의 식민지 시대는, 봉건 지배층에게는 침략이지만, 미개 지역에 문명을 전파하여, 인권 개선과 삶의 질을 개선하는 등 긍정적 역할도 많았다.**

그러나 공산주의는 점령하면서 죽이고, 그 후에는 훨씬 더 많이 죽이고, 시간이 더 지나면 굶어 죽게 만들고, 인권마저 말살시킨다. '공산주의'는 생명을 경시하고 인간성을 파괴하며, 식민지 시대와 비교조차 못할 만큼 더 사악했으며, 때문에 인류의 적은 소련과 중국의 공산주의 세력이었다.

미국이 정말로 '자유와 인권'을 추구하는 세력이고 세계 평화와

정의를 추구한 것이라면, 그들에게 먼저 **총구를 돌리는** 게 순서였다. 만약 그랬다면 한국의 700만명 희생도, 1천만 이산가족도 없었을 것이며, 세계 평화의 큰 그림은 바뀌었을 것이다.

그러나 루즈벨트는 막대한 자금을 소련에 지원하여 소련 공산당을 키웠고, 중국과 동유럽과 북한 등에 공산주의 살인 광풍과, 소련의 북한 점령을 도와서
오늘날의 북한이 생지옥이 되도록 도운 꼴이 되었다.

한반도 분단 지속의 원흉은 권력 목적의 역사 사기, 이념 사기로 남한 국민들이 누가 적인지 분별하지 못하도록 만드는 국민분열 공작의 북한 정권과 좌파 세력이지만, 근원적 원흉은 미국이었던 것이다.

◉황금비율적인 일본의 패전, 그리고 한국 분단의 진짜 이유

일본의 패전은 황금비율적인 최선의 패전이다. 영토적 야심이 없고 자기보다 **훨씬** 발전한 세력에게 단독점령 당했기 때문이다. 거기에는 일본 지배층이 자신들이 **처형** 당할 것을 알면서도 결행했던 어려운 **항복** 결정이 있었고, 그 배경에는 사무라이 정신이 있었다.

자기가 죽임 당할 것을 알면서도 항복하는 것은 참으로 어려운 선택이다. 그러나 일본의 지배층은 자신들의 목숨을 포기하면서 국민들을 살렸다. 이 점이 일본의 국민들이 야스쿠니를 버리지 못하는 중요한 이유일 것이다.

그들도 억울하고 원통했겠지만 그래도 그들은 물러설 자리를 정확히 짚어서 죽음을 택했고, 그 결과 국민들을 살린 것이다.

만약 조선이나 북한 왕조 같은 지배자였다면 지배층 몇 놈의 목숨

을 부지하기 위해 자국민을 엄청나게 더 죽이면서 결사항전 외치며 버텼을 것이고, 소련군까지 끌어들여 국민들은 x박살 났을 것이며, 오늘의 일본은 결코 없었을 것인데, 이 중대한 차이가 현실에서 증명된다.

일본 지배층은 표면적으로만 침략자일 뿐, 실제는 침략을 당한 면이 컸는데도, 국민들을 살리기 위해 자신들의 목숨을 내어 놓았지만, 북한 김일성은 자신이 침략의 원흉이면서도 물러서야 마땅한 곳에서 물러서지 않았고, 수백만 인민을 죽이고, 역사조작 공작으로 그 책임을 떠넘기고, 분단을 지속시키면서, 자신의 목숨과 권력을 지켰다. 김일성은 끝내 침략의 책임을 조작하여, 같은 편인 종북 진보진영까지 속였고, 독재자 한 명의 자유를 위해 수천만 인민을 노예로 만들었으며, 그에게 속아 김일성을 추종하던 김일성주사파 세력이 진보 간판을 걸고 국민 분열을 이어가고 있으며, 그로 인해 남북 분단은 현재진행형이다.

좌파는 침략자인 일본은 분단되지 않고 피해자인 한국만 분단됐다는 소리를 하는데, 무식해서 용감한 것이다.

김일성은 선조와 비슷하다.

선조는 침략 대신, 제 목숨을 위해 수 많은 국민들을 죽였는데,

김일성도 제 목숨을 위해 수백만 인민을 죽였다.

국민의 생존을 위해 불가피하다면,

특히 자신의 잘못으로 인해 국민이 그런 위기에 처했다면,

당연히 목숨을 내어 놓아야 하는 게 리더의 길이지만,

김일성과 선조는 제 권력을 위해 인민들의 희생을 택했다.

여기서 중요한 사실은, 외세의 지배가 무조건 악은 아니라는 사실이다. 외세건 내세건 간에, 누가 더 나쁜 지배층이냐가 중요하다. 일본 지배층은 전쟁을 도발한 나쁜 지배층이었고, 그들도 억울한 점이 있었지만, 스스로 목숨을 버리면서 국민을 살렸다.

**국민의 생명을 지키기 위해
자신의 목숨을 내어놓은 리더와,
자기 목숨을 지키기 위해
수많은 국민들의 희생을 선택한 리더의 차이,**
그 차이가 번영한 일본과 분단 한반도의 차이를 만든 것이다.

또 김일성이라면 일본과 한국인들 수백만 명을 죽였겠지만 미국은 오히려 지속적인 지원으로 일본과 한국의 경제와 민주주의를 훨씬 더 발전시켰다. 어제의 적이 오늘의 한국 일본을 만든 최고의 우방인 점은 아이러니다.

한가지 눈여겨 볼 부분은,
당시 서양인들의 눈으로는 동양은 열등한 유색인종의 부류로 여기면서, 동등한 인간으로 여기지 않았는데, 그런 사람들을 자신들과 똑같은 인간으로 여기게 된 게 일본 때문이다.
초강대국 쟁탈 대전에서, 일본이 중국과 러시아를 격파한 후,
부전승으로 올라온 미국과의 결승전에서는 패했지만,
일본과의 대전을 겪으면서
서양인들은 동양인도 무시할 수 없는 존재임을 깨달은 것이다.

일본군 점령지인 레이터섬에 상륙하는 미군

전쟁에 이겼는지 졌는지는 전쟁 목적을 달성했는지 여부에 의해서 판단되는데, 전쟁 명분은 아시아를 침략한 서양 세력을 몰아낸다는 거였고, 전쟁의 결과 서양 세력들은 모두 식민지를 잃었다.

대부분의 전쟁 명분들은 사기이며, 일본의 전쟁 명분도 거의 사기지만 그 명분에 진심이 조금이라도 담겼다는 가정하에 본다면, 일본은 전쟁에서는 패했지만 전쟁의 목적은 달성했고, 결국 패한 게 아니다.

아시아 대부분의 나라들이 일본을 좋아하는 이유도 일본이 '아시아 해방'을 성사시켜 백인들을 몰아내 주었다는 이유가 크다.

재미있는 점은, 유럽 열강들은 미국에게 이용만 당하고 끝난 것이다. 유럽은 미국과 함께 피 터지게 싸운 뒤, 식민지만 빼앗겼을 뿐이다. 미국의 포커 실력은 유럽보다 높았고, 승전국인 영국과 프랑스가 패전국인 독일보다 못산다는 사실, 그것도 세계사의 아이러니다.

◉**미국은 세상을 더 행복하게 만들었을까, 불행하게 만들었을까?**

결과론으로만 본다면 공산주의 소련은 망했지만, 미국은 일본을 제압하기 위해 더 큰 적 소련을 엄청나게 지원했고,

세계의 절반을 공산권에 내어 줌으로써, 전 세계를 공산화의 도미노로 몰아갈 위기를 자초했다.

레이건이라는 지도자가 공산주의를 무너뜨리지 않았다면 인류는 어떤 악몽에 시달리고 있었을지 아무도 모른다. 결과는 다행이지만…

김일성을 만든 것은 소련과 중공이고, 그 소련과 중공을 키운 것은 미국의 루즈벨트다.

때문에 김일성을 만든 것은 결국 미국이고, 중국 공산당과 소련이 무고한 생명 1억 명을 죽인 데는 미국의 책임도 있다.

그런데 일본을 살린 것은 김일성이고

미국과 일본으로 하여금 한국을 돕게 만든 것도

김일성과 소련 중공이며, 한국을 살린 것은 미국 일본이다.

결국 아이러니하게도 김일성은 한국을 살린 측면도 있다. 역사는 살아 남은 자의 관점이므로, 김일성 때문에 죽은 사람 입장에서는 김일성이 악마지만, 산 사람 기준으로는 다를 수도 있는 것이다.

미국은 한국에게 병 주고 약 준 나라다.

다만 병 준 건 옛날이고, 지금은 약이 계속 필요하다는 점일 뿐…

또 한국과 일본의 적이었던 나라이지만 스승의 나라이기도 하다.

그런데, 만약 미국이 참전하지 않았다면 세상은 어떻게 되어 있을까? 그랬다면, 일본의 패전도, 김일성도, 분단도 없었을 공산이 크고, 공산주의의 1억 명 학살도 없었을 수 있는데, 그러면…

아마도 세계는 아시아 연방, 유럽·중동·아프리카 연방, 아메리카 연방, 이렇게 3강 체제일 공산이 컸지만, 세계는 200개의 나라로 나뉘어 있다.

그 독립한 나라의 지배층은 독립은 좋은 거라고 국민들에게 교육시킬 수 밖에 없지만, 인민 관점에서는 그게 좋은 게 아닐 수 있다.

만약 우리가 국어로 영어나 일본어를 쓰는 상태라면, 현재의 우리 국민들은 한국어를 쓰는 상황보다 더 불행 했을까, 더 행복 했을까? 참고로, 우리 말이 사라지면 큰일 나는 게 아니고,

현재 사용하는 말이 우리 말이 되는 것이다.

영어를 쓰고 있다면 한국어는 제3의 언어다. 국가도 마찬가지다. 현재의 나라가 우리 나라가 되는 것일 뿐, 나라를 빼앗겼느니, 되찾았느니 하는 국사 교육은 앞서 밝혔듯이 모두 사기다.

아시아가 일본에 의해 통일되고

아프리카와 중동이 유럽으로 통합 되었다면

북한 중국 아프리카 인민들은 지금보다 불행했을까, 행복했을까?

미국은 세상을 더 행복하게 만들었을까, 불행하게 만들었을까?

지배자 행복 중심인 민족주의 말고 인민 행복 관점에서 말이다.

필자의 사견으로는, 전 세계가 5개국 이하의 그룹으로 통합되는 것이 인류의 이익에 부합했다고 보지만, 굳이 이에 동의할 필요는 없다. 지금처럼 우리민족 만세, 위대한 독립 만만세를 외쳐도 상관 없다. 어차피 가정은 필요없고, 결과는 알 수도 없으며, 악당이 된 친일파와 영웅이 된 독립투사 중 누가 진짜 영웅인지도 굳이 따질 필요 없다.

국사 사기꾼들이 원하는 대로, 승자를 영웅이라 모시고 패자를 증오하며 사는 게 정신건강에 나을 수도 있으니까…

물론, 그리 되지 않을 수도 있고, 세계는 더 끔찍한 불행의 시대가 되었을는지는 아무도 알 수 없다.

다만, 영웅과 악당 식의 이분법적 역사 이해에서 벗어나, 영웅에게도 악당의 요소가, 악당에게도 영웅의 요소가 있을 수 있음을, 그리고 영웅과 악당은 종이 한 장 차이일 수도 있는 이치를 이해하는 게 중요하다.

설령 미국이 세상을 불행하게 만든 측면이 있다고 해도, 미국 국민도 속았고 전 인류가 루즈벨트에게 속았으며, 같은 사건이 중국이나 북한에서 일어났다면 그 진실은 영영 무덤 속으로 들어갔을 것이다.

그리고 이미 무덤 속으로 들어간 비밀이 아주 많을 것이다.

우리에게는 미래를 어떻게 만들어 가느냐의 선택만 남아 있으며, 우방이더라도, 덮어놓고식 미화 교육은 옳지 않다.

영웅과 악당으로만 나누어 주입하는 역사는 좌파식 역사이며, 우파라도 달라야 하는 것이다.

진실된 역사를 기반으로, 균형감각을 키우고, 옳고 그름 및 우군과 적군을 분별하는 능력, 우군조차 비판할 수 있는 비판력, 진정한 힘은 거기에서 나오기 때문이다.

때문에, 이제라도 정치 이해관계 세력들의 이익을 목적으로 조작해 놓은, 영웅 만들기와 악당 만들기 가짜국사, 민족주의 세뇌에서 벗어나 진짜 국사, 진실된 국사를 알아야 하는 것이다.

21. 가짜국사 제작의 공범이었던 우파, 그 감추고 싶은 비밀

70년 국론 분열의 나라가 엉킨 실타래의 원인을 찾지 않고 서로 믿고싶은 것만 믿으면 아무 것도 해결 되지 않는다.

종북 진보진영이 생긴 이유가 가짜 국사 때문인데, 진실을 밝히지 않고서는 아무 것도 해결할 수 없는 것이다.

오래 전에 해결했어야 할 문제를 지금 까지도 해결 못하니, 지금같은 극단적인 국민 분열의 시대가 된 것이다.

◉금과 다이아몬드는 왜 보물일까?

인간의 생존에 필수인 가장 귀한 물질들은 보물로 쳐주지 않지만 생존과 무관한 별 쓸모 없는 물질들은 보물로 인정 받는다.

최초의 금과 다이아몬드는 보물이 아니었을 텐데, 그것들은 왜 보물이 되었을까?

이는 다이아몬드의 보석 등극 작전을 보면 짐작이 될 것이다.

이것은 초기 다이아몬드 광산의 업주들의 작전이 성공한 결과다.

예를 들어 아름다운 공주나 여주인공이 다이아몬드를 선물 받고 감격하는 모습의 영화, 다이아몬드 보물을 찾아 나서는 모험 영화 등을 미디어로 대중에게 계속 주입시켜서, 대중에게 다이아몬드를 아주 귀한 보석으로 각인시키는 전략이 통해 먹힌 것이다.

대항해 시대의 상인들이 미개인을 찾아가서 유리 그릇 1개와 금그릇 3개를 바꾼 코미디도 유리를 보물이라고 각인시켰기 때문에 가능했다. 그 가치와 무관하게 희소성과 함께 대중의 인정을 받으면 10원짜리 돌멩이나 낙서 조각도 10억짜리 보물이 될 수 있는 것이다.

⊙국민 바보만들기 국사조작 세뇌교육을 해야만 하는 이유

이런 원리가 모든 곳에 통해서, 국사 교과서와 미디어만 장악하면 얼마든지 영웅과 악당도 뒤집어서, 국민들로 하여금 자신들을 살린 은인을 악당으로, 자신들을 망친 세력을 영웅으로 만들 수 있다.
국사란 권력의 하녀일 뿐이고, 승자를 영웅 만들고 패자를 악당 만드는 사기극의 성격이 커서 국사에 왜곡이 없을 순 없지만,
한국은 너무 특수한 상황이라 국사를 통째로 조작해서 국민세뇌 교육을 할 수 밖에 없었다.

이병철 정주영과 이건희를 많은 사람들이 좋아하는 이유는 무엇일까? 그들이 삼성과 현대를 만들었기 때문? 또는 부자이기 때문?
만약 삼성과 현대만 없었더라도 한국 남성들은 의무 군 복무를 적어도 2배 이상 하고 있었을 것이다.
또 국민 세금 부담은 훨씬 가중되고 복지 혜택도 확 줄었을 것이다.
굶주리는 사람이 사라진 것은, 그런 기업들의 공로가 큰 것이다.
사람들이 좋아하는 사람은 보통 자신에게 이익을 준 사람이며, 그들이 국민의 삶에 큰 공헌을 했기 때문에 좋아하고 존경하는 것이다.

국가의 독립도 이와 같다. 국가는 주식회사와 같고 국가의 독립은 회사의 분사와도 비슷하며, 독립이란 분사, 즉 딴 살림 차리기일 뿐인데, 딴살림 국가를 만들어서, 좋은 세상을 만들어 냈다면 국민들이 인정해 주고 존경해 주는 것이고, 독립해서 x판 세상을 만들어 놓았다면 그는 존경이 아니라 맞아 죽기에 알맞은 것이다.

우리가 미국에 합병 되어 미국인 신분으로 잘 살던 중, 어떤 인간들이 독단적인 무장 투쟁으로 독립을 이루었는데, 경제는 x 박살 나버리고 전쟁이 터져서 당신의 가족 중 일부가 죽고 이산가족까지 당했다면, 당신은 그 독립투사를 존경하겠는가?
아니면 귀싸대기 날리고 싶겠는가?

우리는 독립 후 남북한의 경제가 완전 박살나버렸고, 또다시 조선시대 같은 굶주림의 시대로 돌아가고, 전쟁으로 수백만 국민이 죽고 1000만 이산가족까지 당했다.

지구 역사상 최악의 독립이지만, 그런 독립을 주도한 사람들은 존경을 받고 있는데, 여기에는 비밀이 있다.

권력의 힘으로 일본 악당화 국사를 만들어 국민세뇌 교육을 시키지 않았다면 남북한의 집권 독립파가 독립 실패의 책임론에 몰려 맞아 죽기 알맞았던 당시의 상황을 이해하지 않고서는 가짜역사 교육 및 민족의식 주입 등 역사사기 이념사기 교육들을 이해할 수 없다.

독립 후에 남북한 국사 교과서와 미디어를 장악한 집권 독립파가 권력을 이어 가려면 자기들이 영웅이 되어야 했고, 독립 투사가 영웅 되려면 독립 이전의 시대를 악몽 시대라고 조작 해야만 했다.

남북한 지배층이 권력을 이어가려면 '한일합방 시대가 살기 좋았어'라거나, '독립하지 않았다면 이산가족 당하지 않을 수도 있었는데'라고 국민이 생각하게 해선 안되고, '재합방(=재통일)**하자'라는 여론이 강해지면 권력은 흔들린다.**

독립이 우리에게 좋은 게 아니었어? 라고 국민들이 여기게 되면 정말 큰일 나는 것이다. 여기에다 좌파 세력의 이념전과, 북한의 '간첩공작'은 물론, 중국의 개입 가능성까지 엮여 있어서 이 동네 야바위판은 구조가 상당히 복잡하다.

⊙한일합방 시대 동반 침략기 까지 역사의 간단한 요약

한국은 국민성이 너무 단순한데, 감성을 자극하는 가짜 기억을 주입시키면, 믿고싶은 것만 믿는 로봇형 국민으로 쉽게 만들어진다. 예를 들어 "저 사람은 네 부모의 원수야"라고 믿게만 만들면 그 후에는 그를 악당화하는 믿고 싶은 정보만 믿는 쉬운 매우 심플한 국민성이다.

이제 조선부터 한일합방시대까지의 역사를 간단히 요약해 보자.

1. 백성의 피를 빨아 중국에 상납하며 유지되던 최악의 상납 왕조가 열리고,
2. 굶어죽은 시체들이 널린 나라가 되어 500년간 6천만 명이 굶어 죽고,
3. 일본 세력이 들어오니까 '척왜양이'니 '상투수호'니 하면서 배척도 했지만,
4. 조선통감부 시대가 되어 노예해방과 함께 굶어 죽은 시체들이 사라지니,
5. "어? 일본 통치가 낫네?" 하면서 국민들이 뭉쳐 봉건 지배층을 몰아내고,
6. 한일합방 시대에 굶어 죽음과 노예제의 악몽에서 일거에 벗어나면서,
7. 박정희 시대를 능가하는 '초비약 발전'과 르네상스 시대가 열리고,
8. 전쟁이 터지자 거의 전 국민이 자기 나라의 전쟁에 동조했다. 그런데...

⊙역사 조작을 할 수 밖에 없었던 독립 직후의 정치적 이유

전 국민이 자기 나라 일본을 위해 싸우던 사람들인데 침략 전쟁에 열렬히 동참하던 중 갑작스런 패전을 당하고, 승전국인 미·소 점령

군에 의해 남북한 권력이 급격히 교체된 것이고, 이것이 역사 조작의 시작이었다.

잘 먹고 잘 살았던 과거의 일본인 시절을 그리워하며 일본 노래를 부르고, 강제로 헤어진 일본 친구들을 그리워하던 사람들 속에서 국가와 권력을 유지하려면 국민들에게 정체성을 만들어 주입시키지 않으면 안되었고,
거기에 써먹은 술수가 바로 '민족'이라는 의식의 생성 주입과 강점,수탈,학살 등의 '일본 악당만들기' 가짜역사였다.

새로이 구성된 남한의 친미·친중파와 북한의 친소·친중파 권력에 의해 국사는 대대적으로 조작되고 새로 쓰여졌고, 찬란한 역사니, 반만년 역사니, 단일민족이니, 단군의 자손이니 하는 거짓 역사가 만들어졌다.

독립파가 영웅 되려면 빼앗긴 나라를 되찾아주신 위대하신 영웅님들이 되어야 하고, '민족'이라는 의식을 주입시키지 않으면, 국민을 뭉치게 하는 공동체 의식이 생성될 수 없고,

나라 빼앗긴 것은 국민을 노예로 부리며 굶겨 죽이던 봉건 지배층일 뿐이라는 사실을 국민들이 깨닫는 불상사가 생겨버리면, 그들은 영웅은커녕 맞아 죽게 될 수도 있었다.

대다수 국민은 친일파, 중국으로 건너간 극소수만 친중파인데, 그들이 기득권 양반 출신이어서, **새로이 구성된 친미친중파 정부에 의해 노예제 생지옥 조선은 미화되고, 중국도 미화되고, 일본은 찬란한 나라를 강점 수탈하고 학살한 악마들로 조작되었다.**

"미국형님, 소련형님, 형님들과 마찬가지로 우리에게도 일본은 적이에요. 우리는 형님들 편이에용~이뻐해 주세용~" 하고 '짠~'하고 돌변했고,
심지어 "우리는 일본놈들에게 침략 당한거고 독립투쟁 열심히 한거야."
라고 주장하며 교육 권력을 동원해서 교육시키기 시작한 것이다.
패전의 배상 책임을 질 수도 있는 판에, "무슨 소리야? 우리 나라는 일본이었고, 우리는 함께 아시아 통일(=침략)전쟁을 하던 중 훼방 놓는 미국과 싸우다가 패전해서 나라가(일본제국이) 분단 된거야"라고 말할 바보는 없었다.
미·소 점령군의 서슬 퍼런 총구까지 버티고 있으니...미국도 어이없었을 것이다. 전범만 148명인 나라가 그리 돌변 하니까...
하지만 미·소 점령군도 "니들은 패전국이야"라고 말할 턱이 없었다. 알아서 이쁜 짓을 하고 있으니까....
남북한 정부는 그 점령군이 사실상 임명했으니, 그런 정부는 자기들을 임명해준 고마우신 점령군 만세 부르도록 유도하는 것이 정치사기학의 정석이기도 하다.
미국은 한국의 그런 '애들틱'한 아부를 모른척 다 받아 주었지만, 문제는 다음이었다.
일본인 모두가 추방되고 국교가 단절되자 경제는 폭망해서 합방 이전의 굶주리던 '도로 조선'이 되어버렸다.

우리는 독립 후의 빈곤을 끔찍한 수탈 당했기 때문이라 배워 왔지만 그건 거짓말이고, 독립(=한일분단)의 부작용 때문이라는 게 진실이다. 대외무역의 85%였던 이출(대일수출)이 독립(=분단)으로 끝장 나고 그 외의 교역인 만주국마저 끝장나서 대부분의 돈벌이가

사라졌기 때문이다. **독립 전의 한반도 경제는, 일본과 같은 나라였으므로 내지(일본)와의 교역이 거의 유일한 기반이었다. 한국에서 생산된 물건의 대부분은 일본에 팔고, 반도와 내지의 일본인 회사에 취직한 사람이 많았는데, 독립 후의 '경제분단'으로 그런 게 다 끝장나버린 것이다.**

직장인의 대부분은 일자리를 잃고, 사업가의 대부분은 기업과 시장을 잃었다. 즉 국민 대다수가 거지 신세가 된 것이다.

또 대륙 곳곳에 진출해서 돈벌이하던 국민들이 전 재산을 빼앗겨 거지가 되고 곳곳에서 학살당하고, 일부가 한반도로 들어왔다.

한국에서 기업하던 일본인들이 다 빼앗기고 추방당한 것처럼, 중국과 만주에서 농·상·공업 등을 하던 많은 한국인들도 전 재산을 다 빼앗겨서 일부는 죽임 당하고 일부는 국내로 쏟아져 들어왔다. 대외 교역의 거의 전부가 갑자기 끊기고, 열성적으로 매수했던 전쟁채는 휴지가 되고, 전 재산과 직장을 잃고 망한 사람이 부지기수였다. 게다가 각계의 일본인 70만명 모두가 추방되고, 친중파 독립투사들이 그 자리를 채웠는데, 그 위대하고 고귀하신 영웅 독립투사 넘들의 부패와 무능으로 경제는 초토화 되어버렸다.

판결문을 쓸 판사도, 학생들을 가르칠 교사도 거의 없었다.
선진국 정부와 후진국 정부는 능력과 청렴도에서 비교될 수 없었다. 선진 일본에서 선진 체제와 능력을 학습 받으며 오랜 경륜과 능력이 쌓인 친일파 및 조선총독부의 베테랑 관료들은 국가를 나름 무난히 발전시켰지만, 후진국 중국에서 일본군과 싸워 본 적도 없는 독립 스포츠만 했던 친중파 '초보독립군'들과, 국내에서 천황폐하 만세 부르다가 발탁되어 독립투사 대열에 합류한 가짜 영웅들, 빨치산 출신 북한 집권층이 일본 관리들을 따라갈 수는 없었던 것이다. 물론 일본으로부터 배운 지식층(친일파) 일부가 건국에 참여하긴 했어도 그들로는 역부족이었다.

친중파 독립투사와 가짜 독립투사의 부패와 무능은 국민들의 피해로 고스란히 전가되어 경제는 박살 나고 한국 경제는 IMF 시대와 비교조차 안될 만큼 파멸되어 국민은 굶주리고 민심은 악화되었다.

보통 굶주리는 거지가 되더라도 독립 하겠다는 국민은 드물다.

한국의 독립은 미국 같은 먹튀형 독립이 아니고 독립 하자마자 망할 수밖에 없는 경제 붕괴형 독립이다. 이는 굶주릴 수밖에 없는 길임을 알면서도 해야만 하는 '경제 파멸형 독립'이고, 대기업 내부 일감만 100% 받아먹던 계열사가 무계획적 분사부터 하면서 들어오던 일감을 몽땅 날려먹고 부도난 상황과도 같다.

남북한 국민들 입장에서는 '독립영웅'들이 떠드는 '위대한 독립'보다 가족이 굶어죽지 않는 게 더 중요한 법이다. 그런데 일본은 다른 나라가 되어서, 일본으로 돈벌러도 못가고 배우러도 못가고 일본으로 밀항 하다가 많이 잡혀 들어왔고 생계가 막연해졌다.

예전에는 일본에 가서 몇 년만 일하고 와도 부유하게 살았는데 그 잘난 독립 때문에 모두가 굶주리니 **국민 원성은 폭발할 위기였다. 당시 남북한의 집권 독립파 정부가 가장 두려워한 것은, 국민들이 일본과의 재통일을 원하며 '민중봉기'하는 거였다.**

"우리는 이런 작은 나라가 되어 굶주리며 사는 거 싫다. 예전처럼 대륙을 호령하진 못해도 일본과라도 합쳐서 큰 나라로 뭉쳐 살자. 같은 나라 일본에 자유롭게 다니면서 돈도 벌고 공부도 하고싶다."

이런 여론이 득세하면 큰일이었다.

반정부 세력이 확대되어 남북한 정부가 뒤집힐 우려가 있었고, 그리 되면 남북한 집권층은 맞아 죽는다.

또 국민들이 "우리나라가 대륙을 통일할 뻔 했는데 미·소의 방해로 망했다."라고 여기게 되면 미·소에 임명된 남북한 권력은 무너진다.

"일본은 한국의 은인"이라 외치던 박중양이 "이승만은 미국이 떠나면 쫓겨날 사람"이라고 대놓고 말했던 데서 볼 수 있듯이, 국민들은 '살기 좋았던 한일합방시대'의 기억과, 나라의 동서 분단에 대한 아쉬운 마음을 갖고 있었고, 미·소 점령군이 떠나면 권력 붕괴 가능성이 있었다.

독립파에게는 '나 잘했어' 라고 내세울 포지티브적 수단이 없으니,

'"일본은 악마였어. 우리는 찬란한 역사의 민족인데 나라를 빼앗기고 끔찍한 고통을 당했어. 악당 일제는 26년 전에 3.1대학살, 관동대학살 등으로 한국인들을 무참히 죽인 일도 있어.

하지만 우리 독립투사님들이 너희들을 구해 주신거야.

다같이 위대하신 독립 투사님 만세 불러."

이렇게 가르쳤고, 지적으로 심플한 국민들이 좋은 대학 가기 위해 사기 교과서를 달달 외워대니, 그게 70여 년간 이어져 온 것이다.

또 한국은 '얻어먹기 신공'의 고수였다.

조선시대 내내 굶어 죽다가 일본에게 얻어먹기 시작하면서 풍요를 경험한 남북한은, 강자에게 잘보였을 시의 이득을 제대로 체감하고 있었고, 새로운 물주가 미국·소련인데,

"우리는 니네와 싸우다가 패전했엉~ 도와줭~" 이러는 건 이상하다.

상황 논리상 "형님들이 우리를 구해 주셨사와용~ 고마우신 형님들 우릴 더 도와주세용~" 이렇게 말해야 좀 더 자연스럽다.

"우리는 일본 편 아님, 형님들 편임. 친일파 청산하는 거 보세용, 우리 이쁘죵?" 이래야 얻어 먹기 쉬워진다.

동냥에도 눈치가 있어야 하는 법, 한국은 정치·이념·사상적 분별력은 빵점인 나라지만 그런 눈치는 빠르다.

농담이 아니고 이것이 실제 우리가 걸어온 길이다.

현실 세계는 교과서에서 가르치는 것처럼 고상하고 품격 있지 않다.

또, 미·소 입장에서도 일본을 겨우 쪼개어 놓았는데 자기들이 세워놓은 반일 정부가 무너지면 곤란하다.

게다가 일본제국 시절 잘 먹고 잘 살던 사람들이 굶어 죽는다면, 전략적으로 불리하므로, 미국은 좋건 싫건 대규모 지원을 해야만 했고, 미국이 주는데 소련도 안 줄 수는 없었다.

패전 배상금 부과는 권력을 교체하지 않은 상태로 진행하며, 만약 패전 배상금을 부과하면 남북한의 친미 친소파 권력은 무너질 수밖에 없다. **남북한 권력을 교체한 것은 뜯어먹고 버릴 나라가 아니었기 때문이다.**

그런데 남북한은 일본과 분단되니 자력으로 생존이 불가능한 구조여서 굶어 죽기 직전의 조선으로 회귀해버렸고, 결국 도울 수 밖에 없었다.

만약 한국이 아프리카 같은 거대 대륙이라면 자원 등을 뜯어먹는 쪽으로 방향을 틀었겠지만 굶어 죽는 노숙자 가게에서 뜯어낼만한 게 너무 없었고, 지정학적 위치만 활용하는 게 낫다는 결론이 날 수 밖에 없었다.

결국 한국을 수탈 대신 지원해 주는 쪽으로 방향을 정한 것이다.

고아들을 돌봐주던 친인척이 병원에 입원하고, 그 친인척을 때려 눕힌 두 사람이 그 고아들의 생계를 책임져주며 '용돈 더주기 경쟁' 하는 꼴이었다. 그 고아들은 다소 띨했지만 그들이 적의 편에 서버리면 서로 손해 보는 구조였기 때문이다.

미국 소련이 돈이 남아 돌거나 마음씨 고와서 도와준 게 아니라, 그들도 똥 밟은 꼴이었다. 남이 가져선 안되니까...

전쟁에 이겼으면 돈을 뜯어내야 되는데 오히려 퍼주는 이상한 장사...

어제의 적이 오늘의 양부모가 된 이상한 형국…

한국은 굶어 죽던 시대로 회귀 직전에, 패전 배상금은 커녕 실컷 얻어먹는 또다른 대박이 터진 것이다.

한국인들이 자기들이 승전했는지 패전했는지조차 분별 못하고, 미국이 해방군이니 소련이 해방군이니 다투는 두 종류의 바보들이 되어버린 이유도 계속 얻어먹었기 때문이다.

(어쨌든 한국 참 운 좋다. 분별력보다는 운이 더 중요한 듯...^^)

진보간판의 좌파는 보통 미군은 점령군, 소련은 해방군이라고 믿는데, 그들이 통째로 바보가 된 이유도 각 점령군의 포고문 1장 때문이다. 둘 다 점령군이지만 소련군은 달콤한 미사여구 단어를 썼기 때문에 그 단어 몇마디 때문에 소련군 만세를 외치는 것이다.

만약 1차세계대전 후의 독일처럼 패전 배상금을 강제징수 당했다면 일본과 함께 했던 대륙진출 시대의 영광을 회상하며 야스쿠니도 한국인 방문객들로 들끓었겠지만,
되려 얻어먹었기 때문에 자신이 마치 승전국이라도 된 양 망상에 빠져 사는 진성바보가 되어버린 것이다.

그런데 그렇게 굶어죽을 위기는 넘겼지만 독립의 부작용은 더 이어져서 6.25도 터지기 전에 약 10만 명의 사람들이 각종 투쟁과 시위, 봉기, 게릴라전, 38선에서의 소규모 전투 등으로 목숨을 잃었다. 합방시대 40년간의 모든 희생자보다 훨씬 많이 희생된 것이다.

게다가 6.25 까지 터져서 남북한은 조선시대급 악몽시대로 빠졌다. 아무리 급해도 바늘 허리에 실을 꿰면 안되듯이, 모든 일에는 순서가 있다.

세계 역사를 보면, 제국이 해체 되거나, 종교·이념 등으로 인한 국론 분열 상태에서 독립을 하면 필연적인 권력다툼형 분단이나 내전 등의 유혈 살육전 시대가 되어 수백만 생명의 희생은 거의 필연이다.

이는 한국의 교육이 저얼~대로 가르쳐 주지 않는 부분이다.

수백만 명 희생되는 자폭을 원치 않는다면 독립 이전에 이념 대립부터 극복하는 게 순서이며, **이념대립조차 극복하지 못하는 상태의 독립은 권력을 얻은 지배층에게만 이익일 뿐, 국민에게는 자살 테러와 같다. 이는 이념대립 상태의 통일도 역시 같다.**

이념 갈등을 극복하지 못한 독립·통일은 오히려 재앙이 되는데 한국인들은 겪어 보고서도 뭐가 우선인지, 뭐가 문제인지를 지금도 깨닫지 못하는 상태다.

6.25 전쟁은 꼭 김일성 탓만도 아니다. 김일성이가 없었어도 또 다른 악마가 나타나기 쉬운 구조였고, 미·소 점령군에 의한 분단이 없이 일본만 떠났다면 3국~4국의 후삼국 시대로 가서, 발전은 고사하고 중동 이상으로 유혈 폭탄테러나 상대 진영 암살과 대형 살인극들이 지금까지도 그치지 않았을 가능성이 크고 그런 속에서 한강변의 기적은 불가능했다.

강대국 통제 하의 남북 분단은 그나마 다행이었다.

정확히 말하자면, 이념 대립을 극복 못하는 상태라면 통일보다는 분단이 낫다. 서로 죽이려 칼을 가는 부부 간에는 서로 증오하면서 억지로 동거하는 것보다는 따로 사는 편이 나은 것과도 같다.

그러나 결국 올 것이 왔고, 남북전쟁과 수백만 희생과 1천만 이산가족 시대가 되어버렸다. **그래서 남북한의 권력을 쥔 독립파들은 '준비안된 실패한 독립'으로 인해 발생한 엄청난 국민 피해와 희생의 책임에서 벗어날 목적과, 자기들이 영웅되어 권력을 유지할 목적 하에 '일본 악당만들기 거짓역사' 교육과 '민족 정체성 제작 주입'에 매달려야 했던 것이다.**

만약 국민들이, "이렇게 분단과 전쟁과 이산가족 당하고 수백만이 죽는 엉망진창이 될거면 뭐하러 독립했어? 재일 교포처럼, 홋카이도, 오키나와, 하와이, 괌, 텍사스 국민처럼 합병된 선진국 국민으로 조용히 살게 내버려두지. 우리가 왜 또다시 이 꼴로 살아야 돼? 도대체 누구를 위해 독립 한거야? 혹시....

"니들 권력 목적 때문에 우리가 희생 당한거야?"
라고 생각하게 되거나, "제국이 무너지면 권력 다툼형 유혈 전쟁의 살육장이 되는 게 필연인데 독립투사 니들은 그걸 몰랐니? 이념 대립이나 종교 대립 상태에서 독립부터 하면 분단과 내전으로 수백만 국민이 죽는 것은 거의 필연인데, 독립투쟁 했다는 니들은 그걸 알고서도 독립한거야, 모르고 한거야?
몰랐다면 무능한거고, 알면서도 그랬다면 권력을 위해 인민을 희생시킨 매민노(賣民奴)야 어느 쪽이야? 내 가족 살려내~"라고 따질 정도로 똑똑해져버리면, 독립 영웅들은 맞아 죽을 수도 있었다.

물론 그들은 독립 전쟁이나 전투를 한 적 없지만, '독립영웅' 자격으로 권력을 잡은 만큼, '독립 실패의 책임론'이 불거지면 살아남기 힘들었다.
특히 합방시대의 풍요를 경험한 국민들이니 원성은 클 수밖에 없었고, 국민들이 똑똑해지게 내버려 두어서는 안되는 상태였다.
게다가 "실력 양성이 먼저이며 독립은 위험하다"고 반대했던 친일파들이 "우리가 실력 양성부터 하자고 했지? 그런데 '선독립 후실력양성'? 면허도 안따고 조종부터? 결국 이 꼴 됐잖아?

니들이 죽인거야. 희생당한 400만 명 살려 내. 진짜 악당은 권력을 위해 국민을 희생시킨 매민노 니들이야." 라고 떠들면 먹혀들 수도 있고, 승자가 바뀌면 영웅과 악당도 뒤집힌다.

한국인의 정신 수준은 선진국과 미개국의 중간단계 쯤일 것이다. 급격한 물질적 발달을 정신적 발달이 따라잡지 못한 경우다. 때문에 이성 10%와 감성 90%로 구성된 한국인 다수는 영웅과 악당으로 밖에는 구분을 잘 못하고,

그런 자신들을 진보라고 착각하는 지경이니,

누군가를 악당이라고 분위기 띄우면 일단 달려들어 패고 본다. 지금까지 이완용을 매국노라 욕하는 것도, 친일파 청산하자며 70년째 떠드는 멍청함도 그런 너무 심플한 국민성 때문이다.

'실패한 독립'은 한국의 금기 단어지만, '실패한 독립'의 책임으로 맞아 죽지 않으려면 일본은 무조건 악당이어야 했던 것이다.

'위험한 독립'에 대해 우려를 표한 지도자가 없었고(있었더라도 죽임 당했겠지만), 국민을 통합할 지도자가 없고,

지금도 이를 깨닫지 못하는 의식부족, 그게 한국의 문제다.

국민 의식이 성숙해서 공산주의 진보 이념의 사기성을 깨달아 이념 대립을 끝내고 국론 통일할 능력이 없는 한, 한반도는 일본의 패전과 동시에 권력다툼형 대형 참극이 기정 사실이었고, 그게 현실화된 것일 뿐인데, 그 쉬운 이치를 70년이 지났어도 깨닫지 못하고 서로 싸우기만 하는 것이다.

우리가 못나서 분단과 수백만 희생을 낳았고, 우리가 못나서 지상 유일한 분단국이고, 우리가 못나서 분단의 이유조차 깨닫지 못해 남탓만 하고, 통일의 길이 뭔지, 통일보다 중요한 게 뭔지조차 깨닫지 못하고 서로 욕하는 못난 나라이니, 자신들의 못남을 무마하기 위해 외부의 악당을 필요로 한다.

그런 필요에 의해 '만들어진 악당'도 '일본'이다.

국민의 분별력이 조금만 더 높았거나, 독립 후의 대형 참극만 없었어도, 이토록 심하게 '일본 악당화 조작'을 하지는 않았을 것이다.

⦿공산화 될 수 밖에 없었던 나라에 나타난 천우신조

미국은 당초 한반도에 별 관심 없었다.

단지 패전국을 분단시켰을 뿐이고, 반일친미파가 없어 '반일친중파' 임정을 '꿩대신 닭'으로 앉혔을 뿐이다.

그런데 미국이 떠나면 공산화와 파멸은 기정사실이었다.

일본은 공산주의의 악마성을 깨달아서 공산주의 독립투사들을 제대로 통제 한데다, 국민들이 공산주의에 현혹 당하지 않으니,

대표적인 공산주의 인사마저 전향 선언을 하는 등,

선진국다운 면모를 보였지만, 한국인들은 공산주의 진보 진영의 이념 사기극을 간파할 수준이 되지 못했다.

요즘도 좌파 사기꾼들이 노동자와 서민의 편이니 하면서 공짜 선동하면 죄다 속는데 그 당시 무지한 민중들이 깨달을 리 없었다. 여론은 공산주의 선호도가 압도적이었고, 미국이 자유민주주의자 (자본주의자) **이승만을 긴급 투입 했지만, 그로는 역부족이었고,**

대부분의 후진국들처럼 한국은 공산화되어 북한 꼴이 될 수 밖에 없었다. 아니 한국은 북한 만큼 사는 것도 불가능 했었다. 왜?

첫째, 일제가 만든 아시아 최대의 공업단지 등 산업시설 대부분이 북한에 있어서 출발점부터 너무 달랐다.

둘째, 미국 일본이라는 변수를 빼면 남한은 대륙의 끝단이니 지정학적으로 불리해서 북한을 넘어설 수 없는 구조였고, 결국 일청전쟁 이전으로의 회귀, 즉 중국이나 소련의 속국으로 갈수 밖에 없었다.

한국은 공산화와 굶어 죽음의 조선으로 갈 수 밖에 없었는데 여기서 중국 인민들과 김일성이가 사고를 쳐준 것이다.

중국 인민들이 모택동을 지지해서 중국을 공산화 광풍으로 만들면서 미국에게는 일본의 필요성이 커졌고, 김일성이 중국인 조선족 사단을 주력 부대로 북·중·소 합작의 6.25남침을 감행했다.

그리고 미국 국민들을 속인 사기꾼 루즈벨트도 천벌 받았는지 죽었다. 그래서 지금껏 일본을 두둘겨 팼던 미국이 정신을 차려버린 것이다.

"어라? 이쪽은 적이 아닌가벼? 야, 적은 저쪽이야, 대포 방향 돌례. 가만....우선 얘부터 살려야 돼. 얘가 우군이야. 쟤가 적이니까"

하면서 지금껏 두둘겨 팼던 일본에게 붕대 감아주고서 대량 지원했다. 머리 깨지고 눈탱이 밤탱이 된 상태에서 진수성찬을 받아든 일본…

김일성은 700만 명을 죽였으니 죽은 사람과 그 가족에게는 악마지만 살아남은 그 외의 사람 기준으로는 동상 세워줄 만한 수퍼 히어로다. 한국은 미국과 일본 중 하나라도 없으면 살아남기 힘든 구조였는데, 김일성으로 인해 망했던 일본이 살아난 것

이고, 미국도 우리와 찰떡이 되었으며, 일본의 회생 때문에 한국도 살아난 것이다. 일본을 농업국가로 만들려던 계획을 바꾸어 일본을 급속히 발전시키게 만든게 김일성이다.

친일파는 일본에게 뜯어내서 한국을 사람 사는 곳으로 탈바꿈시켰을 뿐, 일본에게 신세 갚은 적이 없었는데, 반일파 김일성이가 최고의 보은을 한 것이다. 일본에게 있어 김일성은 엠파이어 빌딩만한 황금 덩어리와도 바꿀 수 없는 특급 친일파다.

그는 일본이 파견한 간첩보다도 수천 수만 배의 성과물을 바쳤다. 소련에 충성⑺한 루즈벨트보다도 훨씬 더 일본에게 충성한 친일 히어로다.

게다가 남북한은 자유민주주의(자본주의)와 공산주의 간의 싸움장이 되어서 미국은 우리 국민들을 자기 편으로 끌어들여야 할 필요성이 생겼다. 즉 **"일본,중국,소련 편 되지마 우리 편 돼, 우리가 더 많이 줄게."** 라는 '경쟁식 당근정책'과 함께, **"우리 편 되면 이렇게 잘살게 되는거야"** 라고 선전할 쇼윈도우 상품 성격의 샘플국가…
조선 말에 일본이 조선을 계속 도왔던 이유도
"중국 편 되지 마, 우리 편 돼, 그러면 니들이 더 좋아져" 라는 당근 정책이었는데, 그와 동일했고, 한국은 영문도 모르고 여기저기서 얻어먹게 된 것이다. 그런데도 한국인들 대부분은 자기들이 왜 얻어먹었는지조차 모른다. 공짜니까 받았을 뿐이다.

한국인의 지적 능력만으로는 수백만 명 대학살을 여러 번 당하며 굶어 죽었어야 맞고, 그 책임을 서로 떠넘기면서 지금도 서로 죽이고 있어야 맞지만, 지정학적 위치 탓에 마구 얻어먹게 된 것이다.
김일성은 살아 남은 남한 국민들에게 큰 선물을 주었다.
그는 진보 진영과 함께 수십만의 양민을 학살해 주면서 공산주의 진보 이념의 무서움에 대한 교훈을 줬다.
무지몽매한 국민들은 공산주의의 본질을 몰랐고, '진보'라는 간판 하나만 걸어도 단어 때문에 다 속는데, 붉은 완장 찬 진보 좌파가 죽창들고 인민을 수 없이 잔인하게 죽이는 것을 목격하고 나니 공산주의 진보 이념의 잔학성을 알게 된 것이다.

고령자들이 '반공'을 외치는 이유가 공산주의의 사기성을 이론적으로 갈파했다기 보다는 겪어 보았기 때문이다.
그들의 대부분은 이론을 모른다. 겪어봤는데 나쁘더라 이거다.
그 경험 때문에 공산화되지 않은 것이다.
가만히 내버려 두어도 알아서 공산화되는 나라를 김일성이라는 멍청이가 반공 국가로 만들어준 것이다.
'종북 진보 진영의 우상' 김일성이가 되려 한국을 살린 것이다.

'진보' 간판의 운동권 세력이 자신들의 공산주의와 김일성주의 이념을 감추고 공산주의의 위장술인 '통일전선전술'의 '진보' 간판으로 바꿀 수 밖에 없는 이유도, 공산주의 이미지가 나쁘기 때문이다. 그런데, 70년이 지났으면 상황 분별을 할 법도 하건만, 정신은 변한 게 없으니, 그 기억의 소멸과 함께 사회는 점점 위험해져가고 있다.

⊙어리석은 우파, 무능한 우파진영

인간 삶의 필수 요소는 자유이고, 자유는 물과 공기와도 같으며, 한반도인에게 자유를 선물한 사건이 봉건왕조 퇴출과 6.25 전쟁의 자유 수호다. 이에 반해 독립이란 함께 사느냐 따로 사느냐의 문제에서 따로 사는 것을 택한 것일 뿐, 인간 삶의 본질적 목적인 행복과는 무관하다.

독립은 보통 지배층에게만 이득일 뿐이라는 사실을 감추어야 하니, 나라 빼앗겼느니 되찾았느니 하는 거짓말 교육을 하는 것이다.

우리의 진짜 영웅은 자유를 선물한 노예해방 세력과 자유를 지켜준 세력이며, 그 주역이 바로 미국·일본과 친일파·친미파다.

그러나 독립투사는 다이아몬드다. 한 일이 전혀 없는 보물이다.

역사는 승자가 맘대로 쓰는 것이니, 권력을 쥔 독립투쟁 기득권층의 역사 조작에 의해 민중을 살린 일본과 친일 선각자들이 악당으로 매도된 것이고, 다이아몬드는 승자의 역사 조작과 더불어 너무 희소해서 보석이 되었을 뿐이다.

북한의 인민들은 독립하지 않았다면 텍사스나 오키나와 홋카이도처럼 강대국 국민으로 더 나은 삶을 살 수도 있었지만, 만약 북한 주민들이 진실을 알아버리면, 김씨 왕조는 인민을 '해방'시킨 세력이 아니라 인민을 '생지옥'으로 몰아넣은 사기꾼이 되어, '독립투쟁'을 명분으로 권력을 쥔 독재자의 권력은 붕괴된다. 인민을 속인 사기 권력임이 알려지면, 전쟁이 터졌어도 권력에 충성해주지 않는다.

때문에 **북한 정권은, 남한의 역사계와 정치,교육,언론,문화계**

등에 침투시킨 '간첩'들을 총동원하여 '일본악당만들기'조작에 올인 해야만 살아 남는 구조이고, 반대로 우리가 국론통일을 해서 북한 주민들에게 진실을 전해주면, 게임은 끝이다.
북한 정권의 약점이 바로 그것이다.

우파 진영도 독립 직후에 조작되기 시작한 가짜 역사 세뇌교육을 어느 시점에서 바로잡았어야 했는데, 그러지 못하고 일본 악당화 조작 교육을 중단시키지 않았다. 그냥 무개념이었다.
조금 심하게 말하면 우파도 죄다 숭배족들이다. 미국 숭배족, 이승만 숭배족, 박정희 숭배족... **당초 역사 조작의 주범은 김일성과 이승만인데, 김일성의 역사조작 사기극을 까발리면 자기들의 우상 이승만과 미국 형님에게 누가 되니 바로잡지 못했고, 그게 북한에게 이용 당해 종북좌파가 생긴 것이다.**

집권 독립파가 가짜국사 주입 교육을 한 데는 다른 이유도 있었다. 국민을 뭉치게 하려면, 외부의 적을 만들지 않고서는 어렵다.
만약 당시의 국민들이, 우리의 적은 우리를 노예로 부리며 굶겨 죽이던 봉건 지배층이었어. 라고 깨닫게 되면 그 똑똑함이 분열을 유발할 수 있고, 남북한 집권 독립파는 대부분 구 기득권 양반 지배층이니, 그들이 맞아 죽을 위험은 물론, 내부 갈등이 야기되면 국가마저 흔들릴 수 있다.
때문에 일본 악당만들기 역사조작 교육은 불가피한 측면도 있었다.
그런데 국사라는 사기판은 그런 사기극으로 가짜 역사를 주입시키고 나면 뒤집기가 어려워진다.

왜냐하면 그런 가짜 역사 기반의 수많은 기득권 층이 생겨나고, 그 기득권의 유지를 위해서는 진실이 뒤집어져서는 안되는 것이다.

독립투쟁 했다는 그룹은 점점 더 불어나서 새로운 기득권층이 생겨나고 그 영향력이 커지는데, 국민들이 지금껏 독립투사니 뭐니 하면서 영웅으로 믿고 열심히 존경했던 인물들이 모두 다 영웅에서 '나가리' 되어버리고, 악당이라며 욕했던 사람들이 실제는 민중을 구해낸 '진짜영웅'이라는 사실을 인정할 수 없게 되는 것이다.

옆집 사람이 내 집안을 강점하여 끔찍하게 수탈하고 죽였다는 교육이 진실화된 상태이니 그런 교육을 받고 자라난 학자나 드라마 제작자들도 옆집 사람에 대해 나쁜 이야기만 지어내는 이해 구조가 된 것이다. 독립투쟁 조작으로 인한 가짜영웅 기득권을 이어가야 하는 세력과, 그 가짜국사 교육의 세뇌를 계속 믿고 싶어 하는 부류가 뭉쳐져서 새로운 가짜 국사를 계속 만들어내게 된 것이다.

바로 이 시점에서 북한의 역사조작 간첩 공작과 남한 내 좌파 진영의 역사조작 공작이 통해 먹힌 것으로 보인다.

'일본은 악당이고, 따라서 친일파는 악당인데, 이 나라는 친일파를 청산하지 못한 악당 나라야. 이 나라는 그 친일파가 득세한 나라야. 하지만 독립투사이셨던 어버이 수령님은 친일파를 청산하시고 민족의 뿌리를 바로잡으셨어.' 라고 믿는 김일성주체사상파 진보진영이 생겨나서 득세하기 시작했고, 그게 1980년대다.

운동권 좌파의 역사관과 이념 사상은 아주 단순하다.
'미국 일본은 악당이고, 분단의 원흉이고, 이 나라는 친일파를 청산 못한 악당 나라이고, 우리의 갈 길은 마르크스주의와 김일성주의를 통해 갈 수 있는 공산 낙원이야.' 라는 것이다.
그들이 일본마저 분단의 원흉이라 보는 이유는, 일제에게 강점 당하지 않았다면 분단되는 일은 없었을거라는 착각 때문이다.
여기서 우파 진영의 멍청함이 좌파의 멍청함을 한층 빛내 주었다.
진실을 연구해서 알려주려는 노력 대신 덮어놓고 막아버린 것이다.
당연히 진실을 알려야 할 시점인데, 우파는 완전 무개념이었다.
기득권에 대들다가는 친일파로 몰린다는 불안도 있었을 것이다.

북한 해방을 진정으로 원한다면, 북한 정권의 기득권을 깨야만 하고, 그러려면 사기 이념과 역사조작, 특히 가짜 독립영웅 김일성의 진실을 드러내야 하는데, 그러려면 남한 내 가짜 독립투사의 기득권을 건드려야 하니 그게 어려웠을 것이다.
'독립투사는 영웅이 아니고, 역사조작으로 영웅이 된 가짜 영웅이다.' 라는 진실을 밝히지 못한 것이다. 그런 무개념으로 인해 국민이 분열되니, 북한 정권은 건재하고, 지금도 통일을 못하는 것이다.

결국 가짜 역사로 인해 생겨난 김일성주사파 진보 진영의 다수가 북한과 내통 관계가 되어, 북한이 무너지면 '여적죄'로 처형 당할 '종북간첩'들이 북한정권 붕괴를 막는 통일 방해에 사력을 다할 수 밖에 없고, 일본은 계속 악당으로 남아 주어야만 하는 것이다.

반일 선동 뒤에는 반드시 종북 진보 진영이 존재하는데, 이념적 목적과, 북한 정권의 생존을 위해, '김일성주사파 진보진영'은 일본 악당화에 올인할 수 밖에 없다.

한마디로 진실 따위는 필요 없어져버린 것이다.

생존의 문제이므로 오히려 진실 전파를 막아야 하는 것이다.

'주사파 진보진영'은 당초 자신들이 정의로운 세력이라 착각하며 생겨난 세력인데, 속았음을 깨닫더라도 되돌아갈 수 없게 되어버린 것이다. 빼도 박도 못할 만큼 약점 잡힌 사람이 많겠지만, 그 본질적 책임은 우파에게 있는 것이다.

만약 지금이라도 북한이 붕괴되어서 간첩 명단이 드러나고, 종북부역자 수만 명의 명단이 드러나면, 어찌 해야 할까?

그들을 법에 따라 처단하는 게 옳은가? 우파의 잘못인데도?

때문에 이 부분은 반드시 사전 대비가 필요하다. 양쪽 모두의 잘못이므로, 누구도 다치지 않게 하는 장치가 필요한 것이다.

그게 없이는 국민 화합도, 노예해방도, 통일도 있을 수 없다.

우파가 정신 제대로 박힌 그룹이었다면, 이런 역사조작은 지속될 수 없었고, 종북 진보진영은 생겨나지도 않았으며, 국민이 분열되지도 않았고, 진작에 통일이 되었을 것이다.

우파 진영의 무능함이 근본 원인이다.

독립 직후의 가짜 국사 교육은, 솔직히 필자였어도 그리 했을 것이다. 국가의 리더라면, 반드시 정직해야만 하는 것은 아니다. 때로는 국민을 속여서 어리버리하고 멍청한 국민을 만드는 게 더 나은 경우도 있다. 그 정직함이 되려 국민을 망칠 공산이 크다면 말이다.

솔까말, 미국에게 얻어먹어야 하는데, 미국만세 부르게 해야 맞는 것이다. 정직하지 않고 국민을 속이더라도, 그게 궁극적으로 국민의 이익에 부합함이 분명하다면, 백번이라도 국민을 속일 수 있어야 좋은 리더다. 모로 가도 서울만 가면 되는 것이다. 때문에, 건국 초기의 역사 조작에 대해 이승만의 책임을 물을 생각은 없다.

아니 오히려 똑똑했던 거다. 그 상황에서는 그게 정의니까....

그러나 그 이후가 문제였다.

독립 직후의 불가피한 가짜역사 주입의 문제점을 깨달아서 바로잡지 않은 탓에, 나라가 분열되어 x박살 나고 있는데, 우파 진영이 강 건너 불구경하듯이 상황을 구경만 했고, 지금까지 그 가짜 국사가 관성처럼 이어져 온 것, 그게 국민 분열의 이유이고, 통일을 못하는 근본 이유이며, 북한 동포들이 죽어가는 근본 이유인데,

비통스러운 것은, 이 땅의 우파 진영에게 그 문제점을 깨닫고 바로잡을 만한 역량이 없다는 것이다.

북한의 대남 역사 공작은 박정희 시대부터 있었던 것으로 보이고, 가짜 역사를 만들어낸 기반에 북한의 간첩 공작이 깊이 개입된 것은 분명하지만 그것만이 이유는 아니다.

우파라도 똑똑했다면 절대로 이 꼴이 되진 않았다. 우파 진영의 무능함이 한국 불행의 주 원인이다. 진정 통일을 원한다면, 가짜 독립투사의 기득권을 지금이라도 깨고 진실을 바로잡아야 한다.

⦿ 한반도에 가해지는 주변국의 음모와 역학관계

그런데 가짜역사 제작의 또 다른 공범 세력이 있다. 바로 중국이다.
중국은 천년 넘게 한반도를 지배했던 나라지만,
한국과 일본이 하나 되었을 때 호되게 당했던 나라다.
그래서 중국은 한국과 일본이 다시 하나 되는 것을 두려워한다.
'가짜 역사의 오해'가 풀린 미래에 다시 하나 된 '한일연합국'의 등장을 두려워하는 것이다.
한국인들이 일본과 하나였을 때 자신들이 가장 강성했었음을 깨달아서 한국과 일본이 다시 하나가 되어버리면 한국을 우습게 볼 수 없게 되고, 그게 자신들 독재 권력에 재앙이 될 수도 있다는,
아시아 노예해방과 자유 인권 혁명의 미래를 막기 어렵다는,
즉 체제붕괴 우려 때문에 역사 조작의 또 다른 공범일 공산이 크다.

한·미·일 공조와 한미일 반중연합의 구도를 깨기 위해, 중국은
한국의 역사 조작에 북한 못지않게 간첩 공작을 펴고 있을 것이다.
아시아 혁명의 방해세력인 진보 간판의 종북친중파 진영을 위해
댓글, 여론, 선거 조작 등을 비롯하여 다각도로 한반도에 공작을 하고 있을 공산이 크다.
누가 중국 지도자여도 한반도 문제에 개입해서 그런 비밀 공작을 할 것이다. 중국은 바보가 아니다.

22.시작은 어리석었지만 끝은 좋았던 한일 국교정상화 반대투쟁

⦿가짜역사 세뇌교육에서 비롯된 한일 국교정상화 반대투쟁

독립 직후부터 시작된 역사 거짓말 교육에 의해 20년간 국민들에게는 가짜 역사가 주입되어서 국민들의 분별력은 지적 반신불수 상태였다. 그런 교육을 받은 이들이 학생들이니 그들에게 정상적인 분별력이 있을 리 만무했다.

때문에 한일 국교정상화 회담 시기에 이르러 세뇌교육 당한 자칭 민주화 투사들이 한일 국교정상화 반대 투쟁을 했다. 그런데 그들이 교육 받은 게 사실이라 쳐도 과거는 과거고 현재는 현재다.

굶어 죽기 직전의 나라는 굶어 죽음에서 벗어나는 게 최우선이다. 장기 발전 계획은 다음 문제고 죽어가는 국민들 살리는 게 먼저다. 지도자가 타국에 가서 홀랑 벗고 춤추고 큰 절 10만 번 해서 국민들을 살릴 수 있다면 그리 해야 한다.

굴욕? 자존심? 그딴건 개나 줘버리고 죽어가는 국민부터 살리는 것, 그게 국가 가장의 존재 이유다. 그런데 그리 안하고도 국민들을 살릴 방안이 있었는데 그게 일본이었다.

우리에게는 미국이라는 물주를 붙잡아 두는 게 가장 중요했지만, 그들에게서 비약 발전의 자본까지 얻어내는 것은 무리였다.

미국은 한국을 발전시키는 게 목적이 아니라 일본과의 단절을 유지하고 공산주의로부터 서방을 방어하는 게 주 목적이어서 식량과 물품 위주로 지원했기 때문이다.

그런데 상황이 변해서 미국은, 경제적으로 낙후된 나라는 공산

화 될 위험이 크다는 보고서를 대통령이 받아 든 상태였고,
한국의 공산화를 막으려면 한국을 발전시켜야 한다는 전략으로 바뀌면서, 일본이 한국을 도와주기를 바라는 상태인데,
그런 상황에서 새로운 물주 일본을 걷어차 버리는 것은 바보 짓이지만, 철딱서니 없는 민주화 투사들이 이를 알 턱이 없었다.
그들은 제 발등 찍는 짓임을 모르고 한일 국교정상화 반대투쟁을 했다.

⦿한일 국교정상화 반대투쟁과 지도자의 선택

그런데 그건 박정희에겐 나쁜 게 아니었다.
만약 필자가 그 때의 박정희였다면 한일 국교정상화 반대 투쟁을 몰래 더 부추겼을 것 같다. 그리고서 일본에게 이렇게 말하라고 협상팀에게 지시했을 수도 있다.

"야 일본아, 우린 이웃인데 국교 정상화하면 우리 모두가 이익이잖아? 우리도 그러고 싶어. 근데 말야…국민들이 저렇게 정부 전복 투쟁까지 하는데, 우리 협상팀이 좋은 협상 결과를 가져가지 않으면 자칫하면 정부까지 무너져서 모든 게 끝장날 수도 있어. 그러면 니들도 손해잖아? 그래서 말인데………………………
……………………니들이 좀더 양보해 주라" 이렇게 말이다.
물론 더 아쉬운 건 우리였지만 일본도 아쉬워 보이니,눈치껏^^

사료적인 증거는 없지만 박정희가 그랬을 가능성은 충분히 있다.
어쨌든 박정희는 일본에게 상상 초월의 지원금을 받아냈으니까.
배상이 아니라 지원금이다. 우리에게는 그리 받을 채권이 없었다.
설령 받아낼 돈이 수백 조가 있다고 쳐도 안주면 그만이었다.

국내 일본 자산 수십억 달러와 통치자며 버틸 수도 있었고...
어쨌든 박정희는 일본이 준 돈으로 고속도로도 포항제철도 만들고, 그 귀한 자본을 깨끗하게 잘 활용해서 나라를 반석 위에 올려 놓았다.

⦿ 한국이 후진국이라는 증거

요즘 대선후보 토론은 별 쓸데 없는 것들로 다투는데, 가족 문제나 비서관들의 일거리 가지고 다툰다는 것 자체가 후진국이라는 증거다. 지도자는 큰 **철학**을 가지고 **방향**을 잡아나가는 것이며, 가장 중요한 것이 어떤 이념을 택할 것인가,
그리고 어느 놈에게 줄 서서 얻어먹을 것인가.
콧구멍 만한 나라에게 있어 현실 세계는 별로 고상하지 않다.
한국의 대선후보 군에는 '좌파의 6대 성역'을 절대 비판 못하는 자들로 넘치는데, 한국은 미국·일본에 붙어 먹으려는 우파 세력과 미국·일본을 배척하고 이념적 종주국인 중국 북한 정권에 붙어 먹으려는 좌파 세력이 우파와 좌파 또는 보수와 진보 간판으로 싸우는 나라다.
자유민주주의와 시장경제주의라는 선진 소프트웨어를 탑재한 세력이 우파 간판을, 마르크스·레닌주의, 김일성주체사상, 낡은 민족주의 등의 구닥다리 소프트웨어를 탑재한 낡은 세력이 진보 간판을 걸고 있다.
'민주화 세력'이라 자처하는 좌파의 대다수는 정치적으로는 반미·반일·종북·친중이고, 이념적으로는 공산·사회주의 김일성주체사상 민족주의 등의 낡은 부류다. 그들도 나름 철이 들어서 제 자식은 미

국 유학부터 보내곤 하지만 그들 좌파의 마인드는 기본적으로 미국 일본에게 그만 붙어먹고 자신들의 이념적 종주국인 북한 중국에 붙어 먹자는 것이다. 세계사의 큰 흐름을 읽을 줄 모르는 것이다.
우리 조상들이 정신적으로 해 놓은 이념 사상적 기반이 너무 없어서 그런 무리들이 생긴 면도 있는데, 좌파의 지적 수준이 낮아서 붙어 먹을 곳을 고를 분별력조차 없는 것이다.

박정희가 무슨 대단한 능력이 있어서 나라를 발전시킨 게 아니다. 그가 잘한 것은 첫째 자유민주주의 체제를 지켰다는 것이고, 둘째 미국에게 계속 얻어 먹었다는 것이며, 셋째 일본에게 추가로 얻어 먹었다는 것이고, 넷째 깨끗했다는 것, 이 4가지에 불과하다.

아주 쉬운 것 같지만 그 쉬운 것을 못해서 세상의 대부분의 나라들이 가난하고 북한도 저 모냥 저 꼴이다. 만약 그 4가지 중 하나만 포기한다면 당연히 4번째인데,
분별력이 낮은 한국의 대중은 4번째가 가장 중요한 것이라 착각한다. 나이키 운동화에 흙이 묻었다고 해서 짚신으로 갈아 신는게 진보라 믿는 단세포 좌파⋯⋯낮은 의식이 한국인의 진짜 문제다.

물론 박정희는 그 4가지를 모두 해냈다.
세뇌교육 당한 민주화 투사들의 한일 국교정상화 반대투쟁은,
그 시작은 멍청했지만 결과는 좋았다.
그들은 박정희의 든든한 우군인 셈이다.

23. 숭배족들의 나라, 박정희의 중대 실착

⦿좌우파 모두가 진실을 알려줄 수 없는 이유

한국의 좌우파 주도층들은, 학자건 정치인이건 간에 일본에게 큰 도움을 받아서 발전한 것을 모르지 않는다. 그러나 그들이 국민에게 진실을 알려 주지 않는 이유는 서로 이해관계가 맞기 때문이다. 우파도 당초 역사조작의 공범이었던데다 좌파의 역사조작을 막지 못한 책임이 있고, 서로 자기들 주군 잘나서 발전했다고 믿고 싶어하니, 일본의 도움으로 발전했다는 진실을 인정하기 싫어하는 것이다. **좌파는 미국·일본 헐뜯고 '일본 악당만들기'를 하면서, '친일파 청산' 떠들어서 정의로운척 해야 하는 세력이니 일본은 악당이어야만 하고,** 한일협정 반대투쟁한 자들과, 고속도로에 드러누워 반대하던 자들이 '주류지도자'가 된 부류여서 그 영향도 클것이다. 우파도 모든 공을 박정희·이승만에게 돌려서 박정희 이승만 미국형님 모셔야 하니 일본에게 도움받은 것을 숨기고 싶어한다. 한국인의 사고는 좋은 것은 자기들 주군 탓이고 나쁜 것은 외세 탓이다. 한국은 전통적으로 누군가를 숭배해야만 심신이 안정되는 숭배족들의 나라여서, 그런 지적 반신불수 증세는 좌우를 가리지 않는다.

좌파는 김대중·노무현 숭배하랴, 김일성·김정일·마르크스 숭배하랴 정신 없고, 우파는 박정희·이승만 숭배하랴, 미국 숭배하랴 정신 없다. 숭배족들의 판이니 진실 따위에는 관심 없다.

우파라도 정신 차렸다면 나라가 이 꼴 되진 않았다. 거기서 거기다.

⦿한국인이 진실 분별을 못하는 근본 이유

한국은 박정희·이승만 때문에 발전했다고 믿는 우파와 김대중·노무현 때문에 발전했다고 믿는 좌파, 두 부류가 거의 전부다.

그런데 앞서 밝혔듯이 우리가 미국·일본에게 지원 받은 돈은 경부고속도로 200개 만들 돈인데 지금이라도 우리에게서 그 돈을 되찾아 간다면 경제 몰락을 피할 수 있을까?

그런데도 지도자가 잘나서 발전한 것인가?

굶어 죽던 문맹의 노숙자 거지가 부자 되려면 교육,기술,자본,시스템,시장 이 5가지가 필수인데 미국과 일본의 전략적 필요성 때문에 그 모두를 미국·일본이 준 것이다. 그게 한국 발전의 진짜 이유다.

진보 간판의 좌파는 반미 반일에 올인했던 자신들의 과거를 진보니 민주화 투쟁이니 왜곡하지만 아무리 왜곡해도 진실은 하나다.

반미·반일·종북·친중을 민주니 진보니 착각하던 무개념 좌파의 방해를 극복하고 미국·일본의 도움을 받아들여서 발전한 것이다. 반미·반일 노선 경제발전 방해꾼 좌파의 방해를 극복했기 때문에 한국이 경제도 발전하고, 민주화도 된 것이다.

노예제와 신분제의 조선을 일본이 갈아 엎지 않고, 부패무능 만신창이의 똥범벅 조선을 일본이 갈아 엎지 않고, 99.5% 문맹 상태를 일본이 갈아엎지 않고, 6.25 이후 미국의 수십억 달러 지원이 없이, 공산화를 원하는 국민이 대다수였던 나라에, 미국에 의한 강제적인 자유민주주의 체제로의 뇌 수술이 없이도 발전할 수 있었을까?

노예제 신분제의 북한을 인민들이 갈아엎지 못하는 데서 증명되듯이, 우리에게는 노예제와 신분제마저 갈아엎을 능력이 없었다.

우리가 누리는 자유와 풍요 이 모든 것 중 미국·일본과 무관한 것은 없다. 그러나 우파는 이를 인정해선 안된다. 자기들이 숭배하는 '위대한 박정희 대통령' 때문이라고 믿어야 한다.

마르크스·김일성·김대중·노무현 숭배족 좌파나 박정희·이승만·미국 숭배족 우파나 뭐가 다른가? 둘 다 그 밥에 그 나물 아닌가? 숭배족들의 분별력 가지고 어떻게 진실 분별이 가능한가?

⦿박정희의 중대실착

박정희도 일정시대를 겪은 사람이니 거짓말 역사교육의 진실을 알 법도 하건만, 그는 한국사 거짓말 교과서를 바로잡지 않았다.

국사 사기꾼들의 '일본 악당만들기' 조작에 속아서

'내가 저런 나쁜 일본 놈들한테 충성 한거란 말야?' 라고 착각 했을 수도 있고, 득표에 도움이 안되어서 피했을 수도 있지만,

그는 지도자로서 중대 실착을 했다.

박정희 정권 말기였던 필자의 초등학생 시절, 학교 운동장에서 3.1절 일본 증오 노래를 제창했던 것을 필자는 분명히 기억한다.

좌파 세력의 역사조작 공작은 그 때도 이어졌을 것으로 보이긴 하지만, 박정희가 아닌 북한과 좌파의 농간이었어도

그것은 무개념 지도자 박정희의 책임이다.

후진국 권력이 권력을 유지하는 수단은, 보통 적을 만드는 것이다.

적과 원수를 만들어서 권력자에게 충성하도록 유도하는 것이다.

북한의 미국·일본 악당화 조작도 그 때문이며,

한국 정부의 과거도 쭈욱 그래왔고, 박정희도 역시 비슷했다.

그런데 일본은 우리를 침략한 게 아니라 우리를 도와준 나라다.
하지만 박정희 정권은 일본을 북한과 동급인 침략자처럼 교육시켰다.
'우리 조상은 재벌이었고, 악당 일본이 침략해서 모든 것을 빼앗았어. 극일(克日)만이 진정한 승리야. 우리는 재벌의 후손이니 조상들처럼 다시 재벌이 되자. 하면 된다.' 이렇게 선동했다.
물론 목적은 좋았지만 수단이 글렀고, 중대한 전략적 오판이었다.
남침 전쟁이 재발하지 않았으니 망정이지, 재발하면 어쩌려고?
미군도 계속 있어 준다는 보장이 없던 시절,
일본마저 계속 욕하다가 일 터지면 돌변해서 손 벌리려고?
좁은 땅에서 화산이나 핵무기 사고가 나서 다 죽게 되면 피할 곳은 일본 밖에 없는데, 욕하다가 손 벌리려고?

국가와 국경이라는 구시대의 유물은 어떤 때는 국민을 살리는 방패가 되기도 하고, 어떤 때는 국민을 가두어 죽이는 감옥이 되기도 한다.

좁은 테두리의 국경으로 둘러싸인 나라는 더더욱 위험하다.
때문에 지도자는 국가를 초월한 감각을 가져야 하고, 국민을 올바르게 이끌어갈 미래의 비젼도 행동 속에서 드러나야 옳다.

그가 제대로 된 리더였다면 국민들 모두가 이성을 잃고 반일을 외쳐도 중심을 잃지 않고 최악의 경우까지 고려하여 국민을 설득하면서 안전하게 국민을 이끌어갈 책무가 있는데, 박정희도 좌파와 똑 같은 놈이었다.

반일 선동으로 국민을 위기로 몰아넣으면서 정의로운 척 진보인 척 하는 요즘의 좌파와 무엇이 다른가?

설령 일본이 과거의 적이었다고 쳐도 과거는 과거일 뿐인데, 반일은 지도자로서 대단히 무능한 행위이고, 심하게 말하면 그는 지도자의 자격이 없었다.

게다가 그는 일본에게 실컷 얻어먹고서도 국민에게 알리지 않았다. 경제 발전의 모든 공을 자기가 차지해야 했을테니까.

그런데 좌파 진영도 일본에게 도움 받은 사실을 알릴 수 없었다.

"박정희가 잘해서가 아니라 일본에게 엄청난 도움을 받은 돈과 그 기술로 발전 한거잖아?" 라고 떠들었다간 일본이 한국을 크게 도와준 게 들통나버리고, 반일감정이 사라지면 반일로 먹고 사는 좌파와 북한 정권이 흔들린다.

좌우파 사기꾼들이 그래서 진실을 감춘 것이다.

박정희는 국민을 떼죽음 시킬뻔 했고, 단지 그런 변수가 닥치지 않아서 결과적으로 괜찮았을 뿐이다.

그가 역사 조작을 바로잡았더라면 김일성 주사파 진보진영은 생겨나지도 않았고, 김씨 왕조도 80년대를 넘어서지 못했으며, 우리는 자유롭게 평양을 오가고 있었을 것이다.

박정희의 중대 실착을 역이용하여 김일성 김정일이 역사·사상전의 간첩 공작을 한 것이 통해 먹혀서 김일성 주사파 종북 진보진영이 생겨났다. 과격한 학생 운동은 남한이 아닌 북한에서 일어났어야 올바르며, 남한에서 일어났어도 북한왕조 타도를 위해 뭉쳤어야 정상이다. 진실만 교육 시켰어도 사악한 봉건 왕조 타도를 위해 들고 일어났을 이 땅의 젊은 양심들이 되려 반미·반일·

우파 타도를 외치고, 어버이 수령 외치며 거악의 편에 서서 소악과 싸우는 공산주의 추종의 진(성빠)보가 되어버린 것은 박정희의 책임이다. 그래서 통일을 못한 것이다.

국민에게 올바른 철학과 진실된 역사를 알려주는 게 얼마나 중요한 일인데, 18년이 짧아서 그것을 못했는가?

박정희가 만든 종북 진보진영 때문에 통일이 막힌 것이다.

어리석은 지도자, 무능한 지도자 박정희가 종북 진보진영의 산모다. 그런데도 박정희가 위대한가?

⦿역사조작 사기극으로 인해 생겨난 종북 진보진영

80년대가 되어 북한의 대남 이념·사상전과 역사조작 공작이 지속되고, 김일성 주체사상에 젖어, 북한에 놀아나는 반미·반일·종북·친중 민주화 투사가 생겨났다.

미국·일본의 도움이 없었다면 굶어 죽거나 무학이거나 초졸이었을 아이들이 대학까지 가서 반미·반일 세력이 된 것이다.

한국은 독서율이 낮은데다 국민들이 역사에 대해 아는 거라고는 교과서에서 배운 거짓말과 왜곡 드라마·영화가 거의 전부다.

진실을 말해야 할 학자들마저도 양심 따윈 쓰레기통에 버렸다.

때문에 일본=악당 조작이 상식이 된 속에서 독립투사 행세하는 북한 왕조의 역사조작 공작과 이념사기 공작이 성공한 것이다.

일본=악당 등식이 진실처럼 된 상태에서 '일본과 싸운 김일성은 영웅'이라 등식화 되고, '김일성 주체사상'이 남한의 운동권

학생들에게 통해 먹히면서 80년대 운동권의 거의 모두가 '**위수 김동**('위대한수령 김일성동지'를 뜻하는 진보진영의 용어)'**과** '**친지김동**('친애하는 지도자 김정일동지'를 뜻하는 진보진영의 용어)'**을 외치는 김일성 주체사상파, 종북좌파가 되어버린 것이다.**

진보간판 좌파의 주류 세력이 바로 그들이다.

그들의 과거 전력이 그들을 옥죄고 있을 수밖에 없고,

좌파의 한 축 NL이 무너지면 PD도 안전하지 않으니 종북 좌파건 그냥 좌파건 모두 한 패가 되어버린 것이다.

'반일선동'은 북한 정권과 '좌파'의 생존 과제가 되어버린 것이고, 그 반일선동을 시작한 게 우파의 주군격인 박정희와 이승만이며, 북한과 좌파의 정치적 이유까지 겹치니 결국 반일과 종북진보 진영은 한몸이 된 것이다.

'**진보간판 진영' 인사들의 움직임은 북한의 전략과 항상 일치한다. 종북 진보 진영은 북한 인민이 아닌 북한 정권의 편이며, 북한 왕조에게 돈을 바치려 바둥댈 수밖에 없는데, 이는 박정희가 만든 폐해다.**

박정희 숭배족들이 좋아하는 박정희의 일화를 보면, 미국 군수 업체의 100만 달러 뇌물을 뿌리쳤다는 외국인의 수기 가지고 박정희를 숭배한다. 에어컨도 안 틀고, 낡은 허리띠니, 청렴이니 하며, 자기들 우상의 일거수 일투족이 감동적이라면서 말이다.

그러나 도둑질 안한게 그리 고마운가? 지도자의 청렴은 기본일 뿐이다. 내가 깨끗하게 할테니 나를 믿고 따라 오라고 해야하는데,

내가 청렴하지 않다면 어떤 미친 x이 따라오는가?

당시 대부분의 나라 지도자가 부패했었다고?

GDP의 30%를 지배자 일가의 뱃속에 쳐넣은 나라도 있었다고?

그건 그들이 나쁜 것일 뿐이다.

18년 장기 집권을 했어도 대다수의 국민들이 박정희를 독재자라고 보지 않는 이유는, 세계의 모든 독재자들은 자기 자신과 자기 집안의 배를 채우는 독재를 했지만 박정희는 그러지 않았고, 설령 그가 독재를 했어도 사익을 위한 독재가 아니라, 깨끗함을 실천하며 행하는 국민을 위한 독재라 여기기 때문이다.

하지만 그는 청렴함의 대가로 18년 권력을 누렸고, 나라 망친 점도 있으니 우리가 그에게 빚 진 것은 없다. 지도자에게 있어 중요한 것은 청렴했느냐 보다 일을 똑바로 했느냐다.

그가 에어컨을 남극처럼 틀고 100만 달러를 받았더라도 역사조작 하나라도 제대로 바로잡아 놓았다면 그게 훨씬 큰 것이다.

그러나 그는 국민에게 고작 100만 달러와 에어컨 전기료 몇푼을 아껴준 대신 좌파의 역사조작 농간에 놀아나 종북 진보진영을 만드는 데 일조하면서 결국 통일을 가로막았고 그렇게 나라를 망쳤다.

김정일이 굶겨 죽인 300만명...

박정희가 똑바로 했다면 죽지 않았다. 그가 진짜 영웅이라면 그 일이 일어나지 않게 근본을 치유했을 것이다.

사고 터진 후에 해결하는 것보다 사전에 막는 게 진짜 영웅이다.

한국은 우군과 적군을 구분할 줄 모르는 나라다.

자기 조상들을 노예로 부리며 굶겨 죽이던 봉건 지배층이 망한 것을 슬퍼하고, 노예로 굶어 죽던 자기 조상들을 노예해방 시켜주고 굶어 죽음에서 해방 시켜준 사람들을 극도로 증오한다.

지금도 인터넷에는 친일파니 토착왜구니 하면서, 자기들을 살려준 은인들을 욕하는 것을 '진보'라 착각하는 어리석은 사람들로 넘친다. 누가 적인지 분별 못하는 자들에게 통일의 능력이 없음은 당연하다. 그들의 분별력을 망쳐놓은 일등 주범이 박정희다.

김일성과 이승만이 역사조작 세뇌교육을 한 것은, 물론 나쁘지만 이해 되는 면도 있었다.

그러나 박정희는 그럴 이유가 없었다.

독립 후의 불가피한 가짜역사 교육을 바로잡을 시점이었다.

그러나, 그 중차대한 시기에 권력을 잡았는데도

박정희는 기본 개념이 없었다.

통일이 안되는 것은 북한 정권의 충복이 된 종북좌파 때문인데, 그 어리석은 종북 좌파를 만들어서

통일을 완전 박살내버리게 박정희다. 그런데도 그가 위대한가?

도대체 그깟 청렴 따위가 무슨 소용인가?

좌파가 김일성·마르크스를 숭배하건,

김대중·노무현을 숭배하건, 지들끼리 실컷 숭배하라고 하고,

우파라도 숭배족에서 벗어나면 정말 안되는가?

잘한 점과 잘못한 점을 객관적으로 직시하자.

숭배족에서 벗어나야 진실이 보이고, 우리의 미래도 보일 것이다.

24.한국인이 알아선 안되는 독도의 진실

◉독도가 누구 땅이냐보다 더 중요한 문제

독도가 누구 땅이냐보다 더 중요한 문제가 있다.

만약 당신에게 누가 소송을 걸어왔다면 우선 무엇을 해야 할까? 당연히 상대의 주장과 그 주장의 근거가 뭔지를 살펴야 할 것이다. 그런 다음에 만약 상대가 제시한 근거들이 터무니 없다면 끝까지 싸울 수도 있지만, 그 근거들이 명백해서 싸워봤자 이기기 어렵다고 여겨지면, 타협안을 찾는 게 나을 수도 있다.

이런 상황에서 제일 무식한 부류는 이기는지 지는지는 따져보지도 않고 덮어놓고 용감하기만 한 부류다.

그런데, 안타깝게도 한국인들이 그렇다. 한국인 중에서 일본이 무슨 근거로 독도 영유권 주장을 하는지를 아는 사람은 거의 없다.

*진짜로 우리나라 국민 아무나 하고 일본 학자랑 토론회 해도 우리가 이길거다. 세종실록지리지 50 페이지 셋째 줄이다 원숭이들아!

독도 관련 기사에 달린 댓글인데, 이런 댓글에 추천수가 아주 높다. **그렇게 간단한 문제라면 일본에서 독도 관련 전시관을 왜 만들겠는가?**

필자는 지금까지 '독도는 우리 땅' 외치는 사람들을 많이 보아 왔다. **그러나 필자가 그들에게 '독도는 우리 땅'의 근거를 물었을 때, '독도는 우리 땅' 노랫가사 외에는 대부분 몰랐다.**

심지어 일본이 무슨 근거를 가지고 자국 영토라고 주장 하는지를 아는 사람은 단 한명도 없었다.

노랫가사 속 지증왕 13년 섬나라 우산국, 세종실록지리지 50페이지 셋째 줄 정도만 외우는 정도인데, 거기에 무어라 적혀 있는지도 모르고, 그게 증거가 되는지를 아는 사람도 없었다.

나중에는 어이가 없어서, 여러 사람에게 일부러 물어보기도 많이 했다. 일본이 억지로 우기는 게 분명하다면, 일본이 독도를 자국 영토라고 주장하는 근거가 뭔지를 아느냐고? 그런데 한명도 없었다.

수십 명에게 물어보아도

"일본이 억지로 우기는 거지 뭐"라고만 대답했고,

심지어 "억지로 우기는데 굳이 알아서 뭐해?" 라는 대답까지 한다.

심지어 지식인조차도 대부분 모른다.

학생도 모르고 교수도 모르고 정치인도 모른다.

농담이 아니라 정말 모른다. 못믿겠으면 직접 확인해 보라.

필자가 거금 500원을 걸고 장담하는데, 대통령도, 국무총리도 국회의장도, 대법원장도 모를 것이다. 무식해서 용감한 것이다.

선진국 정부와 학자들이 거짓말 했다간 망신 당할 수도 있는데, 근거 없이 억지만 부릴까? 라고 의심할 줄 알면 그는 거의 한국인이 아니다. 한국인의 의식은 정말 사람 미치게 만든다.

한국인들은 하다못해 일본 대사관 사이트에 가서 뒤져볼 줄조차 모르고, 덮어놓고 '독도는 우리 땅' 외치면 애국인줄 알기 때문에 앞뒤를 분별할 능력이 없는 것은 자명하다.

조선 말의 상투수호 의병과 무엇이 다른가?

국민을 속이는 정치인들이야 당연히 자기들 이익 때문에 그러지만, 속는 국민들이 의심할 줄을 모른다는 것, 이건 정말 심각한 문제다. 일본 국민들이 모르는 것과는 차이가 크다. 일본 국민들은 무관심해서 모르는 거지만 우리는 아주 열성적인데도 모른다는 것이다.

◉일본 측 주장의 핵심 7가지

1. 일본은 울릉도로 건너갈 때의 정박장과 어채지로 독도를 이용하여, 늦어도 17세기 중엽에는 다케시마(독도)의 영유권을 확립했다.

2. 일본은 17세기말 울릉도 도항을 금지한 일이 있지만, 다케시마의 도항은 금지하지 않았다.

3. 한국측으로부터는 일본이 다케시마를 실질적으로 지배하고 영유권을 재확인한 1905년 이전에 한국이 다케시마를 실질적으로 지배하고 있었던 것을 나타내는 명확한 근거는 제시되지 않았다.

4. 일본에는 독도를 관리했던 자료와 독도의 존재를 명확히 표기한 고지도가 많고, 한국에는 전혀 없다. 가장 유명한 김정호의 대동여지도나 동국여지승람에도 독도는 나오지 않는다.

5. 일본은 1905년 다케시마를 시마네현에 편입하여, 영유 의사를 재확인 공표 했으므로 국제법상 명백한 일본의 영토다.

6. 다케시마는 미·일안전보장조약 체결 이후인 1952년에 주일

미군의 폭격훈련구역으로 지정되었으며,

이는 일본의 영토라는 기초 위에서 취해진 조치이다.

7. 샌프란시스코 평화조약 기초과정에서 한국은 일본이 포기해야 할 영토에 다케시마를 포함시키도록 요구했으나, 미국은 다케시마가 일본의 관할 하에 있다고 해서 이 요구를 거부했다.

⊙독도 문제의 핵심 사항

일본은 17세기부터 300년간 독도를 실효지배 하다가 영토임을 재확인차 공표했다며 독도를 정확히 표기한 고지도와 관련 증거들을 내세우고 있다.

그러니 이에 반박 하려면 우리가 실효지배 했었다는 증거를 내놓던가 독도를 정확히 표기한 지도를 한장이라도 내놓아야 하는데, 우리는 그런 게 없으니 문헌 속 문구만 내세운다는 것이다.

우리는 일본이 보유한 독도 관련 지도들 중에서 일본이 독도를 자기 영토로 보지 않았다고 추정되는 근거를 찾아내서 우리 땅이라고 주장하는데, 정작 우리 손으로 그린 고지도는 단 한장도 없다.

일본의 자료들 중에서 일본이 독도를 자기 영토로 보지 않았다고 추정되는 자료가 일부 있다고해서 그게 곧 우리 영토임을 뜻하지는 않는다.

우리가 독도를 인지하고 실효지배 했었다는 증거가 있어야만 가능한데, 우리는 그런 게 없다는 것이다.

우리가 독도는 우리땅 노래와 함께 철썩같이 믿는 '지증왕 13년 섬

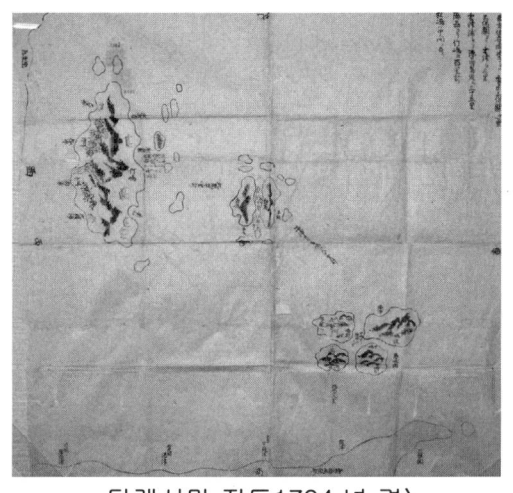
다케시마 지도(1724년 경)
(돗토리현립 박물관 소장)

나라 우산국'이나 '세종실록지리지'는 1500년 전과 600년 전의 자료로서 영유권의 증거가 되지 않는다.

독도는 지형 여건상 토산물을 공납하던 우산국이 아니고, 나라국 (國)자를 붙일 만한 대상도 아니지만, 설령 그 당시 우리의 땅이었다고 쳐도 국제법에서는 최근 수백 년 간 실효 지배한 세력에게 우선권을 준다.

이는 당신의 집안이 300년째 소유한 땅에 대해 타인이 1500년 전과, 600년 전에 내 땅이다 라며 문헌적 근거를 들며 주장해도 당신의 소유권에 영향을 주지 않는 것과 같은 이치다.

한국인의 믿음은 동문서답식 믿음이다.
상대가 300년 이상 실효지배 했다면서 독도의 정확한 위치와 형태를 표기한 고지도와 자료를 내놓는데 생뚱맞은 1500년 전과 600년 전의 문헌 속 애매한 문구를 절대시 한다. 1500년, 600년 전에 소유했더라도 팔거나 버렸을 수 있는데도 말이다.
실제로 태종 실록에는 대마도가 원래 우리 땅이었는데 너무 척박해서 버려 두었고 왜인들이 점유하여 살게 되었다는 기록이 나온다.

동국여지승람 울릉도에 인접한 도서는 죽도와 관음도로서 울릉도의 동쪽에 두개가 있지만, 15세기 말에 완성된 인문지리서 동국여지승람은 독도의 존재를 모르는 것은 물론, 부속 도서를 우산도 1개로 표기하고 있고 그마저도 울릉도의 서쪽에 위치한 것으로 착각하고 있다.

1500년 600년 전에 우리 땅이었어도 우리가 내버려둔 후 누군가가 수백년 간 점유했다면 그때는 점유자의 영토가 되는 것이다.

만약 1500년 전이나 600년 전의 기록이 현재 영유권의 증거가 된다면 같은 논리로 4군 6진 이전의 함경도 땅을 중국에게 빼앗길 수도 있다.

아무리 과거에 자기 땅이더라도 그 권리를 장기간 방치한 자에게 권리를 무한정 인정하게 되면 문제가 생기므로, 우리 민법은 점유에 의한 취득 시효를 20년으로 보고 있다.

즉 다른 사람이 당신의 땅을 소유할 목적으로 20년간 평온하고 공공연하게 점유했다면 당신은 이미 땅 주인이 아니라는 소리다.

법은 권리 위에서 낮잠 자는 자를 보호해 주지 않는다.

◉일본 측의 양보로 인해 울릉도를 되찾았던 조선

하지만 권리 위에서 낮잠을 잤어도 그 권리를 되찾게 되는 경우가 있다. 바로 이해 당사자인 상대 점유권자의 양보에 의해서다.

울릉도는 조선과의 우호관계를 고려한 일본의 양보가 없었다면 우리 영토가 될 수 없는 땅이었다.

일본은 80년 동안이나 울릉도를 자국 영토로 인식하며 경영했고, 독도는 그때 울릉도를 오가며 들르던 곳이었다.

조선이 400여 년에 걸쳐 울릉도에 대한 공도정책(조선은 1438년부터 1881년까지 400년 이상 울릉도에 사람이 살지 못하게 하는 공도정책을 시행했다)을 펴는 동안, 에도시대 초기(1618년) 일본인 오타니(大谷)와 무라카와(村川) 양 집안은 에도막부로부터 도해(渡海) 허가를 받아 울릉도에서 조업했고, 독도는 이 때 울릉도로 가는 기항지이자 어로지였다.

이들은 1661년에 막부로부터 독도를 정식으로 이양받았다.

에도막부가 울릉도에 가는 허가증을 발급한 것은 한국의 주장처럼 울릉도를 조선 소유로 생각했기 때문이 아니라 일반인들이 마음대로 영해 밖으로 나가는 것을 통제하는 정책 때문이었다.

오타니가 울릉도에서 조업하게 된 1618년부터 80년동안 에도의 도쿠가와 막부는 울릉도가 비어 있었기 때문에 울릉도를 일본 영토로 생각하고 도해 면허도 내주었다.

그러다가 불법 조업 혐의로 잡혀온 조선인 어부 중에서 강력히 따지는 사람(안용복)이 생겨나서 막부는 조사에 나섰는데, 장기간 점유 소유 했다며 울릉도는 일본 땅이라고 주장하는 이들이 많았지만, 일본은 안용복의 주장이 이유가 있다고 판단해서 울릉도를 조선령으로 인정한 것이다.

조선이 울릉도를 비워둔 것은 세금을 피해 (울릉도로)도망친 사람들이 끊이지 않았기 때문이고, 영토 개념에 대해 무지했기 때문이다.

공도정책은 자칫 영토를 타국에 빼앗길 수도 있는 어리석은 정책이었다. 만약 80년을 점유했던 일본이 반환을 거절했다면 우리는 울릉도마저 잃었을 것이다. 강제로 되찾아 올 능력이 없었으니까...

80년 간이나 소유 했다면 그 동안에 내부적인 권리들이 복잡해져서 영유권을 내주기 힘든 면이 있지만, 일본은 그래도 양보했던 것이다.

우리는 안용복이 일본에 가서 호령하니까 겁먹은 일본이 울릉도를 내준 것처럼 배우지만 그 한명이 뭐가 두려워서 그러겠는가? 맘만 먹으며 자기 영토로 굳힐 수도 있었지만 국가적 우의를 고려하여 양보한 것이다. 공도정책은 섬을 버리는 것과 마찬가지의 행위다. 만약 러시아가 거제도를 점유해서 400년간 유지했다면 러시아는 거제도를 내줄까?

만약 섬을 영토 개념으로 인식 했다면 최소한 1~2년에 한번 씩이라도 계속 관리 했어야 맞고, 80년 동안이나 일본의 점유를 방치한 것은 섬을 버릴 작정이거나 무개념이었기 때문이다.

특히 지배층이 내다버린 영토를 되찾아온 안용복을 곤장 때리고 유배까지 보낸 것은 조선이 뇌 없는 나라임을 더 명확히 입증해준다.

◉결국 지도와 단어의 싸움

일본이 울릉도를 양보했어도 독도를 양보하지 않는 이유는,

첫째, 점유 기간이 300년이나 되고(일본측 주장),

둘째, 우리가 독도를 관리했던 증거는 고사하고 독도

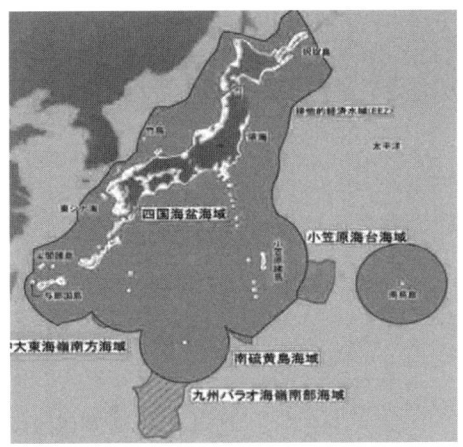

일본의 배타적경제수역, 한반도의 20배가 넘는다 (독도와 일부 지역은 변동가능성있음)

의 존재를 알았음을 입증할 지도 한 장 없기 때문이다.

독도는 두 개짜리 큰 돌섬이며, 일본은 현재의 독도 위치와 유사한 위치에 쌍둥이 섬이 표기된 다수의 지도들과 점유의 증거들을 제시 하면서 자국 영토라 주장하는 것이고, 우리는 위치가 다른 섬 하나짜리 지도와 문헌 속 문구 밖에 없다.

결국 지도와 단어의 싸움이며, 보통 지도와 단어가 싸우면 지도를 당해내긴 어렵다.

결국 한국이 전혀 몰랐거나 버려 두었던 섬을 일본이 발견하여 300년간 점유 소유해온 지도와 자료들이 많으니, 일본은 물러설 이유가 없는 것이고, 우리였어도 절대 물러서지 않았을것이다.

독도는 울릉도에서 87km, 일본의 오키섬에서 157km로 울릉도와 더 가까운데, 조선이 독도를 인지 했는지마저 불분명한데도 일본이 조기에 인지한 이유는, 일본은 서양과 지속적인 교류를 할 만큼 항

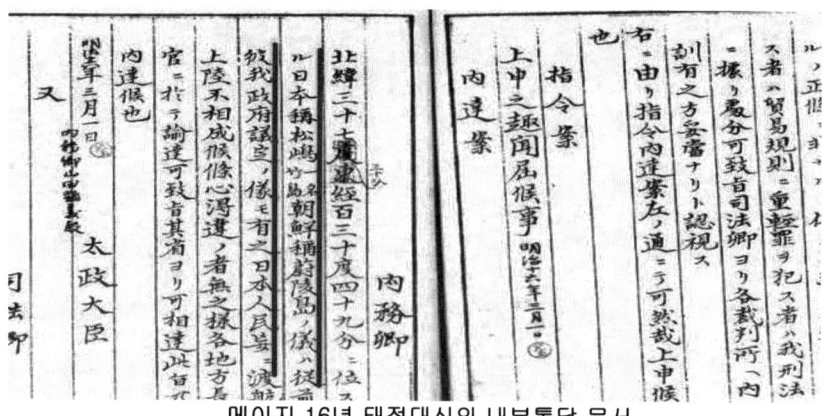
메이지 16년 태정대신의 내부통달 문서

해술이 발달했지만 조선은 항해술을 없애버렸기 때문이다.

일본은 영해 밖의 곳곳을 찾아다니면서 수천 개의 섬들을 찾아내어서 영토로 보유하며, 남태평양과 서태평양의 먼 곳, 필리핀제도 직전까지, 본토에서 1000km가 넘는 곳까지 한반도의 20배인 해양 영토가 있다. 일본은 섬과 해양 영토가 귀찮을 정도로 많지만, 우리는 해양 영토의 개념조차 몰라서 외곽 영토가 없다. 상공업과 무역과 모든 기술을 말살한 조선 지배층이 그리 만들어 놓았다.

⊙그래도 독도가 한국 땅일 두가지 가능성

◆독도가 한국의 영토일 첫째 가능성 대한제국 칙령 41호

독도가 한국 땅일 첫째 가능성은, 대한제국칙령 41호다.

대한제국 칙령 41호에는 "울릉도를 울도군으로 승격시키고, 울릉전도와 죽도, 석도를 관할하라"고 기록돼 있는데, 여기에 수록된 석도가 독도일 가능성이 있다. 학자들은 언어학적 관점에서 돌섬이 독도가 되었다고 주장하기도 한다.

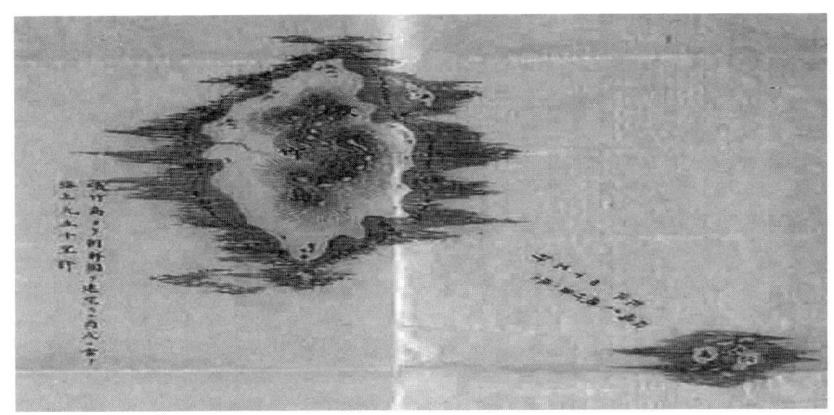

태정관지령의 부속 지도에 나온 울릉도와 독도
(독도의 위치와 형태를 명확히 표기하고 있다)

그러나 그 모두가 단어라는 한계가 있고 울릉도에는 이미 독도보다 큰 죽도와 관음도라는 부속 섬이 있다.

통상적으로 큰 섬을 놔두고 작은 섬만 기재하기는 어렵고, 석도가 독도일 가능성이 조금 있을 뿐이다.

◆**독도가 한국의 영토일 둘째 가능성 태정관지령**

독도가 한국 땅일 둘째 가능성은 1876년 일본의 태정관지령이다.

*<별지의 내무성으로 부터의 질의 (일본해 내 죽도 외 1도 지적 편찬의 건)에 대해, 이것은 겐로쿠 5년에 조선인이 섬에 온 이후 부터 구 정부(도쿠가와 막부)가 조선국과 협의 한 결과, 결국 본국과는 관계 없다고 제기 했기에 질문의 취지를 인정해 다음과 같이 지령을 할 것인가 라고 생각되어 여쭙니다.>[태정관 지령서 메이지 10년 (1877년) 3월 29일]

(別紙「務省伺日本海「竹嶋外一嶋地籍編纂之件右ハ元「五年朝鮮人入嶋以「「政府該「ト往復之末遂ニ本邦「係無之相聞候段申立候

上ハ伺之趣御聞置左之通御指令相成可然哉此段相伺候也[太政官指令明治10年(1877) 3月29日]

이 질문에 대한 답변 내용이 바로

<질문한 취지의 죽도 외 1도의 건은 본국과 관계 없음을 심득할 것>

(伺之趣竹島外一嶋之義本邦ｒ係無之義ト可相心得事)>

이 내용인데 한국의 학자들이 일본 스스로 영유권을 부정했다는 주요 증거로 쓰는 자료이며, 이 문서 속의 죽도나 1도가 독도일 가능성이 있다.

그러나 독도가 부속 도서가 있는 섬이라고 표현할 만한 대상인지가 의문이고, 독도가 외 1도라고 가정하더라도 울릉도에는 독도보다 큰 섬 죽도와 관음도가 있는데 왜 큰 섬들을 빼고 작은 섬인 독도를 외1도라고 해석하는지에 대한 설명은 못한다.

따라서 죽도 외 1도는 울릉도와 현재의 죽도일 공산이 크다.

태정관지령의 죽도 '외 1도'가 울릉도와 죽도를 말하는 것인지, 독도와 그 부속섬 무언가를 말하는지는 태정관 지령의 6년 후인 메이지 16년의 태정대신의 내부통달 문서로도 확인된다.

*<북위 37도 30분, 동경 130도 49분에 위치한 일본이 일컫는 송도(일명 죽도) 조선이 일컫는 울릉도는 종전에 피아 정부간에 의정한 바가 있다. 일본 인민이 함부로 도항하여 상륙하지 않도록 한 것에 대하여 잘못 오해하는 사람이 없도록 각 지방 장관에 유달할 것을 그 성에서 시달하도록 내달한다.>[명치6년 3월일 태정대신]

이처럼 일부 학자들이 일본의 내부 문서를 근거로, 일본이 독도를 자국 영토가 아니라고 자인했다고 주장하는 죽도(다케시마)는 같은 일본 내부 문서에 의해 독도가 아닌 울릉도임이 거의 **명확**해지고, '외 1도'는 현재의 죽도에 더 근접해지는 것이다.

그러나 국내에서는 그 중 일부를 빼거나 '외 1도'를 독도라고 바꾸어 번역해서 국민을 속이고 있다.

학자라면 양심 기반으로 진실을 말해야지 자료의 일부만 짜깁기 왜곡해서 거짓을 말하는 것은 **옳지 않다.**

또 고지도나 문서에 표기 되어 있다고해서 무조건 영유권이 성립하는 것도 아니며 점유 관리를 누가 해 왔느냐가 중요한데 관리했던 자료도 없다.

일본은 남의 땅(?)의 고지도를 많이 가지고 있고, 위의 태정관지령의 부속 지도에도 두개짜리 섬 독도가 정확히 표시되어 있는데, 우리는 우리 땅이라면서 지도가 하나도 없다는 것이다.

지도가 있더라도 일본이 내세우는 지도와 자료들과 싸워야 하는데, 우리는 그런 지도가 없을 뿐만 아니라 독도의 장기간 점유를 입증할 증거가 전혀 없다는 것이다. 그러니 증거도 안되는 지증왕이나 세종실록지리지에 매달릴 수 밖에…원래 우리 땅이었을 수도 있지만 권리 위에서 낮잠을 너무 오래 잤다는 것이다.

조선이 아무리 사농공상 노예제의 막장 최빈국이었다고 해도, 그게 내 땅이건 남의 땅이건 간에 명색이 국가인데, 도대체 어떻게 본토와 인접한 위치의 섬에 대한 지도 한장도 없을 수가 있는가?

⊙우리의 대응 태도는 올바른가?

사람을 상대하다 보면 상대의 말은 완전 무시하고 자기 말만 계속하는 사람이 있다.

자기가 무조건 옳으니 상대의 말은 들을 필요조차 없는...

안타깝게도 한국이 그렇다. 그러니 동네 왕따 되는 건 당연하다.

물론 더 정확히 따져 보면, 현재 증거가 부족할 뿐 실제는 우리 땅일 수도 있고, 다른 증거가 나올 수도 있다.

그러면 새로운 증거를 발굴하려 노력하던가, 불리한 부분을 협상으로 커버해서 이익 절충의 딜을 하던가 하면서 이익을 지키는 전략적 선택이 필요한데, 그냥 덮어놓고 우기기 밖에 없다.

'독도는 우리 땅'만 외치면 애국인 줄 안다.

필자가 말하고 싶은 것은, 독도가 누구 땅이냐보다도 사안을 대하는 국민들의 태도다. 상대가 무슨 근거로 주장을 하는지조차 모르고, 알려고 하지도 않으면서, 덮어놓고 용감한 감성 만땅의 태도가 자신에게도 도움이 되지 않는다는 사실을 다수의 국민들이 깨닫지 못한다는 사실이다.

도대체 어쩌다가 이 지경이 되어버렸는가?

그 이유는 역사조작 세뇌교육 때문이다.

'우리 나라를 침략해서 끔찍하게 수탈하고 학살했던 악당 놈들에게 우리 땅을 빼앗길 수는 없다' 라는 목표의식에 의해 믿고 싶은 대로만 믿는데, 그런 심리를 유도해낸 국사 교육이 바로 북한 간첩 추정 세력과 좌파 정치 사기꾼들의 농간이었다.

의심할 줄도 모르고 상대의 주장을 알려고조차 하지 않는 다수의 국민들...

아예 무관심하다면 이해라도 되지만, 열성적으로 나서는데도 덮어놓고 용감하기만 하다.

우리에게는 정말 문제가 없을까?

독도의 진실을 정치인들은 모를 것 같지 않지만,
누군가가 진실을 말하면 돌팔매 맞는 분위기이니,
괜히 진실을 말해서 인기 잃을 필요 없이,
'독도는 우리땅 대한민국 만세' 하면서 인기 관리나 하고,
정의로운 척 위장한 정치 사기꾼들이 이를 악용하여
정치적 이득을 얻는 상태이며,
그 다음 일은 아무도 책임지지 않는 폭탄돌리기 상태다.

앞서 언급했듯이 이것은 집안에 걸려온 민사 소송과 비슷하며, 우선 진실을 정확히 알고 이기는 게임인지 지는 게임인지를 분별해서 밀어붙이기나 협상 중 선택 하는게 옳은 길임을 알아야한다.

'못 먹어도 고' 식으로 무턱대고 용감하기만 한 것은 결코 자신에게도 도움이 되는 선택이 아님을 깨달아야하고, 학자로 위장한 사기꾼들도 이제 정치적 목적의 거짓말을 그만 하고 진실을 말해야한다.

한국의 역사조작 이념사기극(2)

1판 1쇄 2022년 3월 2일
지 은 이 이방주
펴 낸 이 새미래북스
등 록 일 2022년 01월 25일
등록 번호 제2022-000018호
주   소 경기도 파주시 중앙로 308,
         1305호(현대금촌타워)
대표 전화: 0505-815-1472
팩   스: 0505-747-1472
이 메 일: smrbooks@naver.com
가   격: 15,000원
ISBN 979-11-977759-1-8
주문,후원:농협 301-0274-7182-11
      (새미래북스)
*파손된 책은 교환해 드립니다.